SOUS LA TENTE

SOUVENIRS DU MAROC

RÉCITS DE GUERRE ET DE VOYAGE.

Paris. — Imprimerie de P.-A. BOURDIER et Cie, 30, rue Mazarine.

G. L. BOULANGER

Type de Maure agriculteur.

SOUS LA TENTE

SOUVENIRS
DU MAROC
RÉCITS DE GUERRE ET DE VOYAGE

PAR

CHARLES YRIARTE

ILLUSTRATIONS

De G.-L. Boulanger. — A. Baudit. — Durand-Brager. — G. Doré.
E. Morin. — Pasini. — Villevieille. — Ch. Yriarte.

PARIS
MORIZOT, LIBRAIRE-ÉDITEUR
8, RUE PAVÉE SAINT-ANDRÉ-DES-ARTS, 8

1863

Droits de reproduction et traduction réservés.

A P. ANTONIO DE ALARCON

J'ai voulu revoir, après de longues pérégrinations et des drames sanglants, les traînes verdoyantes et les grands peupliers de l'île où nous avons vécu ensemble. Rien n'était changé; la rivière coulait aussi pure, aussi calme qu'autrefois; les lierres et les liserons couvraient encore les troncs des vieux saules; la même chanson résonnait encore dans le même feuillage un peu plus touffu, et nos hôtes m'accueillirent avec le même sourire.

Les voix jeunes et fraîches des enfants que nous aimions s'élevaient du verger qui entoure la maison du pêcheur; et pour que rien ne manquât à ce tableau, la vieille mère paralytique était encore là, dans son grand fauteuil, accueillant les voyageurs de ses bégayements sinistres.

C'est au milieu de ce calme et de cette parfaite quiétude que je me suis souvenu des ardentes émotions des champs de bataille et de mes enthousiasmes de la vie nomade; c'est en face de cette nature intime et charmante, que j'ai tenté de reconstruire les grands paysages auxquels le petit Atlas et la Sierra-Berméja servent d'horizon · et quand la lune, froide et sans vie, apparaissait au-dessus des peupliers d'Italie, je m'essayais à peindre les splendeurs du soleil couchant dans les solitudes du Maroc.

Ces récits de guerre et de voyages, tu les as toi-même interrompus en me faisant entrevoir, de l'autre côté des Alpes, de nouvelles émotions et de nouveaux combats ; et peut-être trouvera-t-on par ces temps d'actualité, que je me suis laissé dépasser. L'histoire va vite.

Tels qu'ils sont, ces souvenirs, accueille-les, cher poëte, comme une preuve d'amitié loyale et comme un trop faible témoignage de l'ardent amour que je porte à ta chère Espagne.

CHARLES YRIARTE.

Ile de Croissy, mai 1861.

TABLE DES MATIÈRES

A. P. Antonio de Alarcon	v
Malaga. — Le départ	1
A bord	2
Ceuta	5
Sérallo. — Anghéra. — Les redoutes	10
La vie du barrio des Maures. — Ben-Zarth et Al-Mansour	15
La plaine de Castillejos	21
Gibraltar	26
Bataille de Castillejos	35
L'hôpital de Sang. — Hussards de la princesse. — Les prisonniers marocains	44
Passage du mont Négron	51
La tempête. — Le campement de la faim	55
La vie au camp. — Le cap Négro	63
Passage du cap Négro	69
La stratégie des Maures	76
Arrivée des divisions Rios. — Débarquement	80
Aspect de Tétuan. — Fort Martyn. — Campement de la place	88
Visite à la Douane	95
Nouvel engagement	98
Au camp. — Les souvenirs	109
La messe au camp. — Une reconnaissance	115
Visite de lord Codrington. — Départ du général Zabala	122
Bataille de Guad-el-Jelu	128

Bataille de Tétuan. — Prise du camp des Maures..........	144
Les parlementaires...............................	159
Entrée à Tétuan.................................	169
Tétuan...	185
Les Maures demandent la paix......................	207
Entrevue de O'Donnell et de Muley-Abbas.............	236
Arrivée de la division Échague.—Les Riffeins. Combat de Samsa.	257
Bataille de Vad-Ras..............................	282
Signature des préliminaires de la paix................	311

FIN DE LA TABLE.

VILLEVIEILLE

La Plage de l'Otéro.

SOUS LA TENTE

RÉCITS DE GUERRE ET DE VOYAGES.

MALAGA. — LE DÉPART.

Le 11 décembre 1859, après avoir attendu vingt-deux jours à Malaga l'ordre d'embarquement du 3ᵉ corps d'armée formé par le général Ross de Olano, nous nous rendîmes à bord du *Vasco-Nunez de Balboa*. Une escadre de dix-neuf bâtiments allait porter le 3ᵉ corps d'armée sur la côte d'Afrique, il devait se joindre aux deux autres, réunis déjà sous le commandement en chef du maréchal O'Donnell, qui n'attendait que ce renfort pour marcher sur Tétuan.

La foule encombrait les quais, les cloches sonnaient à toute volée, les musiques militaires jouaient la marche royale, les vivat de la foule se mêlaient aux sifflets des machines.

Du haut du môle, l'évêque de Malaga bénissait les vaisseaux et les troupes : autour de lui la foule recueillie s'agenouillait en priant pour ceux qui partaient et qui, peut-être, ne devaient jamais revoir l'Espagne.

Je vois encore cette fourmilière de barques, ces fenêtres des maisons du môle encombrées de spectateurs agitant leurs mouchoirs blancs.

Le *Genova*, coulé à fond à l'entrée du port, avait ses vergues hors de l'eau, une foule de faluccios s'y étaient amarrés, et chaque fois qu'un bâtiment dérapant pour prendre son rang s'avançait avec la lenteur d'un vaisseau au départ qui présente sa proue chargée de soldats, un immense vivat s'élevait de la mer, un autre vivat mélancolique, sourd et long comme un adieu, s'échappait du pont de ces vaisseaux qui allaient porter sur une côte étrangère toute la fortune d'un royaume.

Nous prîmes place à bord du vaisseau amiral le *Vasco-Nunez de Balboa;* nous avions rencontré à bord du bâtiment qui nous avait amené à Malaga un correspondant du *Constitutionnel*, M. de Chevarrier, qui partait avec la même mission que nous, nous fîmes cause commune ; nous avions obtenu du général Ross de Olano de suivre son état-major auquel le *Vasco-Nunez* était réservé ; l'amiral Herrera commandant l'escadre était à bord. Tous, excepté les officiers généraux, ignoraient vers quel point de la côte nous nous dirigions.

A BORD.

La nuit est claire et semble un long crépuscule, le *Vasco-Nunez* tient la tête de l'escadre et s'avance avec précaution, comme un éclaireur qui sait que l'ennemi est proche et que tout est danger autour de lui. La vigie, debout à l'avant du navire, regarde attentivement autour d'elle.

Le silence le plus profond a succédé aux cris d'enthousiasme et à toutes les rumeurs d'une ville enthousiaste.

Vers quel point de la côte se dirigent ces forces? Irons-nous tenter un débarquement sous le feu de l'ennemi? Est-ce Ceuta l'espagnole, ou Tanger, la prostituée marocaine, que nous apercevrons à l'aurore?

Chacun s'arrange de son mieux pour passer cette nuit trop lente au gré de tous. Les généraux, enveloppés de leurs manteaux, causent à voix basse sur le pont. Les officiers d'état-major, couchés sur le tambour des roues, cherchent des yeux la ville qu'ils viennent de quitter. La côte espagnole n'est déjà plus qu'une ligne grise.

Regardez-la bien, votre chère Espagne, dites-lui tout votre amour, dans un adieu suprême; rappelez-vous ses huertas pleines d'orangers en fleurs et ses plages couvertes de cactus et d'aloès. Que le soleil se lève, vous ne serez plus que des soldats. Pendant une heure encore, vous êtes des fils, des amants et des pères.

Combien d'entre vous viennent de saluer pour la dernière fois la mère patrie?

Les heures s'écoulent lentes et silencieuses, une bande d'un rose pâle colore l'horizon, les fanaux des navires pâlissent comme des étoiles à l'aube.... C'est le jour... Salut les côtes bleues, salut les grandes sierras baignées dans la brume, salut toutes les splendeurs du soleil levant!

Devant nous, une ville se dégage des vapeurs du matin, étageant ses terrasses comme les marches d'un immense escalier de marbre, jusqu'au pied d'une haute colline que couronne une forteresse.

De temps en temps un palmier dresse sa tête au-dessus des édifices. Une longue ligne de fortifications fait à la ville un immense piédestal d'un gris foncé.

Entre la mer verte et ce soubassement sombre, la ligne blanche de l'écume des flots qui viennent se briser contre les vieux murs. C'est Ceuta. Ce n'est pas encore l'Afrique, et pourtant ce n'est plus l'Espagne.

La ville s'avance dans la mer et ne se rattache à la côte marocaine que par une langue de terre si basse et si étroite, que lorsque les vagues se soulèvent Ceuta semble une île.

Si nous regardons à notre droite, un immense rocher à pic, d'une forme bizarre, indique l'autre côté du détroit, et, comme un immense miroir, reflète les tons dont se nuance le ciel au soleil levant.

Cette sentinelle gigantesque qui sort de la mer pour épier les nations en voyage et jeter son audacieux qui-vive, c'est Gibraltar. L'immense rocher est creusé de toute part, et chacune des excavations se décèle par une rangée de sabords qui vous montrent la gueule béante des canons et fait ressembler le rocher à la carène d'un vaisseau géant. Passons... C'est l'antre du léopard. Un bruit de clairons et de tambours s'élève au milieu de ce silence et nous ramène à la côte opposée. C'est la diane du camp espagnol, les tentes éclatent au soleil, nous touchons la côte. Dans une heure nous saurons *quid novi fert Africa.*

CEUTA.

Des sons de musique militaire, des piétinements de chevaux, des bruits de caissons d'artillerie, une caravane de chameaux chargés de farine, de longues files de mules chargées de galette; des civières de malades cherchant à fendre la foule, un escadron entier au repos au milieu d'une place; ici l'un fait la cuisine en pleine rue; celui-là lave son linge au ruisseau; cet autre jure et sacre; celui-là chante; un second écrit une lettre sur un tonneau renversé. Au milieu de cette confusion le bruit du clairon se fait entendre; chacun abandonne son occupation pour courir où l'appelle cette fanfare. Tel est Ceuta. Le désordre le plus pittoresque, la réunion des éléments les plus hétérogènes et les plus bizarres.

Nous traversons cette foule pour chercher où nous loger. Mersoug, un Arabe que M. de Chevarrier a pris à son service, ameute la foule autour de lui, les soldats le poursuivent et l'accablent d'injures ou de plaisanteries. *El Moro! El Moro!* Mersoug est un gênant serviteur, et la couleur de sa peau est très-compromettante, aussi ne nous quitte-t-il pas d'une semelle.

Les posadas sont pleines, les patios sont convertis en caravensérails. Les maisons particulières regorgent d'hôtes.

Mersoug nous sauve, il rencontre un Français, ancien spahis et son camarade de régiment, devenu interprète du quartier général pour la langue arabe.

Vivant à Ceuta depuis quelque temps, il connaît le

pays et nous emmène loger chez des Maures renégats qui vivent en corporation dans une des parties de la ville qu'on appelle le *Barrio de los Moros*.

Ce ghetto a un caractère féroce. La cour est tendue de cordes sur lesquelles sèchent des guenilles d'un ton violent ; de grands cadavres ambulants, vêtus du burnous rayé et coiffés de turbans, fument au soleil ; ils semblent nous considérer avec le plus profond mépris.

J'avais une peur horrible de rencontrer un hôtel meublé à la française, avec une pendule en albâtre sur la cheminée et des gravures de la continence de Scipion l'Africain sur les murs. Rien de tout cela. Il pleut dans notre chambre, et il n'y a pas de châssis à l'unique fenêtre ; rien qu'un volet plein, de sorte que nous nous trouverons dans la plus profonde obscurité si nous voulons éviter l'air, ou nous serons exposés à toutes les intempéries si nous voulons travailler. Il n'y a pas de lit, et il nous faudra faire notre cuisine nous-mêmes. Nos hôtes ne veulent rien de commun avec nous à ce sujet : le Prophète le défend... De quoi se mêle le Prophète !

Nous avons apporté nos lits de camp, nous les dressons. M. de Chevarrier, qui a longtemps voyagé en Afrique, parle l'arabe et est entré en conversation avec Ben-Zarth, notre hôte. Il va se concilier son amitié et en abuser pour le persuader que nous nous conformerons à ses habitudes culinaires.

Nous avons hâte de visiter le camp espagnol, il est à une demi-lieue de la ville, et de notre terrasse nous pouvons compter les tentes.

Après avoir marché une demi-heure entre des murailles élevées, franchi dix ponts-levis, vingt bastions (car je ne sais rien de comparable à Ceuta comme luxe de murailles et de précautions militaires), nous arrivons à un amphithéâtre de verdure borné par une haute montagne pelée. C'est la Sierra Bullones. A ses pieds un immense ravin couvert d'une vigoureuse végétation d'un vert sombre, c'est le bosquet d'Anghera; à droite le détroit de Gibraltar; à gauche la Méditerranée; et cette ligne bleuâtre qui s'étend tout au loin et qui se perd dans la brume, c'est l'Afrique française. Entre cet horizon et Ceuta, un cap forme second plan et se détache brutalement sur le ciel : c'est le cap Négro, la vraie clef de Tétuan.

Nous remarquons une grande agitation dans une partie du camp, tandis que près de nous les tentes sont vides et les sentinelles veillent seules. Les Maures ont attaqué et le général Prim les repousse avec sa division.

Nous gagnons une hauteur, et tout ce que nous parvenons à voir avec les meilleures jumelles se résume à un tourbillon de fumée et à quelques taches noires et grises.

Après une heure qui se passe en commentaires, en explications qui nous sont données par nos voisins, la foule s'ouvre pour donner passage à un groupe qui s'avance avec précaution.

Ce sont quatre artilleurs portant une civière couverte d'une mante; un bras inerte pend hors du lit, la manche est décorée de trois galons : c'est un colonel. Un instant après, un cuirassier passe devant nous tenant un cheval par la bride, un grand jeune homme s'appuyant sur son sabre et portant le costume des aides de camp du maréchal suit de près la civière.

Il paraît que l'état-major se présente aux guérillas. Le colonel est un des officiers les plus distingués de l'armée espagnole, au dire de tous ceux qui l'ont connu.

Don Juan Molins y Cabanayes, du corps d'artillerie, est mort frappé d'une balle à la tête. Le capitaine, c'est M. Coy, l'aide de camp d'O'Donnell, il est blessé à la cuisse.

Les détonations se font entendre longtemps encore, puis les troupes se retirent et regagnent leur campement. Un nombreux état-major passe à nos pieds dans un défilé tortueux; mon voisin me nomme chaque officier général, en tête desquels chevauche le maréchal O'Donnell.

La nuit approche, nous regagnons la ville et le Barrio des Maures. J'ai toujours devant les yeux ce corps inerte dont le bras pend hors de la civière.

C'est la première fois que je comprends ce qu'il y a de sang et de larmes dans ce mot horrible : la guerre !

———

J'avais hâte de me présenter au maréchal O'Donnell; j'étais porteur d'une lettre de créance du ministre de l'intérieur, don Posada Herrera, je me rendis le lendemain de bonne heure au campement.

L'emplacement du quartier général était signalé par un drapeau planté presque à l'entrée, sur une hauteur d'où l'on dominait tout le détroit de Gibraltar.

Ce quartier formait une large rue, à l'extrémité de laquelle se dressait une tente qui ne se distinguait des autres que par une frange rouge formant galon à moitié de sa hauteur. C'était la tente du général en chef.

Trois officiers vêtus de cabans très-longs, portant la botte à l'écuyère et coiffés d'un képi gris et de forme basse, se promenaient de long en large en causant avec animation.

Un officier d'état-major auquel je m'adressai me les désigna tous trois : le plus petit, à barbe grisonnante, à la figure d'une extrême énergie, était le général Garcia, chef d'état-major du maréchal ; le second, très-jeune et d'une figure sympathique, était le brigadier Makenna ; quant au dernier, d'une haute taille, aux cheveux blancs, au visage enluminé, à la démarche sûre, c'était le maréchal O'Donnell.

Je lui tendis ma lettre, il la lut rapidement et me dit : « A partir d'aujourd'hui vous faites partie de l'état-major ; le général Garcia vous donnera une passe pour entrer et sortir de la place, et quand nous nous mettrons en marche, il faut vous attendre à ne trouver sur votre passage aucune espèce de ressource ; vous aurez donc besoin de rations pour vous et votre cheval. Je vous engage à régulariser de suite votre position, je vous laisse avec mon chef d'état-major. »

Nous avions quitté Paris par enthousiasme, nous étions Français, c'est-à-dire fort sympathiques à la cause des Espagnols, nous venions nous associer à tous leurs dangers et partager leurs privations et leurs fatigues. Je ne cache pas que je m'attendais à une réception plus intime et je fus un peu découragé.

Je me demande aujourd'hui ce que je voulais de plus

que cela, je crois même que j'écrivis à mes amis de Paris que le maréchal O'Donnell avait été un peu président du conseil. Je devais plus tard modifier cette opinion du tout au tout, et je ne tenais pas compte, le jour de mon arrivée, des mille obsessions qui devaient bourreler la tête du général et de l'immense responsabilité qui pesait sur lui.

SÉRALLO. — ANGHÉRA. — LES REDOUTES.

Quand les Maures ont attaqué un jour, on peut être sûr qu'ils se reposent le lendemain : ou plutôt que leurs ennemis se reposeront ; car, n'ayant pas de services d'ambulance, les Maures sont obligés de soigner leurs blessés, de les transporter à la ville la plus proche, et de disposer de leurs propres montures pour cet usage. Nous profitâmes du repos pour monter au Sérallo et voir les redoutes et les constructions faites pour la défense

Le Sérallo est un palais assez vaste, mais presque en ruines ; il est construit sur un mamelon qui fut rudement défendu et plus rudement attaqué : c'est le théâtre de la première lutte sérieuse entre les Espagnols et les Marocains. On ne peut s'expliquer cette construction dans cette partie où ne se trouvent aucuns vestiges d'une ville, que comme lieu de plaisance. Le Sérallo est d'architecture mauresque de deux époques, toute la partie extérieure exposée aux intempéries n'a que les grandes formes générales qui distinguent l'architecture orientale ; les intérieurs, autant qu'on en peut juger aujourd'hui, sont fouillés avec beaucoup de recherche, et la couleur et l'or qui décorent quelques-unes des voûtes se distinguent encore.

A la citerne où s'abreuvaient les chevaux du kalife viennent boire les chevaux des officiers espagnols. Dans le Patio où les bokaris attendaient un signe du maître, toujours en selle et la gumia au poing, se dresse une cuisine improvisée où des soldats espagnols procèdent à une œuvre sans nom qui figurera ce soir sur la table du général, décorée d'un nom pompeux. Sur l'élégant minaret, aux bandes de mosaïque verte et rouge, flotte l'étendard de Castille ; hier l'étendard vert du Prophète y flottait encore.

Du Sérallo pris comme centre, si on décrit par la pensée un arc de cercle dont le rayon serait un kilomètre, cet arc traversera trois points stratégiques admirablement choisis qui doivent à l'avenir garantir les environs de Ceuta de toute surprise.

Ces trois points sont les sommets de trois collines que l'on a couronnées de redoutes : Isabelle II, Prince-Alphonse et François-d'Assise ; une quatrième s'élève en ce moment.

Au pied de la redoute d'Isabelle II s'étend le bosquet d'Anghéra. « Si les arbres pouvaient parler, me dit le « brigadier Cavaliero de Rhoda qui me faisait les hon- « neurs des fortifications, quel poëme de sang ils vous « raconteraient. Ces chênes-liéges sont criblés de « balles, chaque touffe d'herbe a été disputée, prise et « reprise. »

La gorge d'Anghéra, comme on l'a su plus tard par

une reconnaissance qu'y pratiqua le général Echaguë, conduit à une réunion d'hadouars qui portent le nom d'Anghéra : c'est là qu'habite la plus barbare, la plus fanatique de toutes les tribus du Maroc. Ce sont les premiers ennemis que les Espagnols ont rencontrés, ce sont eux qui ont renversé la pierre aux armes d'Espagne qui indiquait la limite des possessions, et l'impunité leur est assurée grâce à cette gorge terrible où ils ont établi leur demeure.

Anghéra est un immense labyrinthe qui garde son secret même pour les soldats réguliers chargés de punir la rébellion des sujets de l'empereur du Maroc. On a brûlé les gourbis, on a coupé par le pied tous les orangers et les autres arbres à fruits qui nourrissaient les tribus ; les sources elles-mêmes ont été souillées pour arriver à disperser les hordes qui se groupaient autour de ces huttes. Qui sait pourtant si, maintenant, à l'heure où le soleil se lève, tous ces proscrits n'abandonnent pas les grottes où ils vivent cachés, les gorges au fond desquelles ils abritent leurs femmes et leurs enfants, pour venir glorifier Allah en étendant leurs bras vers l'orient, et jouir des bienfaisants rayons du soleil ?

La redoute d'Isabelle II est sérieusement construite, en terre et en bois, elle est armée de canons dont les feux sont dirigés sur les passages connus ; au milieu, s'élèvent les cabines qui contiennent des munitions. Pour des œuvres aussi rapides, elles ont un caractère qui tient plus du définitif que du provisoire.

Une longue vue était braquée à l'une des meurtrières, on me fit remarquer un groupe de sept Maures qui semblaient se reposer ; ils portaient tous l'espingarde au poing, ils étaient vêtus de burnous gris rayés et les jambes nues. La sentinelle, qui veillait auprès du canon, nous dit que la lorgnette était braquée depuis plus de cinq heures et que ces hommes n'avaient pas bougé ; on les supposait placés en observation.

Les routes qui mènent d'une redoute à l'autre, œuvre du génie militaire, ont dû s'exécuter avec la plus grande difficulté ; elles sont tracées dans un sol rocailleux et sillonné de fortes racines qui s'enchevêtrent les unes dans les autres.

De la redoute François-d'Assise la vue était à peu près la même ; mais ce qui ajoutait à l'intérêt, c'est qu'on distinguait parfaitement les gardes avancées des Marocains, le campement nous était caché par un monticule.

Ces deux tentes blanches dans l'herbe doivent bien donner à penser aux officiers qui sont obligés de passer de longues heures dans ces redoutes. Derrière cette colline se cache toute une armée composée d'hommes indisciplinés, presque sauvages, vivant d'une manière entièrement distincte de la nôtre, portant un vêtement bizarre et parlant une langue dure ; race féroce, divisée en tribus, qui accourt là où brûle la poudre pour l'unique joie de tremper ses mains dans le sang et de compter les têtes coupées.

J'aurais donné et donnerais encore aujourd'hui quelques années de cette vie qui va s'écouler à coudoyer une civilisation trop avancée, pour aller à ces hommes un signe de ralliement à la main, pour vivre au milieu d'eux comme un hôte respecté, épier leurs instincts, étudier leurs habitudes, manier leurs armes, voir courir leurs chevaux, m'asseoir à l'entrée de leur tente quand vient la nuit et les voir au lever du soleil tendre les mains vers l'orient en louant le nom d'Allah.

Au lieu de cela, une haine implacable, une guerre à mort : il faut perdre jusqu'à l'espoir de les voir oublier un jour leur ressentiment et leur fanatisme.

Après avoir visité les autres redoutes, qui ne diffèrent nullement des précédentes, je traversai le camp pour rentrer dans la place ; un nouveau campement s'était élevé à notre droite presque sur le bord de la mer, dans un endroit où les côtes forment falaises. C'était la 3e division, celle avec laquelle j'avais traversé le détroit, qui, après avoir campé deux jours sur la place de Ceuta, était venue planter ses tentes en avant-garde. En quelques heures cette partie déserte s'était animée d'une vie fiévreuse ; chacun courait de son côté, l'un cherchant de l'eau, l'autre du bois, celui-ci installant un fourneau de cuisine, celui-là montant un lit de camp.

A la suite du 3e corps d'armée, les autres s'étaient aussi avancés un peu, soit pour des motifs d'hygiène, soit pour commencer la marche sur Tétuan. La tente du maréchal O'Donnell dominait du côté de la mer jusqu'à l'entrée du cap Négro. Rien ne lui échappait des évolutions de l'escadre, et, sans sortir de son observatoire, il pouvait communiquer ses ordres suivant les mouvements de l'ennemi.

LA VIE DU BARRIO DES MAURES. — BEN-ZARTH ET AL-MANSOUR.

Chaque soir je rentrais muni de notes et de croquis, et les soirées se passaient à écrire mes correspondances et à recopier mes dessins; nos hôtes venaient s'asseoir à côté de nous et nous parlaient des mœurs arabes et des différentes villes de l'empire qu'ils avaient parcourues.

Ce sont deux types fort distincts que ces Maures qui sont venus se fixer dans la colonie espagnole et qui ont apporté là leurs goûts, leurs mœurs, leurs costumes et toutes leurs habitudes.

Le plus jeune, grand garçon très-élégant, au teint olivâtre, à la barbe noire, passe ses journées à se lisser les cheveux qu'il a laissés croître fort longs en renégat qu'il est. Il se regarde continuellement dans de petits miroirs et chante assez agréablement. Il ne connaît que des chansons folles où reviennent à tout moment des comparaisons impossibles entre les yeux des belles Mauresques et les pierres précieuses, entre leurs lèvres en fleur et le corail ou la grenade entr'ouverte; il s'inonde d'eaux balsamiques, d'essence de rose et de ces parfums énervants dont les Orientaux font un grand usage. Je ne l'ai jamais vu se livrer à un travail quelconque, il se lève en chantant à midi après s'être couché le soir en chantant.

Au matin, une maritorne la tête couverte d'une mantille s'échappe de quelque cuisine des environs pour venir s'asseoir aux pieds de son sultan, qui se laisse adorer avec un cynisme parfait et avec une confiance imperturbable.

Je n'ai jamais vu Al-Mansour assis à une table et mangeant ; seulement, la cafetière est en permanence sur le réchaud, et je trouve dans tous les coins des tasses imperceptibles où se voit encore le marc du café arabe.

Les fleurs, les chansons, les soins de sa toilette, de longues stations à la terrasse où il s'assied et reste à regarder la mer dans une silencieuse extase : voilà toute sa vie.

Hier, il m'a demandé de lui apprendre des chansons françaises : entre Béranger et Schubert, il opte pour ce dernier. Il a l'âme tendre et m'a fait répéter trois fois *Plaisir d'amour*, de Martini, que j'avais traduit à son intention. Quand il raconte une histoire ou quand il parle de sa patrie, je n'ai nullement besoin d'entendre son langage, son geste est si juste, si expressif, que je comprends tout ce qu'il dit. Oui dans sa bouche acquiert une force incroyable, c'est-à-dire n'en doutez pas, cela est, je vous l'atteste. S'il dit *non*, il n'y a pas à y revenir, la tête, les yeux, la bouche, le cœur, l'homme moral, l'être tout entier dit *non*. S'il raconte un voyage, je le vois à cheval, j'entends le pas de la monture, je vois les horizons se succéder et la ligne du désert s'étendre implacable, monotone, éternelle. Le masque s'anime, les yeux lancent des éclairs ; si c'est un oasis qu'il rencontre sur sa route, toute sa physionomie s'illumine et ses traits prennent une telle expression, que j'y lis la joie du voyageur altéré, j'y sens la fraîcheur des sources et je compte les palmiers élancés.

Rien ne m'échappe des scènes qu'il a vues et raconte, je saisis toutes les impressions qui le dominent.

Ben-Zarth, au contraire, est une nature rude et habituée aux travaux de la guerre ; il a servi longtemps dans la compagnie des moros-mogataces, sorte d'institution assez semblable à nos spahis, mais qui ne se compose que d'indigènes.

Il a conservé de cette vie les manières d'un soldat et les goût des chevaux et des armes, il s'intéresse passionnément aux détails des actions et des combats. Les premiers jours, il s'est mêlé aux troupes en amateur, et attend que l'ennemi s'avance dans la plaine de Tétuan pour se joindre à elles.

Susceptible d'un plus grand dévouement que son frère, il nous a voué, je crois, un grand attachement. Ainsi s'écoulent tranquillement les soirées, pendant que par les soins du sybarite Al-Mansour les parfums brûlent dans la cassolette et que le cavvar se distille lentement dans la cafetière.

Mersoug manque à ce tableau de famille ; mais il a fait une fugue depuis quatre jours, et la seule chose qui puisse me consoler de l'absence du nègre, c'est l'espoir de l'entendre raconter à son maître ses impressions de voyage. Sterne n'est pas plus sentimental, et Henri Heine n'est pas plus fantaisiste que cet humoriste serviteur.

Maintenant que j'ai satisfait ma curiosité, que j'ai vu le camp dans tous ses détails, visité les redoutes et les travaux de fortifications, je vais essayer de me rendre compte du lieu que j'habite, de ses ressources et de son importance. Ceuta m'a paru triste et la population fixe, aujourd'hui noyée dans cette émigration de l'Espagne, est peu distincte. On vient à Ceuta pour y faire un commerce, pour y remplir des fonctions; mais je ne crois pas qu'il y ait une seule famille qui soit venue habiter là comme en un lieu dont on fait sa résidence.

Cette colonie espagnole a une importance énorme comme point stratégique, et malgré la force de Gibraltar, la puissance anglaise est un peu neutralisée par la situation de Ceuta. Le fait seul de ne pas être domaine de la Grande-Bretagne donne toute son importance à la possession, et, les Espagnols étant entièrement opposés de but et d'idée à cette nation égoïste qui s'est établie à Gibraltar par la ruse et le vol, l'Europe peut passer en paix de la Méditerranée à l'Atlantique. Imaginez des feux partant de Ceuta et se croisant avec ceux de Gibraltar, par suite d'un traité ou par suite d'une occurrence d'intérêts communs. Quelle est la flotte qui s'aventurerait dans ce passage? A partir de ce jour c'en serait fait du commerce du monde et des relations d'une partie de l'Europe avec le nouveau continent. Nos marchés regorgeraient de denrées, et la production ne serait plus en rapport avec notre consommation. L'égoïsme ou le bon plaisir de deux peuples pourrait troubler pour longtemps l'équilibre commercial du monde entier.

Les Espagnols de la grande époque ont beaucoup fait pour Ceuta. Les fortifications sont formidables, et quoique tout le système de défense moderne ait un peu neutralisé l'ancien mode de construction, la place résisterait bien longtemps avec peu de monde.

La mer entre jusque dans les fossés des remparts, et je n'ai pas encore vu d'architecture qui, s'harmonisant mieux avec la nature qui l'entoure, présente des tableaux aussi pittoresques.

D'un certain point, le rocher de Gibraltar forme le fond encadré à droite et à gauche par des guérites de pierre avec culs-de-lampe qui surplombent et ne se rattachent aux murs que par leur angle. Le rocher blanc, la mer bleue, le ciel foncé et la fortification grise, un grand oiseau de mer qui vient faire une tache sur le ciel, au premier plan une sentinelle qui rêve en regardant ce rocher infernal.

Voilà un tableau à *souhait pour le plaisir des yeux* (comme dit M. de Fénelon).

Mais pour le moment, comme il est grand matin, de longs chapelets de civières défilent dans les rues étroites, les cholériques et les malades descendent du camp; nous en comptons jusqu'à quarante. Les hôpitaux regorgent; les ambulances, les maisons particulières sont encombrées. Ce n'est pas assez des blessés, il faut encore que, dans une aussi rude épreuve qu'une guerre sur un sol inhospitalier, cette terrible maladie qui vient vous étreindre et vous surprendre s'attache à l'armée et la prive des plus forts et des plus jeunes. Combien déjà ont succombé!

La nouvelle division qui a débarqué paye son tribut à l'acclimatation. Une partie du camp est plus éprouvée que les autres; on se perd en conjectures; est-ce l'eau? est-ce la position? est-ce enfin le dur travail auquel est soumis le corps du général Echagüe? Tous ceux qui sont campés au pied du Sérallo ont fourni un contingent plus nombreux à l'épidémie.

Nous avons visité l'hôpital des cholériques, c'est un immense établissement qui a dû être un couvent ou une maison de missionnaires. Le Patio a été utilisé, et, sous les portiques, sont dressées de longues files de lits. Je ne sais rien de lugubre comme une visite à un hôpital la nuit et dans les conditions où sont organisés les hôpitaux provisoires.

La science est aussi sainte que la religion, et je me sens pénétré de respect en pensant au dévouement de ces médecins qui ont vécu là, en contact permanent avec l'épidémie, et jamais je ne l'ai vue si cruelle et si âpre à sa tâche.

Si vous ajoutez aux civières des malades les cacolets des blessés, si vous mettez dans ces rues, étroites comme des rues mauresques, des files de chameaux et de mulets chargés de caisses de biscuits ou de sacs de farine, des escouades de galériens vêtus d'un drap marron et enchaînés les uns aux autres; des colosses de portefaix vêtus de toile blanche, la jambe nue et une ceinture autour de la taille, enchevêtrés les uns dans les autres, quatre en avant, quatre en arrière, supportant de longues perches armées d'un croc auquel est suspendue une tonne énorme; un bruit infernal de clairons, de tambours, de cris, d'invectives; des costumes d'une variété sans fin; des galops de chevaux, vous aurez une faible idée de ce qu'est Ceuta au moment où nous l'habitons.

LA PLAINE DE CASTILLEJOS.

Enfin, nous avons vu ces brillants cavaliers maures dont notre imagination peuplait les solitudes de Sierra Bullones; ils faisaient voler le sable sous les pieds de leurs chevaux, et provoquaient audacieusement la cavalerie espagnole.

Au point du jour, les compagnies du génie désignées pour ouvrir le chemin qui doit côtoyer la plage ont commencé ce travail d'autant plus rude qu'il est presque constamment interrompu par les attaques de l'ennemi. Le général Prim est chargé de repousser l'agression (fort peu sérieuse du reste). La compagnie des forçats et une batterie d'artillerie de montagne suffisent pour tenir l'ennemi en respect.

On a pu s'assurer que les tentes marocaines se dressent dans une gorge dont l'entrée vient déboucher à la plaine de Castillejos, et peut-être en faisant avancer de la cavalerie, les Maures déploieront-ils leurs forces.

Les hussards de la princesse s'avancent donc en bon ordre, le dos tourné à la mer et faisant face à l'entrée de la gorge. L'ennemi est toujours invisible. A peine les hussards se sont-ils avancés jusqu'au milieu de la plaine, un groupe de cavaliers maures vient lentement au-devant de l'escadron; d'autres, sortant de derrière les arbres et les touffes de verdure, se répandent à droite et à gauche en laissant un grand espace entre chacun d'eux.

Les figures se détachent admirablement sur des fonds

vert sombre, et ces cavaliers aux burnous flottants, aux selles incarnat, aux armes brillantes, occupent à eux seuls (à peine une centaine) l'immense plaine de Castillejos.

Ce n'est pas un combat qui se prépare, c'est un carrousel, une passe d'armes, un tournoi. Voici les hérauts qui s'avancent les premiers, fièrement campés sur leurs chevaux; la bride flotte sur le cou de leurs montures qui obéissent aux mouvements des genoux; ils brandissent au-dessus de leurs têtes leurs longues espingardes.

Un frémissement d'impatience se fait entendre parmi les hussards, qui espèrent enfin trouver une occasion d'entrer en lice. Au commandement de son chef, l'escadron charge à fond de train, mais avec une promptitude et une habileté inconnues à nos cavaliers européens; chaque Maure fait volte-face et décrit d'immenses courbes qui font ressembler le mouvement à une fantasia plutôt qu'à une retraite. L'escadron s'arrête dans son élan, de peur de se livrer sans défense à l'ennemi, qui sans doute a embusqué ses tirailleurs et caché ses fantassins sous chaque touffe de lentisques. Trois fois l'escadron tente de charger ces cavaliers qui se gardent bien de présenter une masse compacte, trois fois les Maures se dispersent pour revenir plus audacieux et plus provoquants. Quelques-uns d'entre eux, debout sur les étriers, s'avancent à cent pas des hussards en leur jetant pour défi le mot *cobardes*[1] *!* prononcé dans le plus pur castillan.

1. Lâches.

Mais le général Prim a compris leur projet, ils veulent que les hussards s'engagent à leur poursuite dans cette gorge inconnue afin de les livrer aux coups de leurs tirailleurs.

On ordonne la retraite, et, comme toujours, à mesure que les hussards se retirent, les Maures deviennent plus audacieux et s'avancent en tirant quelques coups de feu. La compagnie des forçats protège le mouvement; longtemps après on entend encore le bruit de leurs guérillas. Néanmoins à l'extrême droite la journée a été plus sérieuse, quoique moins pittoresque.

Les bataillons de Llerena et Almansa ont enlevé à l'ennemi une position où il s'était solidement établi.

Nous rentrons au camp au coucher du soleil, et les escadrons de hussards qui ont revêtu leur grand manteau blanc, gravissent les chemins tortueux que le génie à tracés. Les chasseurs avec leurs pantalons rouges et leurs punchos sombres défilent par des sentiers capricieux et tourmentés. Que de tableaux j'ai déjà vus! Et celui-là est un des plus pittoresques qu'il me sera donné de contempler.

La mer est calme et ses flots viennent mourir lentement sur la plage, en recouvrant d'une écume blanchâtre les rochers noirs à fleur d'eau.

Les vapeurs qui s'élèvent du camp à l'heure du *rancho* se colorent des derniers feux du jour, et leurs contours se frangent d'une ligne d'or.

A la porte des tentes s'allument les uns après les autres les foyers autour desquels les hommes de garde passeront la nuit. Le rocher de Gibraltar n'a plus à son sommet qu'une touche brillante. Une légère rosée tombe lentement; elle nous pénètre et nous glace. La Sierra Bullones se perd dans la brume, et sur la côte voisine s'allument les phares et les signaux.... La nuit est venue.

J'ai toujours gardé la mémoire d'une esquisse peinte sur nature dans la vallée de Baïdar, par Alexandre Protais, qui suivait l'état-major du maréchal Pélissier pendant la guerre de Crimée.

Dans un de ces petits vallons étroits formés par des plis de terrain, où la végétation peut se développer à l'aise, abritée des vents contraires, fertilisée par des eaux courantes et défendue des dévastations des bergers poètes qui veulent à toute force effeuiller des marguerites, ou de celles des troupiers, plus positifs, qui veulent à tout prix du bois pour faire cuire leur soupe, plusieurs cadavres de soldats russes ont été abandonnés. Les crânes dénudés, horribles, présentent des orbites aux trous effrayants, la bouche aux dents blanches, grimace encore et a gardé la contraction de la dernière douleur.

Ces squelettes sont vêtus de la longue capote grise à boutons de fer, et comme le vent a soulevé les pans de ce vêtement, on voit toutes les côtes qui présentent leurs vides réguliers d'où s'échappe un essaim d'insectes bourdonnants. Ces morts, encore vêtus d'uniformes, et portant leurs buffleteries blanches croisées sur la poitrine, semblent attendre quelque solennelle et fantastique revue des ombres, semblable à celle à laquelle Raffet a convié les cuirassiers épiques. Et, comme une éternelle dérision, ou plutôt comme un consolant contraste (selon la disposition d'esprit où chacun se trouve), un amandier fleuri étend son ombre sur ces cadavres, et quand le vent du soir vient agiter ses branches, une pluie de fleurs, une neige odorante vient couvrir ces squelettes et mêler ses parfums aux putrides exhalaisons qui s'échappent de ces terribles emblèmes du néant.

La scène que j'ai contemplée aujourd'hui, et qui m'a fait évoquer le souvenir du tableau que je viens de décrire, n'était pas moins terrible.

Dans une de ces attaques que l'on arrive à ne plus compter et qui s'est effectuée aujourd'hui même, les Maures ont été coupés et se sont trouvés pris entre les forces espagnoles et la plage.

Le fanatisme qui anime ces farouches ennemis les empêche de concevoir même l'idée de se rendre; et beaucoup de ceux qui ne se sont pas jetés tête baissée sur les baïonnettes ennemies se sont précipités volontairement à la mer.

A cette heure, quarante cadavres sont étendus sur le sable de la plage, quelques autres roulent avec la vague, apparaissent et disparaissent avec le flux et le reflux. La terre n'a pas encore bu le sang versé et beaucoup d'entre eux reposent au milieu d'une mare noirâtre.

Celui-ci est un Kabyle; il est reconnaissable à sa longue tresse de cheveux à l'extrémité de laquelle sont suspendus des amulettes et des coraux. Ceux-ci, vêtus de burnous gris liés à la taille par une corde, les jambes nues et les pieds chaussés de babouches jaunes, sont de la tribu d'Anghéra.

Quant à ces derniers, à la haute taille, aux traits secs, au crâne développé, à la barbe courte et dure, et aux attaches fines et élégantes, leurs vêtements gris rayés de brun, leurs chapeaux à vastes bords et à pompons de laine, dénoncent des habitants de la province d'Oran et de l'Algérie française.

Puisque la loi défend aux musulmans de laisser reproduire leurs traits, et que le peu de prisonniers que les Espagnols ont faits jusqu'aujourd'hui se sont obstinément refusé à me laisser faire le moindre croquis d'après nature, j'aurai la mort pour complice et je resterai jusqu'à la nuit face à face avec ces terribles hôtes qui sont tombés dans les poses les plus tragiques ou les plus brutales.

Qu'il y a loin de ce que je vois à ces sourires gracieux, à ces poses d'opéra-comique de certains peintres de bataille qui n'ont jamais vu d'autres cadavres que ceux étendus sur la table de dissection !

GIBRALTAR.

Les conversations particulières que nous avons eues avec quelques généraux, la réunion complète de l'effectif et du matériel, la présence des tentes marocaines aussi près du camp espagnol, tout nous fait croire que bientôt l'armée se mettra en marche pour forcer le passage jusqu'à Tétuan.

Le moment dont parlait le maréchal O'Donnell est arrivé. Nous ne pourrons plus rejoindre l'armée, puisque les communications avec Ceuta seront interrompues ; il faut songer à s'équiper et à commencer à vivre de la vie du soldat.

Outre M. de Chevarrier avec lequel j'habite, un autre Français vient d'arriver ici pour suivre les opérations ; M. Boyer, de l'*Indépendance belge*, se rendant peu compte de ce que sera la guerre, n'a pas plus que moi fait de sérieux préparatifs, et nous avons résolu de faire une excursion à Gibraltar, afin de nous munir de tout ce qui nous est nécessaire.

On m'avait tant parlé de l'émigration juive et de ses campements sur la plage, de la physionomie particulière de cette tribu chassée de ses foyers par la déclaration de guerre, que Gibraltar avait pour moi un attrait artistique qu'on comprendra facilement.

Je ne parle pas de l'intérêt qu'il y a à visiter ce boulevard de la domination anglaise. J'ai le cœur aussi espagnol que français, et je sens le rouge me monter au front en voyant avec quelle arrogance et quelle sécurité le léopard se vautre au soleil d'Andalousie.

A Venise, sur la place Saint-Marc, en passant devant les sentinelles autrichiennes et en voyant les canons parqués sous les galeries de la Piazzetta, je sens qu'avant la fin du siècle cette domination autrichienne ne sera plus qu'un souvenir dont les hommes d'aujourd'hui, devenus des vieillards, parleront comme d'un mauvais rêve. Mais je ne vois pour l'Espagne aucune solution possible en dehors d'une forte coalition que l'amour-propre national repousse d'avance.

Je n'ai nullement la prétention d'avoir découvert Gibraltar, ceux qui n'ont pas visité cette possession en ont tous vu des dessins, toute l'impression peut se résumer en une phrase : ce n'est pas la ville qui est fortifiée, c'est la fortification qui est habitée et dont les gardiens ou fonctionnaires forment une ville.

Comme aspect, c'est une manifestation bizarre de deux principes, une fusion singulière de deux sentiments, de deux tendances qui pourraient mutuellement se servir d'antipodes. Une cité Janus qui tente vainement d'accoupler la vivacité andalouse au flegme britannique.

Ici, l'un se drape fièrement au soleil pendant que l'autre, habitué aux froids brouillards de l'Angleterre, en évite avec soin les rayons. Le temps est tout pour celui-ci, celui-là trouve que la vie ne se compose que de moments perdus à propos.

L'Anglaise automatique, dont la jupe, le corsage et la démarche sont d'acier, s'avance par saccades au Prado de la ville qui prend de vagues airs de square, tandis que la gracieuse Espagnole couverte de sa mantille glisse harmonieusement en ouvrant et fermant son éventail avec un bruit sec.

Celle-là est un lys... artificiel, celle-ci une fleur de grenadier que le soleil a baisée de ses rayons doré.

Chez l'une le cœur est un viscère, un organe essentiel à la vie dont elle modère les battements au gré de sa froide raison ; chez l'autre le sang circule ardent et généreux, et la tête est impuissante à réprimer les élans du cœur.

Le fils d'Albion, méthodique et gourmé, se presse lentement et va causer cotons ou balles de café avec le

Maure ou le Juif. Silencieux et morne, il a pris le chemin le plus court et prête peu d'attention à cette foule qui bourdonne autour de lui ; la Juive aux lignes austères et l'Andalouse agaçante ont beau passer devant lui, son œil ne s'allume pas et le désir ne se lit pas sur son visage. Il sait où il va, il n'oublie jamais l'heure à laquelle il doit y arriver. Jamais il ne s'attardera à la poursuite de l'inconnu ; vous le verrez revenir par le même chemin, aussi calme, aussi net, aussi soigné dans sa mise.

L'incommensurable poudrière peut sauter et la ville avec elle, le *cant* ne lui permet pas de s'émouvoir en public.

L'Espagnol qui le coudoie, d'une autre façon que le Maure, mais avec le même recueillement que lui, a d'abord rendu son hommage au soleil levant en se brûlant à ses rayons. Il a lentement côtoyé la plage en aspirant les parfums qui se dégagent de tous ces jardins en terrasse : il va où le guide sa fantaisie, caressant sa chimère et se laissant détourner de son rêve par tout ce qui passe. S'il assiste à un spectacle inaccoutumé, à un mouvement insolite, son visage s'anime et ses yeux parlent. Communicatif, ses gestes disent tous les mots que les lèvres profèrent. Il rit bruyamment à une repartie plaisante, et tous ses traits, s'il apprend une mauvaise nouvelle, portent aussitôt l'empreinte de la tristesse. Le premier est un marchand, le second est un poëte. . . .

. . . .

Ces balcons suspendus, ces rues étroites, ces patios couverts de tendidos, ces peintures vives qui forment des ceintures aux maisons blanches, le ciel bleu sur votre tête, ces cailloux pointus sous vos pieds, ces fleurs partout, c'est bien l'Espagne, c'est bien le pays des sérénades, la patrie des preux et des amants. Cette côte bleue à l'horizon, c'est bien l'Afrique; mais alors pourquoi ces habits rouges, pourquoi cet idiome guttural dans la bouche de ceux qui passent, pourquoi ces roulements de tambour, pourquoi ce luxe de précautions, pourquoi ce camp sur la plage, ces vaisseaux dans le port qui présentent leurs triples rangées de canons, pourquoi donc enfin cette bannière étrangère aux vergues des bâtiments et au sommet des bastions?

Interrogez l'enfant qui passe, la jeune fille qui ne semble occupée que de l'effet des œillets rouges sur ses cheveux noirs; ils vous raconteront, le rouge au front, qu'au moment où les puissances de l'Europe assistaient à un combat sanglant entre la France et dix nations réunies, à l'une de ces heures solennelles où chacun doit prendre un parti dans la lutte, l'Angleterre qui guettait sa proie se jeta sur ce coin de l'Espagne, y dressa ses canons, cacha ses soldats dans les crevasses du rocher, leur creusa des repaires dans le granit, et érigeant en droit le vol, la ruse et la force, se maintint dans le détroit au milieu des clameurs de toute l'Europe.

En ce moment, Gibraltar emprunte une physionomie particulière à la présence des Maures. Ces costumes orientaux, ces couleurs vives, ces femmes long voilées, ces Juives aux vêtements splendides, ces groupes bariolés qui stationnent aux abords des monuments, tout ce va-et-vient hérérogène donne à la ville une animation qu'elle ne doit point avoir en temps ordinaire.

A la partie nord de la ville, et sous le rocher taillé à pic, est établi le camp des Juifs.

Cinq cents tentes environ, disposées régulièrement, de forme circulaire, et dont le sommet est peint d'un ton rouge, abritent les Juifs qui ont fui la persécution des Maures de Tanger et de Tétuan.

Chaque tente contient une famille, si nombreuse qu'elle soit. Les enfants reposent sous la garde de vieilles femmes qui ont dû, à l'heure où la lune se lève, cueillir sur les cimes des montagnes les herbes qui font perdre la raison.

Shylock l'anthropophage est accroupi à l'entrée de la tente, et la belle Jessica peigne les cheveux de sa sœur.

On lit dans les yeux de toutes ces filles d'Israël comme un vague souvenir des pleurs qu'ont versés leurs aïeux pendant la captivité de Babylone.

Ce type qui se conserve immuable de génération en génération, le rapprochement inévitable qu'on fait entre les Juifs du Maroc et leurs ancêtres de la Judée persécutés et dispersés comme eux, les costumes bizarres, les haillons pittoresques ; tout se réunit ici pour inspirer un vif intérêt à ceux qui recherchent le caractère et sont épris de tout ce qui est un peu étrange.

J'ai trouvé à Gibraltar une singulière preuve de la solidarité qui unit tous les Israélites. A peine cette émigration juive était-elle connue en France, M. de Rothchild envoyait un médecin qui devait habiter la ville tout le temps qu'elle durerait, et visiter chaque tente en fournissant aux malades les remèdes nécessaires.

Noble exemple à suivre pour les heureux d'ici-bas.

— Je ne sais trop si les Anglais ont découvert dans leur terrible fortification quelque point vulnérable, mais on redouble de précautions, et les travaux du génie militaire se poursuivent avec activité. Il faut bien croire que l'Angleterre a un vif désir de conserver la paix, car elle se prépare à la guerre avec une ferveur incessante. La garnison se compose de six mille hommes ; les fortifications extérieures, celles qui s'élèvent à l'entrée du port, présentent des batteries à fleur d'eau qui, avec celles qui règnent au-dessus, forment un effectif de bouches à feu plus nombreux que celui d'une flotte entière.

Le rocher est creusé depuis sa base jusqu'au sommet, et on a établi dans la partie supérieure une série de batteries plongeantes à l'aide d'immenses crampons fixés à la voûte.

Toutes les ressources qu'ont pu inventer le génie de la conservation et l'âpre génie de la destruction ont été mises en œuvre ; on creuse en ce moment une citerne afin d'avoir pendant trois ans l'eau douce suffisante à la consommation de la garnison ; les magasins regorgent de biscuits, de salaisons et de boîtes de conserves. Les arsenaux et les parcs ne peuvent contenir un seul boulet de plus, et malgré tout ce que la nature a fait pour la position stratégique de ce rocher, malgré tout ce que les Anglais y ont ajouté et y ajoutent encore, un camp est établi à la porte de la ville, dans l'unique but, dit-on, d'habituer le soldat à la vie des camps.

J'ai visité le campement de MM. les Anglais, et le plus douillet d'entre les lecteurs s'habituerait vite aux priva-

tions qu'ils s'y imposent volontairement. La tente du fantassin est plus confortable que la chambre de caserne où il couche en temps de paix, elle est doublée, parquetée et meublée. La mess des officiers est une baraque construite en planches, je le veux bien ; mais quels dressoirs ! quelle argenterie ! quels cristaux et quels comestibles ! il y en a de toutes les parties du monde ; et des vins de France ! . . . .
. . . . Oh ! des vins de France.

Pendant que nous visitions ce camp confortable, une longue cavalcade de chasseurs avec l'habit rouge et la botte à l'écuyère, suivis d'une escadron d'amazones blondes et d'une meute de chiens avec les piqueurs et les jockeys, traversaient le pont qui sépare l'Espagne de cette Angleterre en miniature. C'étaient les officiers anglais qui allaient chasser à courre.

Nous nous étions bien promis, M. Boyer et moi, d'entrer dans le foyer de l'islamisme et de savoir de la bouche des Maures eux-mêmes ce qu'ils pensaient de la guerre des Espagnols.

Le consul marocain à Gibraltar est un commerçant, nous avions donc le droit d'entrer chez lui en dépensant quelques réaux, et nous pourrions peut-être entrer en conversation, notre qualité de Français devant nous rendre moins suspects à ses yeux.

L'agent marocain lisait, en laissant ses lèvres grimacer un sourire sardonique, la relation de l'expédition entreprise par la flotte espagnole contre le fort Martyn. Dix Maures graves et sévères, assis sur les talons, opinaient du turban et maugréaient en arabe de terribles imprécations contre les chrétiens, chiens, fils de chiens.

Cela avait déjà du caractère. — De plus, un mépris écrasant pour nous, pas un geste pour nous prier d'attendre, pas une excuse.

Le chancelier, magnifique nègre portant sur la face les trois cicatrices signes de l'esclavage, était trop occupé pour faire attention à nous.

Nous attendîmes patiemment, tout en regardant cette scène ; mais ils avaient flairé en nous des curieux et des flâneurs, ils nous persuadèrent que les porte-cigares et les babouches que nous marchandions étaient horriblement chers et nous mirent assez grossièrement à la porte de chez eux en nous montrant un Anglais qui venait, disaient-ils, pour acheter et non pour causer.

On nous vantait beaucoup l'ascension à l'Acho, et quelques habitants de l'hôtel *Victoria* organisèrent cette partie pour le lendemain.

Le canon de Ceuta s'entend de Gibraltar, de sorte que nous pourrions en une demi-journée rejoindre le camp en cas d'événement sérieux. Nous profitâmes de l'occasion qui nous était offerte, puisque nous pouvions prolonger notre séjour.

Après une marche ascendante de deux heures, par une chaleur tropicale, dans des chemins creusés dans le roc, en suivant des souterrains où l'eau suinte de toutes les stalactites, nous atteignîmes le sommet, d'où l'on domine la côte d'Espagne à l'infini et l'Afrique depuis Ceuta jusqu'à Tanger.

Le panorama est immense, mais on ne découvre ni la

place Saint-Georges ni les moulins de Montmartre ; et j'ai beau me dresser sur la pointe des pieds, ce n'est plus que dans mon souvenir que je vois l'étroite allée dont sa robe de soie frôlait les murs, alors que, le front humide et le cœur agité, je guettais son arrivée derrière les volets. Ici, le soleil est ardent et tous les parcs ont des fleurs. — Là-bas, sur la terrasse élevée dont elle a fait un jardin, la neige couvre encore les volubilis que nous avons semés ensemble, et l'hiver contraint la jolie frileuse à tenir ses fenêtres closes.

BATAILLE DE CASTILLEJOS.

Bien nous en prit de ne pas prolonger davantage notre séjour. Le 1ᵉʳ janvier, au lever du soleil, nous montâmes à bord d'un vapeur qui se rendait directement à Ceuta, et nous étions encore dans le détroit quand nous entendîmes un bruit sourd semblable au bruit du canon. Le son devenait plus distinct à mesure que nous approchions de la côte d'Afrique, il n'y avait plus aucun doute à conserver. Un engagement avait lieu, et, à en juger par la rapidité avec laquelle se succédaient les détonations, c'était plus qu'une escarmouche, c'était une bataille.

Pleins d'inquiétude, nous obtînmes à grand'peine de débarquer immédiatement, et confiant au premier venu nos achats et nos bagages, nous traversâmes au pas de course le camp de l'Otéro, et, nous engageant dans le chemin qui côtoyait la mer, nous nous avançâmes jusqu'à la plaine de Castillejos où le combat avait lieu.

La route était sillonnée de soldats portant des civières, nous en comptâmes vingt-six à la suite les unes des autres ; des officiers supérieurs à cheval se retiraient du combat accompagnés de leurs ordonnances. Les deux premiers, penchés sur leurs selles, le visage pâle et les yeux mornes, étaient frappés à la poitrine et à la tête. Un colonel de chasseurs vint ensuite, entièrement seul, le bras en écharpe, laissant son cheval le guider ; il avait le bras traversé d'une balle : puis vinrent des hussards de la princesse et des artilleurs en grand nombre.

Nous interrogions chaque blessé et maudissions ce voyage qui nous avait privés d'assister à la première grande bataille ; mais le colonel nous assura que nous avions encore bien des choses à voir, ajoutant que depuis la campagne il n'avait pas encore vu une réunion aussi compacte d'ennemis. Ceux d'Anghèra, ceux de Tétuan, les Maures du roi, troupes régulières et habitants du Riff, s'étaient réunis pour disputer à l'armée espagnole le passage de Castillejos.

Le combat avait pour théâtre cette même plaine que nous avons décrite quelques pages avant celle-ci, et où nous avons vu les Maures se livrer à leur arrogante fantasia pour attirer la cavalerie espagnole dans la gorge au fond de laquelle s'élevait leur camp.

Vers huit heures du matin, le général Prim s'avança à la tête de l'avant-garde, il devait occuper les hauteurs et s'y maintenir en laissant le passage libre du côté de la mer, afin que les autres corps d'armée pussent défiler.

Le quartier général avait levé ses tentes, les autres

corps en avaient fait autant, à l'exception de celui du général Échaguë, qui devait rester à défendre le Sérallo et à occuper les redoutes.

Le général Ross devait suivre au premier ordre du maréchal. Il était donc arrêté que toute l'armée camperait sur le lieu même du combat et que, sur ces hauteurs qui devaient coûter si cher à emporter, devaient, pour la nuit prochaine, s'élever les tentes du corps d'armée du général Prim.

Les bataillons de *Principe* et de *Vergara* furent les premiers attaqués, les Maures, derrière le sommet d'une hauteur, faisaient pleuvoir sur eux une grêle de balles : après deux mouvements offensifs très-impétueux, cette position fut enlevée.

Maître sur ce point, le général Prim résolut de s'y établir avec de l'artillerie afin de laisser une entrée dans la plaine au gros de l'armée. Mais l'ennemi était encore maître d'une colline sur laquelle s'élève un marabout, tombeau en ruines qui lui servait de forteresse, et à l'abri duquel il causait des pertes sérieuses aux Espagnols.

Le maréchal ordonna donc d'entrer dans la plaine par le chemin de la plage, de s'emparer du marabout. Laissant la position dont il venait de se rendre maître solidement occupée, le général Prim avec les bataillons de *Cuenca*, *Vergara*, *Principe*, *Luchana* et deux escadrons de hussards de la princesse, balaya la plaine et exécuta brillamment l'ordre du maréchal, pendant que l'artillerie de montagne, qu'il avait établie sur la première position, jetait l'épouvante parmi les Maures.

La flotte, pendant ce temps-là, ne cessait de tenir l'extrémité de la plaine libre en dispersant les groupes qui essayaient de se réunir sur ce point; mais son service ne se borna pas là : voyant qu'on se préparait à donner l'assaut à la maison du marabout, on mit les chaloupes à la mer, et une escouade de matelots, sous la conduite d'un officier, vint se joindre aux bataillons chargés d'opérer sur ce point. L'arrivée des matelots fut saluée par le cri de *Vive la marine!* auquel ils répondirent par celui de *Vive l'armée!*

Il y eut alors un moment d'arrêt dans l'attaque, les hauteurs qui s'étendent à droite et à gauche de Castillejos étaient occupées, la plaine elle-même était gardée par la cavalerie, il semblait qu'on n'eût qu'à se maintenir dans ces positions, mais la journée n'était pas finie et les Maures étaient tellement supérieurs en nombre qu'ils ne doutaient pas de la défaite des corps d'armée qui s'étaient engagés dans ces chemins difficiles.

Par un mouvement combiné, pendant que les Maures descendaient avec des forces nombreuses des hauteurs qui dominent le marabout occupé par les bataillons qui venaient de s'en emparer, leur cavalerie entra dans la plaine par la gorge qui en forme le fond. Le général Prim, à ce double mouvement, oppose une double attaque; il envoie aux hussards qui sont dans la plaine l'ordre de charger, et à la tête des mêmes bataillons avec lesquels il vient de s'emparer des ruines, soutient une horrible lutte qui a pour résultat de le rendre maître de nouvelles hauteurs sur lesquelles il compte dresser ses tentes pour passer la nuit.

Pendant ce temps-là, un des épisodes les plus émouvants de la campagne se passe dans la plaine de Castillejos.

Les deux escadrons de hussards chargent avec énergie et s'engagent à la suite de la cavalerie maure dans la gorge où ils la voient disparaître. Bientôt, un détour de cette gorge leur dérobe chevaux et cavaliers, ils poursuivent leur charge, et voient s'élever dans le fond de la vallée un campement dont ils peuvent compter les tentes. Les deux commandants, don Juan de Aldama et le marquis Fuente Pélayo, n'écoutant que leur courage et pensant déjà aux trophées qui sont là devant leurs yeux, ne résistent pas aux cris de, *En avant! en avant!* qui s'élèvent de tous les rangs, ils n'entendent pas les balles qui pleuvent sur eux, lancées par les fantassins maures qui occupent le haut des parapets de la gorge : ils s'élancent en entraînant leurs cavaliers.

Mais les Maures en sont arrivés à leurs fins, ils ont attiré l'ennemi dans leur repaire à l'entrée duquel ils ont pratiqué trois fossés couverts d'herbes et de branchages. La première section de trente cavaliers y disparaît presque entière, la terre vient de manquer sous ses pas. Pendant un moment, c'est une horrible mêlée de chevaux et d'hommes, de blessés et de mourants, et pour ajouter à l'horreur d'une pareille scène, l'ennemi embusqué derrière les touffes de verdure ne cesse de tirer presque à bout portant sur les cavaliers.

La 2ᵉ section évite l'obstacle et se jette tête baissée dans le camp ennemi, sabrant tout sur son passage. Les cavaliers se battent corps à corps, entrent dans les tentes, s'emparent des armes et des effets qu'ils trouvent à leur portée.

Pédro Mur, caporal, tue de sa main un porte-étendard et défend le drapeau contre ceux qui veulent le reprendre.

Le capitaine Vallédor, désarçonné, est frappé d'un coup de gumia dans la poitrine ; entièrement dépouillé de ses vêtements par l'ennemi, il ne doit son salut qu'à une contestation qui s'élève entre ceux qui l'allaient mettre à mort ; ils ont trouvé quatre mille réaux dans ses vêtements et chacun refuse de partager la somme entre tous. Les camarades du capitaine Vallédor sabrent tout le groupe, enlèvent leur ami qu'ils rapportent mourant sur l'arçon de leurs selles. Derrière eux, tous les hussards s'ouvrent un chemin jusqu'à l'entrée de la gorge, luttant jusqu'au bout et forcés parfois de trouer une muraille vivante. Un des officiers tombe et sa tête est immédiatement séparée du tronc, car ces cruels ennemis n'admettent pas qu'on respecte un blessé.

Enfin, les escadrons sortis de la gorge se reforment et l'on peut compter les absents. Les deux commandants sont blessés, deux officiers sont morts et quatre seulement sont sains et saufs, huit hussards sont restés sur le champ de bataille.

Nous avons laissé le général Prim établi sur une hauteur où il comptait placer son camp, il s'y maintenait solidement quand il s'aperçut que, dominé par un autre mamelon, il n'était pas encore à l'abri du feu des Marocains et qu'il lui faudrait encore s'emparer d'un mamelon supérieur. Il laissa donc *Vergara* dans sa première position et s'élança à la tête du bataillon del *Principe;* le combat fut rude mais dura peu d'instants, les Maures se retirèrent; seulement, il est probable qu'il y eut alors une terrible équivoque des deux côtés. Les hussards venaient de pénétrer dans le camp ennemi. Du point où il était établi, le général Prim distinguait parfaitement les tentes, et il n'avait plus qu'à descendre une série de contre-forts pour y arriver. Les mouvements successifs du général qui ne prenait une hauteur que pour s'y établir et passer à celle qui la dominait, semblaient bien indiquer une attaque, et les Maures menacés dans leurs derniers retranchements devinrent agresseurs, croyant que l'armée espagnole s'était promise ce jour-là de s'emparer de leur camp et de tout ce qu'il contenait.

Mais le maréchal O'Donnell avait décidé qu'il ne fallait que s'ouvrir un chemin sur Tétuan. Il s'était emparé des hauteurs uniquement pour arriver à ce but. Les Maures continuaient avec une rage croissante leurs mouvements d'aggression; les mêmes bataillons espagnols combattaient depuis huit heures du matin. Le général Prim ne voyait à sa disposition que des troupes fatiguées d'un combat très-rude dans une nature de terrain difficile; l'ennemi descendait sur lui avec une impétuosité que les régiments décimés ne pourraient peut-être pas contenir, il fit avancer un bataillon du 5° régiment d'artillerie à pied, et faute de chasseurs, les fit charger; les deux colonels furent blessés et les artilleurs perdirent beaucoup de monde. De tous côtés les renforts arrivaient aux Maures, et malgré leurs pertes, l'avantage leur semblait assuré, quand le maréchal O'Donnell, qui surveillait tous les mouvements et passait d'un point à l'autre du champ de bataille, s'aperçut de la position difficile où se trouvait le général; il détacha du corps d'armée du général Zabala deux bataillons du régiment de *Cordova* pour lui porter secours. Le général Prim se mit à leur tête et courut soutenir le *Principe*, qui, tout seul, faisait d'héroïques efforts pour ne pas reculer devant les assaillants trois fois supérieurs en nombre. Trois fois l'ennemi descend la hauteur pelée en repoussant cette poignée de braves, trois fois il est forcé de se retrancher sur le versant opposé.

Cordova, sur l'ordre du général Prim, a mis bas les sacs, il s'avance vigoureusement et est contraint de faire un mouvement de retraite, l'ennemi presse les deux bataillons avec une telle impétuosité qu'ils dépassent leurs sacs, et l'ennemi avance toujours : quelques moments encore et chaque Maure reviendra à son camp avec un trophée espagnol.

Le général Prim, haletant, brisé de fatigue, hurlant de douleur, saute sur le drapeau du régiment, et se mettant à la tête de ses soldats, leur crie que puisqu'ils ont abandonné leurs sacs, il va porter le drapeau de l'Espagne à l'ennemi et mourir; et, se tournant vers le régiment :

« *Permettrez-vous que le drapeau espagnol tombe*
« *entre les mains des Maures? laisserez-vous mourir*
« *tout seul votre général?* Son cornette à côté de lui, entouré d'une escorte de quatorze hommes, il pique des

doux, en criant : *En avant les enfants!* Sept hommes de cette petite escorte tombent, et la bannière s'agite toujours sur la tête du général; *Cordova* s'élance derrière lui, une mêlée furieuse s'engage; le son du clairon qui sonne l'attaque à la baïonnette domine les cris des mourants; les officiers d'ordonnance du général sont blessés à ses côtés, et toujours la bannière espagnole s'agite au milieu d'un tourbillon de feu et de fumée. Les cadavres espagnols s'entassent sur ceux des ennemis.

Ce ne sont plus seulement *Cordova* et *Principe* qui combattent sur cette hauteur, *Léon*, *Arapiles* et *Saboya*, conduits par le général Zabala, viennent soutenir ces braves qui seraient incapables de tenir un instant de plus; mais pour arriver jusque-là, le comte de Parèdes a dû traverser de terribles positions où les Maures sont embusqués. Deux fois déjà il a chargé à la tête de son état-major, sentant bien que le général Prim a fait un effort surhumain et qu'il faut à tout prix arriver jusqu'à lui. Il était temps qu'il amenât ses forces; il aida le général à se fortifier dans la dernière position d'où il venait de déloger l'ennemi.

Désormais la journée est finie, les Maures ont fui de toute part, et pour preuve de la terreur qui les a frappés à ce dernier trait de courage, ils ont laissé sur la hauteur tous les cadavres ennemis, et chacun sait la terrible signification de ce fait de la part des mahométans.

Le maréchal O'Donnell a jusqu'au dernier moment dirigé l'action avec un sang-froid qui ne l'a abandonné que lorsqu'il s'aperçut que les bataillons engagés sur les hauteurs faiblissaient. On le vit alors s'élancer dans cette direction sans avertir son état-major, criant à tue-tête : *A la baïonnette! A eux! A eux! Qu'on les soutienne!* Un bataillon passait par là, il l'entraîna avec lui ; mais à peine au pied de la hauteur, le général Prim vint lui dire que tout était fini, et que son devoir était de diriger l'action et non de s'exposer ainsi.

Cette journée de Castillejos coûta près de mille hommes à l'Espagne, et cette bataille eut pour théâtre un terrain si perfide et si mortel pour le soldat, que ce ne fut que le lendemain, en apprenant chaque épisode, en examinant le résultat de chaque tentative des Maures, en voyant toutes les hauteurs attaquées couvertes de tentes espagnoles, qu'on put comprendre que c'était une victoire, et la plus grande qu'on eût remportée jusque-là.

Pendant la nuit, les Maures levèrent leur camp, et le lendemain au lever du soleil on pouvait encore voir les défilés de Sierra Bullones sillonnés de convois de chameaux portant les tentes et les blessés.

L'HOPITAL DE SANG. — HUSSARDS DE LA PRINCESSE. — LES PRISONNIERS MAROCAINS.

A notre retour à Ceuta, longtemps après le coucher du soleil, nous trouvâmes la population consternée, les alarmistes avaient fait des leurs, chacun interrogeait son voisin avec épouvante, on exagérait le nombre des morts, on ne craignait pas de parler tout haut de défaite et d'imprudence. On commentait de bien des fa-

CHARLES YRIARTE

Sous la tente! Les Souvenirs.

çons l'héroïque charge des hussards et l'intrépidité du général Prim.

On avait vu tant de civières traverser les rues !

Les hôpitaux regorgeaient, les ambulances étaient pleines, enfin on avait vu revenir presque tous les officiers des deux escadrons de hussards qui avaient pris part à l'engagement, et comme personne ne pouvait se faire une idée de ce qu'avait été la bataille, c'était plus qu'il n'en fallait pour décourager ceux qui n'avaient eu, depuis l'entrée en campagne, que des nouvelles victorieuses après chaque engagement.

Quelque temps avant la journée de Castillejos, errant au hasard, en quête de notes pour mon carnet ou de croquis pour mon album, j'avais eu le bonheur d'entrer dans la partie du camp réservée aux hussards de la Princesse, et l'on m'y avait fait l'accueil le plus obligeant ; j'y revenais souvent et nous échangions les journaux français et espagnols. Quoique bien récente, la liaison qui s'était établie entre les officiers et moi était bien sincère, et l'épisode de la bataille relative aux hussards devait me toucher de très-près ; mon premier soin en arrivant à Ceuta fut donc de courir à l'hôpital, où je ne pus entrer qu'avec une grande difficulté au milieu de l'encombrement produit par l'arrivée des blessés.

Le marquis de Fuente Pelayo me sembla le plus abattu, le docteur désespérait déjà. Le commandant Aldama, blessé grièvement au bras, put néanmoins me raconter en détail l'horrible épisode des fossés couverts de terre, et je regarde encore comme un miracle qu'un seul de ceux qui ont pris part à cette charge soit aujour-

3.

d'hui vivant. Le commandant, sachant que j'étais avide de détails pour mon courrier, malgré la fièvre qui l'agitait et malgré mon refus énergique, me fit sur mon album un petit croquis indiquant l'entrée de la gorge, l'emplacement du camp marocain et les trois fossés.

Le capitaine Vallédor avait vu la mort de trop près pour n'avoir pas été horriblement frappé (on se rappellera qu'il ne dut son salut qu'à la dispute occasionnée par la découverte de l'argent contenu dans les poches de son uniforme). Il souffrait horriblement, et n'avait pas repris connaissance depuis le moment où on l'avait relevé. Quant aux autres, leurs blessures étaient plus ou moins graves, ils paraissaient supporter courageusement leurs souffrances. Je me souviens de l'insistance avec laquelle un tout jeune officier demandait à être transporté à Cadix, lorsque le docteur lui eut assuré que sa blessure exigeait un repos forcé de deux mois au moins.

Mes nouveaux amis, le capitaine *Gorostarzu* et le lieutenant *Cordova* ne figuraient pas sur la liste des morts et des blessés; malheureusement, le premier des deux, sorti sans blessures de tous les terribles engagements de la guerre d'Afrique, et qui, parti avec le grade de capitaine, allait rentrer en Espagne chef d'escadron et lieutenant-colonel gradué, et cela à l'âge de trente-deux ans, mourut du choléra à Tétuan quelque temps après la signature de la paix.

Au nom de cette sympathie instinctive qui s'était établie si vite entre nos deux cœurs, j'adresse ici un pieux souvenir à cet ami d'un jour, si brave sur tous les champs de bataille où il s'est trouvé, et si aimé de tous ses compagnons d'arme que jamais je n'ai entendu aucun d'eux s'élever contre l'avancement extraordinaire qu'il avait eu dans cette campagne.

Outre le grand nombre d'officiers et de soldats qui se trouvaient dans les hôpitaux, tous les blessés transportables avaient été immédiatement évacués sur Malaga, Cadix et Algésiras.

Un illustre malade vint se joindre à ceux de la journée. Le général Zabala, comte de Parèdes, qui commandait le 2ᵉ corps d'armée, avait, nous l'avons dit, pris une glorieuse part à la bataille ; mais, après être resté dix heures en selle, et avoir payé de sa personne jusqu'à l'imprudence, quand il descendit de son cheval pour rentrer dans sa tente, ses membres lui refusèrent leur service et il dut être transporté dans les bras du comte de Corrès et du duc de Ahumada ses aides de camp.

Le général était attaqué d'une paralysie foudroyante, maladie due probablement aux rudes nuits du camp où l'humidité pénétrante et les pluies torrentielles traversent les tentes. Peut-être enfin cette infirmité avait-elle été contractée autrefois dans les glorieuses campagnes où le général a conquis un à un ses grades et ses titres.

J'ai prié mon hôte Ben-Zarth de m'accompagner à un hôpital particulier où ont été conduits les cinq prisonniers faits dans la journée d'hier.

Cela paraît singulier, à côté de nos guerres où les prisonniers se comptent par centaines, de parler de cinq prisonniers : mais la tactique des Maures est telle, que depuis deux mois de campagne, excepté un Arabe de la province d'Oran pris le 15 décembre et un fou qui s'est présenté à l'une des sentinelles des redoutes, ce sont les premiers ennemis qui tombent au pouvoir des Espagnols.

Si chacun d'entre ceux-ci n'eût été blessé assez grièvement, je suis sûr qu'aucun d'eux ne serait aux mains de l'ennemi.

Ben-Zarth entra le premier, saluant les Maures à la façon orientale ; il m'avait averti de ne pas écouter ostensiblement la conversation, et aimait mieux traduire la conversation au retour. « S'ils s'aperçoivent que vous venez par pure curiosité et pour exploiter leur situation, je sais le caractère de mes compatriotes, ils ne parleront pas et vous ne saurez rien de ce que vous désirez apprendre. »

Au premier mot prononcé dans leur langue, les cinq malades relevèrent la tête, jusque-là ils étaient restés tapis sous les couvertures. Je vis leurs yeux s'allumer et un sourire de satisfaction dérider leurs visages. Après un bonjour collectif, Ben-Zarth s'adressa à celui qui lui paraissait le plus sympathique ; c'était un homme jeune, très-pâle, portant une barbe noire, courte, très-crépue et formant deux pointes au-dessous du menton. Le front était très-noble et très-élevé, et de chaque côté des tempes deux grosses veines, s'enflant à chaque respiration du malade, dessinaient une ligne bleue sur son visage pâle. La couleur de la barbe faisait encore ressortir la blancheur des dents, un peu longues mais admirablement rangées.

Tout le caractère de cette tête résidait dans le développement extraordinaire du crâne à la hauteur des tempes, et dans le rétrécissement des maxillaires. Fromentin et Boulanger, qui n'ont pas, que je sache, visité cette partie du Maroc, ont souvent reproduit des types analogues à celui-ci, je croirais volontiers que ce premier prisonnier était de la province de Constantine.

Soit que celui-ci fut plus causeur que les autres, soit que ses compagnons n'eussent rien à raconter, ce fut le seul qui tint une conversation sérieuse avec mon hôte. C'est par lui que je sus que ni Muley-Abbas, ni Muley-Ahmed n'avaient encore conduit leurs troupes au combat, laissant à leurs généraux la direction des attaques. Le premier était attendu prochainement, et les Maures comptaient beaucoup sur lui.

On les avait trompés, disait-il, en leur faisant croire que jusque-là tous les engagements qui avaient eu lieu avaient été fatals aux Espagnols, et qu'au passage de Castillejos on ferait un dernier effort qui devait leur montrer la nécessité d'abandonner la guerre.

Mohammed (c'est le nom du prisonnier) était caïd, c'est-à-dire officier, et, servant dans la cavalerie, il avait dû, ce jour-là, abandonner son cheval parce que ceux de sa tribu avaient reçu l'ordre d'attaquer par les hauteurs.

Avec un fatalisme tout musulman que Ben-Zarth devait non-seulement excuser, mais comprendre, il lui assura qu'il était immanquable qu'il lui arrivât malheur à Castillejos, puisqu'il avait laissé son cheval et sa tactique pour combattre à pied comme les fantassins.

M. de Chevarrier m'apprit le soir même que ce Mohammed lui avait dit avoir pris part à la guerre d'Afrique sous Abdel-Kader et avoir été blessé et fait prisonnier quelques jours avant la bataille d'Isly.

Quant aux autres, ils présentaient peu d'intérêt, à l'exception d'un seul, espèce de personnage moitié grotesque, moitié terrible, qui ne répondit que par des grognements sourds aux questions de Ben-Zarth.

L'épaisse et longue chevelure qu'il portait, contrairement à la coutume des Maures, l'espèce de déférence que lui témoignaient ses compagnons, quelques remarques faites par les gardiens qui n'avaient cessé d'avoir les yeux sur lui, firent naître dans l'esprit de mon interprète l'idée que ce malheureux pouvait bien être un derviche.

Le docteur, qui entra à ce moment accompagné d'un tout jeune enfant, nous assura que deux fois le malade avait lacéré ses appareils et qu'il était impossible de lui faire aucun pansement; il exhorta Ben-Zarth à lui dire sévèrement que ses blessures ne se cicatriseraient pas et qu'il mourrait bientôt s'il persistait à refuser de se laisser soigner. Sa seule réponse fut une horrible grimace, puis il cacha sa tête sous sa couverture en faisant entendre son grognement habituel.

Ce malheureux expira plusieurs jours après, malgré tous les soins dont on l'entoura, et cependant sa blessure ne présentait pas de gravité, mais sa fureur et son exaltation étaient telles qu'elles déterminèrent un transport au cerveau qui l'emporta rapidement.

PASSAGE DU MONT NÉGRON.

Il fallait penser enfin à s'incorporer à l'armée. Depuis Castillejos, il devenait imprudent de s'aventurer par terre sur la route de Tétuan ; nous nous embarquâmes donc le 6 à bord du *Général-Abbatucci*, vapeur français frété par le gouvernement espagnol. L'*Abbatucci* faisait l'office de magasin flottant, suivant par mer la marche de l'armée.

Les dernières nouvelles que nous avions eues nous annonçaient que le général Ross de Olano avait levé son camp pour rejoindre le gros de l'armée, et que celle-ci avançait toujours, rencontrant une faible résistance, jusqu'au passage du mont Négron qui s'était effectué sans perdre un seul homme. La disposition du terrain était telle que les généraux s'attendaient à voir disputer chèrement ce passage ; mais une disposition stratégique, qui est un des plus beaux mouvements faits dans cette guerre, avait livré ce passage aux Espagnols.

Si nous voulons un instant nous rappeler que le maréchal n'avait qu'une idée, arriver aussi près que possible de Tétuan, livrer une grande bataille inévitable sous ses murs et faire le siége de la ville, par conséquent perdre le moins de monde possible dans le trajet entrepris depuis Sérallo jusqu'à la rivière Azmir, nous admirerons sans restriction la combinaison stratégique qui ouvrit le passage du mont Négron à l'armée au milieu de toutes les forces marocaines, et à une portée de fusil de leur camp. Voici en peu de mots comment s'effectua ce mouvement, qui me paraît plus grand dans ses résultats que plusieurs des victoires remportées dans la campagne.

L'armée était campée sur un terrain fangeux, assez plat, s'étendant sur les bords d'une rivière non navigable appelée le Rio-Manuel.

De l'autre côté de la rivière, les premiers contre-forts de la montagne où les Maures s'étaient établis et dont ils espéraient disputer chèrement le passage. Au pied de l'autre versant, une vallée limitée par une hauteur s'avançant en promontoire jusque dans la mer et appelée le cap Négro.

La route semblait donc entièrement fermée, puisque le mont Négron, s'élevant perpendiculairement à la plage, va rejoindre les hauteurs qui, de mamelon en mamelon, arrivent à former cet éternel horizon de Sierra Bullones.

Le général Garcia, chef de l'état-major général, fut chargé de pratiquer une reconnaissance, de chercher le côté guéable de la rivière et de s'avancer aussi loin que possible.

Le gué se trouva au point où la rivière arrive à se perdre dans les sables de la plage pour se rendre à la mer. Le général Garcia s'avança presque jusqu'au point où le mont semble (pour ceux qui sont éloignés) former falaise au-dessus des flots. Il remarqua qu'un banc de sable assez ferme et facilement praticable aux pieds des chevaux et aux roues des canons sépare le mont de la partie de la plage baignée par la mer.

Dès lors le plan du général en chef fut arrêté. Le général Ross de Olano avec tout son corps d'armée fut chargé d'occuper l'ennemi à l'extrême droite et de l'appeler de ce côté par des démonstrations incessantes et en multipliant ses forces.

La proximité du camp des Maures pouvait faire croire, de la part du général Ross, à une intention de s'emparer du campement, pendant ce temps-là le général Garcia, avec les forces nécessaires en cas de rencontre, ferait défiler toute l'artillerie, les bagages et le matériel de guerre.

Le mouvement s'effectua avant le lever du soleil, et les campagnies du génie eurent en quelques moments ouvert le chemin aux canons.

Seulement une telle manœuvre ne pouvait s'opérer sous les yeux d'une armée sans qu'elle s'en aperçût, et les Maures comprirent bientôt ; mais déjà la cavalerie avait tourné le chemin et les canons étaient passés : de plus, les premiers mamelons du mont Négron étaient au pouvoir de l'armée espagnole. Ce fut alors que les Maures tentèrent de les reprendre et que le général Ross de Olano commença à dessiner vigoureusement son mouvement vers la droite.

Redescendre à la plage pour empêcher le reste de l'armée d'échapper par la tangente, c'était permettre aux forces déjà passées de gravir la montagne et de couper la retraite : descendre au contraire dans la vallée pour attaquer ces mêmes forces, c'était abandonner définitivement la position. La seule ressource qui restât aux Maures leur parut être de se lancer contre le corps d'armée du général Ross qui, jusqu'à la nuit, se chargea de tenir tête à l'armée marocaine.

Mais le général Ross avait bien compris que, contre des ennemis comme ceux qu'il avait devant lui, la ruse était un puissant auxiliaire ; exagérant ses mouvements, simulant des attaques, envoyant ses aides de camp de tous côtés, il occupa et inquiéta l'ennemi jusqu'à ce qu'un officier du quartier général fut venu lui dire que dans quelques instants, presque toute l'armée ayant effectué son passage, il cesserait d'être en communication avec elle.

Le maréchal O'Donnell savait à qui il avait confié cette mission difficile, et dès que le général Ross de Olano s'était aperçu que les autres corps d'armée avaient tous opéré leur mouvement, il disposa habilement ses troupes pour une retraite d'autant plus difficile qu'il avait à la soutenir contre toute l'armée ennemie.

Cette retraite fut encore exécutée de manière à tromper les Maures, qui ne s'aperçurent vraiment de la nature du mouvement que lorsque trois bataillons, les seuls qui leur fissent encore réellement face, reçurent l'ordre de rejoindre l'armée. Comme toujours, les ennemis s'avancèrent sur leurs traces, mais fort peu d'entre eux pouvaient les suivre, sachant désormais qu'au pied de la vallée, c'est-à-dire sur leur derrière, ils avaient toute une armée prête à les attaquer.

Ces dernières troupes furent peu inquiétées, et c'est ainsi que l'armée espagnole, qui croyait d'abord laisser là autant de monde qu'à Castillejos, effectua ce passage sans perdre un seul homme.

LA TEMPÊTE. — LE CAMPEMENT DE LA FAIM.

Ici commence un mauvais rêve pendant lequel les plus noirs cauchemars sont venus m'assaillir. Je m'étais embarqué à bord d'un bâtiment français par un temps superbe; le capitaine m'avait installé dans un petit salon sur le pont, et la mer était si belle et si calme que, malgré mon peu d'habitude du tangage, j'écrivis trois ou quatre heures sans fatigue. Quand nous arrivâmes en face du cap Négro, le vent s'était levé assez violent pour qu'il fût impossible de débarquer; il se maintint ainsi jusqu'à la nuit. Je rentrai dans ma cabine, et je m'endormis de ce demi-sommeil des gens peu habitués à être rudement bercés sur le sein d'Amphitrite.

Quand je rouvris les yeux, j'étais de nouveau dans le port de Ceuta, où nous étions venus nous abriter contre ce *levant* qui soufflait avec tant de force, que toute la flotte espagnole avait repris le chemin d'Algésiras, et que tous les bâtiments marchands frétés pour le service étaient venus jeter l'ancre en même temps que nous.

Quelques passagers essayèrent de débarquer, et après deux heures d'inutiles efforts, nous les vîmes revenir trempés par les vagues.

Nous résolumes d'attendre un temps plus calme, décidés à reprendre le large aussitôt que le vent s'apaiserait un peu.

Quarante-huit heures se passèrent dans cette situation, et quoique abrité contre le vent furieux qui régnait depuis deux jours et deux nuits, le bâtiment rompit ses ancres et fut jeté sur un vapeur contre lequel il brisa son beaupré et endommagea son avant. A chaque instant nous voyons entrer dans le port des bâtiments avariés; leurs mâts étaient brisés, les voiles déchirées. Des épaves de toute nature flottaient autour de nous, et le détroit avait dû voir bien des sinistres : c'étaient de longues pièces de bois; des morceaux de mâts, des chevaux morts, des bœufs gonflés par l'asphyxie, des sacs d'avoine et des tonneaux qui surnageaient; et la tempête continuait toujours aussi violente.

L'armée, à la date du 6, avait des vivres pour trois jours, nous étions le 10 et tout le monde devait commencer à souffrir de la faim; les chevaux et les mules ne devaient plus avoir ni foin ni avoine, les communications avec Ceuta étant entièrement coupées.

Qui sait l'horrible désastre qui pouvait résulter si le levant continuait? En outre, chacun sait la manière d'être du soldat; lorsqu'on lui donne des rations pour plusieurs jours et qu'il est obligé de faire une marche, ou s'il rencontre l'ennemi, il n'est pas rare de le voir alléger le poids qu'il porte et se débarrasser de son pain et des provisions qui doivent le nourrir jusqu'à ce qu'on le rationne.

La situation devait être critique et elle l'était en effet. Nous autres, à bord, nous nous nourrissions depuis deux jours d'oranges, et les matelots murmuraient à un tel point que le capitaine leur permit de mettre la chaloupe à la mer pour essayer d'aborder; mais nous les vîmes revenir guéris de cette velléité. Au milieu d'un amas

Sac du Barrio des Juifs (Tétuan).

d'épaves amoncelées entre les deux quais de débarquement, ils avaient vu flotter deux cadavres, et les gardiens du port, qui se tenaient sur le quai avec l'ordre d'empêcher toute tentative de débarquement, leur avaient dit que la nuit dernière quatorze canonnières, une goëlette de guerre espagnole, la *Rosalie*, et trois bâtiments marchands s'étaient perdus entre le cap Négro et Ceuta.

Qui sait tous les désastres que cette tempête avait dû causer dans le détroit?

Le 10 au soir le vent cessa, et nous reprîmes le chemin de Tétuan, désireux d'en finir d'une manière ou d'une autre. J'appelais la terre ferme de tous mes vœux. Depuis cent mortelles heures j'étais ballotté entre le ciel et l'eau, en vue du port, le touchant presque, sans pouvoir aborder; et je n'avais même plus pour ressource cette torpeur salutaire qui m'avait assailli autrefois lors de mes premiers voyages. Enfin, j'étais tourmenté d'une horrible inquiétude en songeant à ces malheureux campés sur une plage, sans pain, sans ressources d'aucune espèce.

Tous les bâtiments qui avaient fait des efforts désespérés pour porter des vivres, arrivés après des périls inouïs, s'étaient vus contraints à revenir sans débarquer. Le premier qui avait osé le faire avait vu deux hommes d'équipage enlevés par les lames, les bottes de foin submergées et les sacs d'avoine répandus.

Une cause d'inquiétude plus terrible encore, c'étaient les blessés et les malades. Depuis Castillejos il n'y avait pas eu d'engagement bien sérieux; mais pourtant il n'est pas d'attaque en Afrique qui ne donne un certain nombre de blessés, et le choléra sévissait toujours, et ces terribles lagunes aux exhalaisons malsaines devaient le développer encore.

Quelques heures de plus, et nous allions voir par nous-mêmes comment ces malheureux avaient supporté ces dures épreuves.

Nous dûmes passer encore toute une nuit à cinq cents mètres de la plage sans pouvoir débarquer : mais la ville flottante était là, sous nos yeux, les tentes se dessinaient faiblement dans la brume; et les feux des bivouacs commençaient à s'allumer.

La plage était toujours couverte de monde; chacun espérait sans doute un débarquement. Les musiques militaires nous apportaient leurs échos voilés, et nous cherchions dans ces accents une impression de joie et de tristesse.

Enfin nous avions la certitude que l'armée espagnole existait encore, et cette flotte qui venait lui apporter la santé et la joie arrivait à temps.

Ces sables maudits de la Libye, l'*infanda Libya* du grand Herrera, qui, il y a trois siècles, avaient fait un linceul à toute l'armée portugaise, ne s'étaient pas encore ouverts sous les pas de ces nobles soldats.

Le lendemain au point du jour, nous étions sur le pont, pressant le capitaine de mettre la chaloupe à la mer afin de pouvoir débarquer. La défense n'avait pas été levée; mais, voyant passer devant nous les chaloupes des faluccios, qui étaient arrivés pendant la nuit chargés de vivres, nous sautâmes à bord; un quart d'heure après nous touchions la plage, trempés jusqu'aux os, car les vagues déferlaient par-dessus les bordages de la chaloupe.

Le canot qui nous avait amenés contenait quelques ballots, et l'un des spéculateurs de Ceuta avait songé à apporter du tabac et des cigares. A peine fut-il monté sur un banc de la barque en montrant son sac et en criant : *Tabaco, muchachos*[1] ! qu'une foule de soldats s'avancèrent dans l'eau jusqu'aux genoux pour changer leur argent contre la précieuse marchandise. Ils étaient là haletants, le visage contracté comme s'ils demandaient du pain après un long jeûne. Les uns jetaient leur argent dans la barque, croyant ainsi forcer le cantinier à l'échange ; les autres cherchaient à s'emparer du sac qu'il portait. C'étaient des prières, des menaces, des jurons, et la foule, entendant ce mot magique *tabaco*, devenait plus compacte d'instant en instant.

Cent bras se pendirent aux bordages, et, traînant le canot sur le sable, le firent échouer. Désormais le pauvre diable, qui avait eu l'imprudence de dire que son sac contenait de quoi fumer, fut réduit à assister au pillage de sa marchandise, en protestant, du reste, au nom de Maria sanctissima et de tous les saints du paradis. Je dois dire, à l'honneur de ces bons soldats, que chacun lui tendait son argent, et que ceux qui ne pouvaient pas approcher de lui, le jetaient dans la barque : de sorte que, malgré cette manière d'agir un peu contraire au libre échange, le *paysano* n'y perdit rien.

---

1. Du tabac, les enfants!

Mais le maréchal O'Donnell, qui, assisté du général Garcia, présidait au débarquement du fourrage et des vivres, avait vu ce groupe de soldats qui vociféraient, suppliaient et se battaient. Il comprit tout en voyant passer devant lui deux soldats qui lançaient au vent leurs bouffées de fumée. Dès lors la scène devint des plus singulières : le général en chef, piquant des deux, chargeait avec l'impétuosité d'un escadron contre ces pauvres diables, qui tenaient à peine compte de la fureur de l'illustre ennemi qui s'avançait vers eux ; appelant à lui le général Garcia et les officiers d'état-major, ils dispersèrent les derniers pillards, qui ne se séparèrent, j'en suis sûr, que parce qu'il ne restait rien à acheter de force.

A mesure que j'avançais dans le camp, je trouvais des signes évidents de la famine à laquelle chacun avait été en proie : les chevaux, prostrés, abattus, étaient d'une maigreur effroyable ; les mules qui se rendaient à la plage chancelaient sous le moindre fardeau, et on rencontrait à chaque pas des cadavres de ces pauvres animaux.

Les soldats, toujours les mêmes, avaient déjà oublié ces deux jours d'épreuve ; le tabac seul leur manquait encore, car la veille au soir on leur avait fait une distribution de galette, de riz et de lard.

Pauvre soldat ! admirable type du dévouement, de l'abnégation et du courage, philosophe sans s'en douter, il est admirable en temps de guerre, et je doute qu'on puisse vivre quelque temps au camp sans s'éprendre pour lui d'une grande estime et d'un amour profond.

Rendu au quartier général, on me mit en peu de mots au fait de la situation. La tempête était déchaînée depuis trois jours et le vent ne changeait pas encore ; les rations étaient épuisées, les mieux approvisionnés du camp en étaient réduits à la galette mouillée dans une eau corrompue. Généraux, officiers et soldats s'étaient mis à ce triste régime qui consiste à serrer d'un cran le ceinturon du sabre, et pas un bâtiment à l'horizon !

L'avoine et le foin faisaient aussi défaut, les pauvres mules rongeaient leur bât et n'avaient pas même pour ressource cette herbe maigre qu'on avait trouvée jusque-là.

Les chevaux mouraient, et le général en chef, comprenant le désastre qui pourrait résulter si cet état de choses continuait, chargea le général Prim de former toute sa division, de réunir les cantiniers, brigadiers et commissaires des vivres avec tout leur matériel et d'aller à Ceuta se ravitailler aux magasins de la place.

Ainsi donc le général allait retraverser avec tout un attirail embarrassant et tout un matériel énorme ces cinq lieues de terrain qui avaient coûté tant de sang de part et d'autre.

Le général, aimé de ses soldats, avait la plus entière confiance en eux ; mais cette foule hétérogène qui suit l'armée, ces cantiniers, ces conducteurs de bestiaux, ces pourvoyeurs devenaient un fâcheux entourage en cas d'attaque ; et sans leur matériel, qu'ils pouvaient fort bien abandonner, il était impossible de rapporter à l'armée la quantité de vivres suffisante. Rassemblant alors tous ses hommes, il leur dit en peu de mots que l'armée tout entière avait besoin d'eux et qu'ils étaient élevés à la dignité de soldats. Le chef des équipages, Catalan renforcé, vieux routier à barbe grise, ajouta à ces nobles paroles un discours plus énergique qu'éloquent, dans lequel il leur promit la répression la plus sévère s'ils faiblissaient dans leur tâche, le tout accompagné, en parenthèse, des jurons les plus violents de la langue castillane.

Le général prenait congé du maréchal O'Donnell, et presque toute l'armée entourait ceux qui étaient son dernier espoir, quand une clameur s'éleva des hauteurs où quelques soldats se trouvaient toujours en observation.

Semblables à des naufragés abandonnés dans une île déserte, le premier cri avait été : Une voile! Et en effet, malgré le vent contraire, malgré la tempête qui continuait, un bâtiment s'avançait; il venait de doubler la pointe de Ceuta, et dans quelques heures on pourrait communiquer avec lui.

Le vent, sans changer de direction, faiblissait pourtant un peu, et derrière ce premier bâtiment, la courageuse flottille luttait contre une mer de fond, faisant toute vapeur pour avancer d'une heure le moment où elle rejoindrait l'armée.

Le général Prim suspendit l'ordre de départ, et quelques heures après, avec des peines infinies, au prix de la vie de plusieurs matelots, une barque s'avançait jusqu'à la plage, jetant un câble aux soldats qui se tenaient dans l'eau jusqu'à la ceinture. Deux fois la chaloupe fut renversée et deux fois on vit ces pauvres marins lutter contre la vague et se laisser échouer sur le sable sans lâcher le câble. Enfin on remplit de sacs d'avoine, de bottes de foin, de caisses de biscuits et de conserves un de ces bateaux plats qui servent au débarquement des troupes, et quatre hommes seulement y montèrent afin de le diriger. Les soldats qui se tenaient sur le rivage se cramponnaient au câble, cédant à chaque mouvement du flux et du reflux, et, profitant d'un moment où la la vague se retire, on échoua le bateau sur le sable. L'eau de mer avait endommagé tous les vivres, le foin était mouillé et l'avoine nageait dans le fond de la barque; mais, au point où on en était, cela préoccupait peu. A partir de ce moment, le vent s'apaisa et les débarquements continuèrent toute la nuit. L'armée était sauvée. Les soldats toujours poëtes sans s'en douter donnèrent à cette plage le nom de *campement de la faim.*

LA VIE AU CAMP. — LE CAP NÉGRO.

C'est ici que la campagne commence réellement pour moi; jusqu'ici je me suis partagé entre le camp et la ville, chaque soir je retrouvais un toit hospitalier chez mes hôtes les Maures du Barrio de Ceuta; les nuits s'écoulaient paisibles; et si nous n'avions pas tout le confortable possible, nous étions au moins à peu près abrités contre la pluie et le vent. Je dis à peu près, car une nuit d'orage, M. de Chevarrier s'est réveillé mouillé comme s'il eût habité sous la tente la moins imperméable.

La table était toujours suffisamment approvisionnée, et nous ne supportions aucune espèce de privation sérieuse.

Désormais je vis de la vie du soldat; si j'avais su plus tôt quelle poésie peut y trouver celui qui est accessible aux émotions, je n'aurais jamais voulu retarder le moment de dresser ma tente et me priver ainsi de ces fatigues qui trouvent une compensation dans les jouissances infinies que donne la contemplation constante de la nature et la continuelle observation.

Le soir, dès que le soleil se couche, la nuit vient tout d'un coup; les assistants, accroupis à l'entrée des tentes, prennent le repas du soir devant leurs fourneaux improvisés, dont les mille fumées bleuâtres s'élèvent sur une étendue d'une lieue. Autour des quartiers généraux, les bandes militaires font entendre des fanfares, auxquelles se mêlent les voix des soldats qui accompagnent les airs nationaux. Dans les tranchées, les sentinelles, revêtues de leurs mantes grises, passent et repassent devant d'immenses foyers autour desquels sont groupés ceux qui sont chargés de veiller à la sécurité du camp. Un nuage épais enveloppe d'une brume grise la cité mobile, le silence se fait autour de nous. Quelque mule qui a brisé son lien s'échappe à travers les longues files de tentes en lançant ses ruades et en recevant les malédictions de ceux dont elle ébranle la maison. Une détonation se fait entendre, une balle passe en sifflant au milieu du groupe des grand'gardes, tout se tait.

Puis, au matin, dès que le soleil se lève, on sonne la

diane, et le clairon, qui d'abord a retenti tout seul, se confond avec ceux de tous les régiments. Le soldat s'éveille, on jette au vent les ailes de la tente et chacun interroge le ciel. Les officiers, encore coiffés du bonnet turc adopté pour la nuit, mettent la tête à l'air. C'est l'heure du café, les assistants courent affairés jusqu'à la source voisine.

Pendant ce temps, les troupes qui sont aux tranchées vont à la découverte ; elles sortent du front de bandière, entièrement cachées sous leurs épais manteaux gris, s'avançant avec précaution, et, frappant de la crosse du fusil chaque buisson, sondant chaque repli de terrain, elles gravissent les premières hauteurs afin de découvrir le plus d'espace possible.

Quand on s'est bien assuré qu'aucun ennemi n'est caché près du campement, chacun revient à son poste. Le camp a pris alors toute son animation ; et si le soleil brille, si le ciel est bleu, si le vent ne souffle pas du levant et que le courrier ait donné de bonnes nouvelles d'Espagne, soyez sûr que personne ne voudra échanger ce campement, sur une plage étrangère, pour la plus belle résidence, ni même pour la vie de famille.

L'armée ennemie nous suit toujours, et depuis Castillejos elle a marché parallèlement à nous, établissant son camp dans ces vallées formées par les contreforts de Sierra Bullones. Aujourd'hui même, elle nous a révélé sa présence en attaquant l'avant-garde. Dans mon inexpérience de l'art de la guerre, j'avoue que je n'ai pas compris l'intention des Maures ; et, quoique

4.

ayant vu de très-près l'action d'aujourd'hui, je me persuade difficilement qu'ils avaient une idée autre que celle d'inquiéter l'armée et de lui causer le plus de mal possible.

Depuis le matin jusqu'à huit heures du soir, de mamelon en mamelon les Espagnols ont poursuivi l'ennemi, et la nuit est venue depuis longtemps; le général Prim n'est même pas encore revenu à son camp. L'artillerie, située sur une hauteur d'où elle dominait tous les mouvements, n'a jamais laissé se réunir les cavaliers ennemis sans porter l'épouvante dans leurs rangs en les criblant de ses grenades.

Mais toutes ces attaques s'effectuent de la part des Maures sans idée préconçue, sans plan et sans ordre ; il semble que cent fantassins viennent harceler l'ennemi uniquement pour se distraire, pendant que sur un autre point deux cents autres appellent son attention.

Et cette espèce de désordre est bien, à tout prendre, la base de tout le système stratégique des Maures. Il est probable qu'ils comprennent toute la supériorité de la tactique européenne, et que la seule arme qu'ils aient contre elle soit justement ce parti pris de morceler la défense en lui faisant perdre son unité, et par conséquent sa force.

Je n'ai bien compris cette guerre qu'aujourd'hui même. Parti à la suite du bataillon d'Arapiles qui se trouve aux ordres du général Prim, je mis pied à terre en même temps que les officiers supérieurs qui s'avancèrent jusque dans les guérillas, arrivé sur le sommet d'une colline, je vis qu'on ordonnait aux chasseurs de se coucher à plat ventre et de répondre à la fusillade ennemie.

Avec toute la parfaite innocence de ceux qui ne connaissent pas le danger, je me haussai sur la pointe des pieds, voulant à toute force voir l'ennemi. J'avais beau regarder de tous les côtés et suivre la direction des projectiles, je ne distinguais rien de plus; j'avançais toujours, et l'officier qui me guidait me prévint que deux balles venaient de passer entre nous deux et qu'on nous visait.

J'avoue que je n'avais rien vu de tout cela; mais je fis comme les autres, je mis le genou en terre, et là, un soldat, qui paraissait très-joyeux de me mettre au fait de la manière dont se passaient les choses, me montra les bosquets d'où sortait la fumée des tirailleurs, et des roches grisâtres semées d'herbes, sur lesquelles s'appuyaient les canons des espingardes comme sur les créneaux d'un rempart.

Peu à peu, mon œil s'habituant à distinguer les objets, la vallée que nous avions sous les yeux se peupla, et je fus étonné de la quantité de Maures que je voyais réunis sur ce point. Chacun d'eux combattait selon sa fantaisie : celui-ci découvert, celui-là plus près de l'ennemi, mais tous pour la plupart assujettissant leurs armes pour tirer, et ne présentant au feu de l'adversaire qu'une cible bien restreinte.

On comprendra combien est dangereux ce mode de combat où la mort vient vous atteindre sans qu'on puisse lutter contre elle. Le soldat qui m'apprenait à *voir* les Maures eut la parole coupée par un cri de douleur, il venait de recevoir une balle dans la cuisse, et, s'appuyant sur moi, nous allâmes chercher des régions moins malsaines. Mais j'étais bien étonné de la manière dont procèdent les balles, et je ne m'étonne plus de l'énorme quantité de blessés que les guerres d'Afrique font entrer dans les hôpitaux, et de la disproportion qui existe entre leur nombre et celui des morts.

Ces échanges de coups de feu duraient depuis trop longtemps, le bataillon de *Lleréna* vint se joindre à celui d'Arapiles, le clairon sonna l'attaque, et les deux bataillons, guidés par leurs officiers, s'élancèrent du sommet de la colline où j'étais remonté avec eux. Balayant en un instant la vallée, ces forces gravirent dans leur élan le vallon immédiat et culbutèrent tout sur leur passage.

Le clairon sonnait toujours et les chasseurs criaient *Vive la reine!* Je ne sais rien de plus émouvant que cette fanfare qui s'élève au milieu des mille bruits du champ de bataille, couvrant le cri des blessés, le bruit de la fusillade, les imprécations et les vivat. Je crois que, dans leur élan, *Arapiles* et *Lleréna* auraient escaladé tous les mamelons qui s'élevaient devant eux comme d'immenses vagues allant aboutir à la Sierra Bullones, sans l'énergie des officiers qui se maintinrent dans la position enlevée.

Pendant ce temps, le général Prim poursuivait les Maures de hauteurs en hauteurs jusqu'auprès de leur campement, si près, me dit-on le soir, que la plupart des officiers et soldats brûlaient du désir d'y entrer derrière l'ennemi. Le général se mit à l'arrière-garde, et effectua son mouvement de retraite avec tant d'habileté, que les Maures n'essayèrent même pas d'inquiéter sa marche.

PASSAGE DU CAP NÉGRO.

Le passage est résolu pour demain au point du jour, et les Maures ne peuvent abandonner la position sans l'avoir chèrement défendue, car l'armée espagnole n'a plus ici la ressource qu'elle a rencontrée au mont Négron.

Le cap présente du côté de la mer une falaise très-élevée, sur le sommet de laquelle se dresse une de ces tours si fréquentes sur toutes les côtes marocaines, et, constamment perpendiculaire à la plage, il va se relier, sans atteindre une grande hauteur, aux premières collines du mont Négron. Le seul endroit qui puisse présenter un passage est un sentier vallonné (*corta-dura*) exposé au feu croisé de l'ennemi, et occupant toute la hauteur du cap depuis la tour jusqu'à Sierra Bullones.

La ruse et la stratégie seront en défaut; le seul moyen possible est de forcer le chemin en se flanquant des deux côtés, couvrant ainsi le défilé des troupes et du matériel, auxquels les ingénieurs devront d'abord préparer la voie sous le feu même des ennemis.

Le cap Négro est bien la véritable clef de Tétuan; en effet, de l'autre côté commence une vaste plaine dans laquelle s'élève la ville, et à peine arrivé au sommet, nous découvrons les minarets.

Les escadrons pourront désormais manœuvrer à l'aise, l'artillerie ne verra plus les roues de ses canons brisées dans ces défilés étroits et rocailleux; chaque Maure ne pourra plus s'abriter derrière les chênes-liéges, les buissons et les ronces, et décimer à coup sûr les bataillons espagnols.

Au point du jour, on sonne la diane et les tentes sont abattues; pendant cette opération, le génie militaire, protégé par deux bataillons, établit un pont volant sur un ruisseau assez large qu'il faut traverser pour gravir les premières positions où se placera l'armée. Les mules sont chargées, le signal de la marche est donné, le général Orozco est en avant-garde et se jette dans l'étroite vallée que l'on rencontre après avoir gravi les premiers contre-forts, et pendant ce temps-là quelques bataillons, escaladant les parapets de la gorge où règne une vigoureuse végétation, vont immanquablement se trouver en face des forces ennemies, coupées en deux par cette solution de continuité de la hauteur.

Mais les ennemis isolés entre la vallée et la mer, groupés autour de l'Atalaya, qui domine le cap, comprenant qu'une attaque vigoureusement poussée aurait pour effet immédiat de les précipiter à la mer, abandonnent cette position et redescendent à mi-côte. L'armée, qui pourrait avancer plus rapidement, semble maîtrisée par le général en chef, qui ne comprend pas que les deux hauteurs du défilé ne soient pas plus disputées : les bosquets qui y croissent, épais et nombreux, devaient, selon la tactique des Maures, être garnis d'ennemis qui, seulement en jetant des pierres et en tiraillant, auraient à coup sûr arrêté le mouvement.

Les bataillons qui flanquent la gauche rencontrent peu de résistance, mais à droite l'ennemi conserve une retraite assurée dans Sierra Bullones et dans les collines qui s'élèvent jusqu'à Tétuan. La résistance est donc plus sérieuse, mais ce n'est pas encore celle qu'attend le général en chef.

Les chasseurs de *Simancas* et le bataillon de *Castilla* exécutent sur le versant de la colline une brillante charge à la baïonnette, et poursuivent l'ennemi jusque sur le sommet le plus élevé. Pendant ce temps-là, l'armée presque entière s'engage dans le défilé à la suite de la division d'avant-garde.

Mais l'armée n'a eu affaire jusqu'à présent qu'à une fraction de l'armée marocaine; de tous les points de la droite débouchent de nouvelles forces; et si les Espagnols occupent la partie du cap située entre la vallée et la mer, la gauche tout entière est encore au pouvoir des Marocains.

Il m'a semblé que l'ennemi n'attendait pas aussitôt l'armée espagnole, et que nous avons dû la première partie du succès de la marche au manque d'ordres de la part des généraux marocains. En effet, la résistance éprouvée à la droite ne s'accorde nullement avec la faiblesse avec laquelle l'ennemi a défendu le passage à notre gauche.

Presque toutes les forces du général Prim ont dû entrer en combat, et ce corps d'armée a soutenu un moment l'attaque de toutes les troupes fraîches venues de la droite.

Les Maures brandissaient leurs espingardes, se levaient sur leurs étriers en poussant des cris féroces et en jetant à ceux qui se trouvaient le plus près d'eux le mot *Perros, perros*[1] ! Une grenade lancée de la colline tomba au milieu d'un groupe, et les cavaliers, se penchant sur leurs selles, se dispersèrent avec terreur pour se reformer plus loin. Quelques-uns, richement vêtus et portant sous leurs burnous blancs une longue gandourah rouge, s'avancent audacieusement et semblent encourager les soldats. D'autres portent le fez au gland bleu et combattent avec plus d'ensemble que les autres, mais l'artillerie ne leur permet pas d'avancer, et bientôt toutes les crêtes du cap Négro sont couronnées de soldats.

Une partie des troupes descend en plaine pendant que les bataillons de Tolédo, Princessa et quatre autres enlèvent les positions les unes après les autres; mais cette hauteur du cap Négro présente des mouvements de terrain qui font des vallées successives et arrivent à mourir à la plaine.

Dans l'attaque de ces dernières les Maures revinrent trois fois à la charge, faisant des prodiges de valeur. Les crêtes étaient libres désormais, et l'artillerie de montagne y établissait ses batteries.

La cavalerie se formait à la sortie de la vallée, et le passage pouvait être regardé comme effectué. Seule-

---

[1]. Chiens.

ment toutes les forces marocaines redescendues en plaine s'y étalaient arrogamment, et dans la partie voisine de la plage, une quantité considérable de forces étaient amoncelées autour de deux petites hauteurs, parfaitement isolées, mais dominées par l'artillerie de montagne.

Il y eut à ce moment, parmi ces hommes qui avaient laissé prendre ces importantes positions, comme une suprême manifestation de la volonté de les reprendre ; et l'on vit cavaliers et fantassins s'élancer avec ensemble en poussant des cris féroces.

L'état-major général assistait à ce spectacle, arrêté sur le versant d'une hauteur. Au pied, quatre escadrons de cavalerie et cinq régiments, sous la conduite du général Prim, étaient prêts à soutenir le choc et à empêcher l'ennemi de remonter les collines d'où l'on venait de le déloger. Rencontrant enfin une plaine où ils pouvaient s'étendre, les escadrons chargent avec une rare impétuosité pendant que les fantassins, partis au son du clairon qui sonnait la charge, culbutaient l'ennemi sans qu'il pût faire un seul mouvement en avant. Le maréchal, voyant l'ensemble avec lequel s'exécuta cette manœuvre, rejoignit les fantassins en les acclamant plusieurs fois du cri de Vive l'infanterie !

Mais les deux hauteurs isolées dans la plaine et indépendantes du passage étaient toujours couronnées de troupes qui semblaient décidées à tenir leur position. Il y eut alors un épisode qui prouve bien ce que peut le manque de confiance et la peur quand ils s'emparent d'hommes aussi vaillants que le sont les Arabes.

L'ennemi avait réuni sur l'une de ces collines plus de cinq cents hommes; à sa base on voyait plus de deux cents cavaliers décrire leurs courbes incessantes. Le général en chef, qui se tenait assez près de là, ordonna alors à son escorte de carabiniers de déloger l'ennemi de la première de ces positions.

L'escorte était toujours derrière nous, accompagnant le maréchal, auquel elle était spécialement attachée. Nous vîmes alors le capitaine *Gonzalès* parcourir les rangs de sa petite troupe, quatre-vingts ou cent hommes à peine, en leur disant: *Muchachos, á tomar el reducto*[1]! Et ces cent diables courant à toutes jambes, la baïonnette en avant, disparurent au milieu d'une épaisse fumée pour bientôt reparaître au sommet de la colline.

Pendant ce temps-là le général Ros de Olano lançait *Albuera* sur l'autre hauteur, et les Maures se dispersaient dans la plaine, inclinant toujours sur leur droite, afin de rejoindre le gros de l'armée.

J'avais une telle émotion, que je voyais à peine ce qui se passait sous mes yeux ; c'était la première action vraiment sérieuse à laquelle je me trouvais mêlé, et quand, confondu parmi les rangs de l'état-major, et m'élançant à la suite du maréchal, qui ne ménageait pas ses aides de camp, j'entendis pour la première fois ce cliquetis d'armes, ces hurrahs, ces sifflements de balles; quand j'entrai dans cet enfer de feux où passaient des démons à la face noire, quand je vis le sang couler, et surtout quand, pour la première fois,

---

1. Enfants, il faut prendre la redoute!

un homme tomba près de moi sans pousser un cri, je cherchai à mon côté une arme qui m'était inutile, je sentis un frisson mortel et une sueur glacée, et, dans une vision rapide, la France, mes parents, mes amis, tous ceux que j'aime, passèrent devant mes yeux. Je ne voyais plus qu'à travers un voile rouge, j'entendais confusément autour de moi le cri de *Vive l'Espagne!* je me cramponnai aux crins de mon cheval en criant aussi *Vive l'Espagne!* et tout fut dit.

Si cette première émotion, que je n'ai jamais plus ressentie depuis, alors que les moments étaient beaucoup plus solennels, si cette première défaillance du cœur s'appellent la peur..., je confesse que j'ai eu peur.

L'ennemi était en pleine déroute ; on le voyait fuir depuis la plage jusqu'aux vergers qui entourent Tétuan. Je me souvenais d'avoir vaguement entrevu du haut d'une colline un merveilleux panorama que j'avais cessé de revoir quand nous descendîmes à la suite du maréchal. Je partis derrière un aide de camp qui portait un ordre sur la hauteur du cap Negro, pour revoir de là la ville de Tétuan que nous avions découverte pour la première fois.

A nos pieds, l'immense plaine verte, grasse et fertile et couverte de taches jaunes comme un tapis d'or, vaste champ qui sert d'amphithéâtre à dix mille cavaliers dont les cris arrivent jusqu'à nos oreilles. A notre gauche, la mer se brisant doucement sur la plage et toute la flotte qui assiste au passage. Tout au loin, des lignes bleuâtres qui se confondent avec la ligne des flots dans la direction de la France africaine.

Une rivière qui trace une ligne capricieuse que les reflets du soleil font éclater entre ses deux rives vertes; elle vient mêler ses eaux à celles de la mer, et à son confluent s'élève un bâtiment carré qui fait une tache blanche sur la mer bleue. C'est sans doute le fort Martyn, que l'amiral Romain-Desfossés a démantelé il y a peu de jours.

En remontant le cours de la rivière, l'œil s'arrête sur un amas de maisons blanches et de hauts minarets qui s'élèvent au milieu d'immenses bouquets de verdure : c'est la ville de Tétuan, qui, à l'heure à laquelle nous la voyons, est déjà presque perdue dans le brouillard.

A notre droite, toujours cette grande ligne déchiquetée de Sierra Bullones, ces hauts rochers gris qui nous ont servi d'implacable horizon depuis deux mois, et tout à fait en face de nous, pour dernier plan à ce magnifique tableau, une hauteur tout aussi formidable, mais plus boisée et d'un aspect moins âpre. C'est le commencement de la chaîne du petit Atlas.

Les Arabes disent que derrière cette montagne commence la patrie des lions.

LA STRATÉGIE DES MAURES.

Au mont Négron et au passage du cap Négro les Maures venaient de donner une preuve incontestable du peu de connaissances stratégiques qu'ils possèdent. Avec la valeur personnelle ou la rage qu'ils apportent au combat, en plaçant intelligemment une poignée d'hommes sur les hauteurs qui dominent la gorge où s'engageait l'avant-garde espagnole, il est hors de doute que ce passage qui s'effectua si facilement eût coûté autant de monde qu'une grande bataille, et si, au lieu d'appartenir à cet ennemi, le cap eût été au pouvoir d'une armée européenne, il aurait fallu, pour que l'armée espagnole passât, qu'il ne restât plus un seul homme pour l'en empêcher.

D'autres généraux auraient compris qu'une fois le cap Négro dominé, il n'y avait aucun pouvoir capable d'arrêter l'armée espagnole; car, pour rendre justice à cet ennemi, auquel on aimerait tendre la main s'il n'avait pas cette horrible coutume d'assassiner les blessés et de ne pas faire de prisonniers, la compensation n'était pas suffisante entre ses ressources et celles des Espagnols.

L'armée marocaine eût, j'en suis sûr, tenu l'ennemi en échec pendant longtemps, si la lutte eût continué au milieu de ces horribles bosquets, sur ces terrains à pic semés de rochers, et leur grande habitude de ce genre de guerre donnait aux Maures un immense avantage; ajoutez à cela ces précautions et ces ruses de sauvage qui les portent toujours à ramper comme des serpents, le coup part sous vos pieds, il vous atteint, et vous ne savez où frapper vous-même.

Mais dès qu'il s'agit de combinaisons stratégiques, dès que les forces peuvent se développer sur un terrain moins mouvementé, quelle incontestable supériorité pour les Européens! Toute la stratégie des Maures se résume à cette éternelle demi-lune avec laquelle, sur la plage même que nous foulons en ce moment, ils enveloppèrent l'armée du roi de Portugal et causèrent son entière défaite. Tous ces noms de camps de la *Concepcion*, plaine de *Castillejos*, hauteurs de la *Condessa*, ont été laissés par ceux dont les ossements ont dû blanchir sur ces rivages.

En observant la ligne que présentent les forces des Maures dans l'attaque, on reconnaîtra toujours cette forme générale de demi-lune ; seulement, dès que la résistance est opiniâtre et qu'ils s'aperçoivent que leur ennemi gagne du terrain, cette demi-circonférence s'étend au point de ne plus faire qu'un arc de cercle dont le rayon grandit à mesure que l'ennemi les presse.

Ils ignorent complétement ces admirables mouvements de retraite de nos armées, mouvements qui consistent à opérer toujours sur la défensive, à rendre le terrain qu'on vient d'occuper, parce qu'on n'a nullement l'intention de s'y maintenir, ou qu'il coûterait trop cher à défendre, mais sans pour cela donner à l'ennemi ce nouvel élan qui résulte toujours de la fuite précipitée de son adversaire.

Entre l'attaque énergique, mais sans ensemble, et ce mouvement qui consiste à tourner bride immédiatement en s'enfuyant dans toutes les directions, les Maures ne connaissent pas de milieu.

Ils ignorent entièrement l'art de s'abriter à l'aide d'une retraite habile dans la meilleure position possible, de s'y remettre, d'y déposer les blesssés ou d'y prendre un renfort et de revenir immédiatement à l'attaque sans avoir permis à l'ennemi de gagner du terrain d'une manière appréciable.

Au cap Négro, l'idée vint aux Maures de se fortifier avec des redoutes et des parapets; mais où les avaient-ils élevés? à la sortie de la gorge, de l'autre côté du cap, c'est-à-dire qu'ils défendaient le passage lorsqu'il était déjà effectué. Ce n'est pas de l'étonnement, mais de la commisération que nous avons éprouvée à la vue de cette preuve de leur stratégie.

De plus, ces redoutes étaient construites sur des hauteurs d'un accès facile; elles étaient isolées dans la plaine et dominées par toutes les collines voisines, à tel point qu'avant qu'Albuera et la compagnie de carabiniers ne s'en emparassent, l'artillerie y envoyait déjà ses grenades.

Mais l'avantage le plus grand, le plus incontestable que les Européens aient sur ces tribus très-guerrières et habituées à tous les genres de fatigue, c'est leur matériel de guerre, leur artillerie et leur génie militaire.

Ceux qui ont imaginé de transporter à dos de mulet des petites pièces rayées ont trouvé le véritable moyen de lutter contre les Arabes, et cette artillerie de montagne qui arrive à gravir les plus hauts sommets à peine accessibles aux hommes, et fait pleuvoir sur eux une grêle de projectiles qui va les atteindre à une portée énorme, leur cause plus d'épouvante que vingt bataillons.

Si c'est en plaine qu'ils rencontrent l'ennemi, comment lutter contre des armées munies de pièces de gros calibre? A peine les forces sont-elles rassemblées à

3,000 mètres et plus, les boulets viennent les atteindre, et les grenades, faisant explosion au milieu des files, les forcent à se débander.

Il y a dans la campagne du Maroc telle ou telle journée qui n'a été due qu'à l'artillerie, et je suis sûr que ce sera un sujet de préoccupation pour des hommes comme Muley-Abbas, Mohammed-el-Yetib et Ahmed-el-Chabli, qui arriveront à acheter des canons et à engager des renégats pour former des compagnies d'artilleurs.

ARRIVÉE DE LA DIVISION RIOS. — DÉBARQUEMENT.

Depuis longtemps déjà on annonçait l'arrivée d'une nouvelle division qui se formait en Espagne, sous le commandement du général don Diégo de los Rios. Aujourd'hui même, quelques heures après l'ordre d'abattre les tentes, au moment où nous nous disposions à gagner la plage pour aller camper près du fort Martyn, nous avons vu s'avancer l'escadre qui amenait ces nouveaux compagnons d'armes.

Un premier bâtiment s'est avancé jusqu'à une demi-portée de canon du fort et a jeté l'ancre; les autres sont venus quelques instants après se fixer dans la même position.

Nous allons, du haut des collines sur lesquelles nous attendons en formation l'ordre d'avancer, assister au débarquement de cette division.

Cependant les Maures commencent à se montrer autour de nous. De deux lieues à la ronde on voit les cavaliers sortir des bosquets qui entourent Tétuan; ils se groupent tout près de la tour de Jéheli, point d'observation élevé sur une colline, au sommet de laquelle se dressent quelques tentes.

De tous les côtés on les voit descendre vers la plaine, et déjà commence ce mouvement incessant, cette longue fantasia à laquelle les Maures se livrent avant, pendant et après le combat.

Les chefs se sont aperçus du renfort qui vient d'arriver, et va probablement influer sur la décision qu'ils vont prendre. Pourtant ils ne semblent pas disposés à nous attaquer, et le maréchal, qui partage son attention entre les mouvements de l'ennemi et les évolutions de l'escadre, paraît disposé à faire face à l'armée marocaine sur le point même où nous sommes, afin de laisser opérer le débarquement.

L'arrivée de l'escadre avait surpris les Maures, car le fort Martyn et les batteries rasantes qui s'élevaient à sa droite ne firent même pas feu pour contrarier le débarquement.

Du point élevé où nous étions nous distinguions tous les mouvements, et nous ne remarquions pas d'indécision dans la marche des chaloupes qui venaient prendre terre.

Dès qu'on put s'assurer qu'il y avait déjà quelques hommes de la division Rios sur la plage, le maréchal donna l'ordre à une petite avant-garde de précéder les bagages et d'aller donner la main au quatrième corps. Il fit soutenir cette marche par quelques artilleurs qui avaient pour mission de tenir en respect les forces qui pouvaient avancer à travers la plaine.

Une grande joie régnait dans toute l'armée, et pendant la matinée, malgré les quelques mille Maures qui s'ébattaient sous les yeux des troupes espagnoles, toute l'attention était pour les nouveaux frères d'armes; il fallait néanmoins prendre quelques mesures contre l'envahissement de la plaine par les forces ennemies.

Au moment même où le maréchal donnait les ordres pour se former en bataille, d'immenses clameurs s'élevèrent de la plage; les nouveaux venus saluaient leurs vétérans, qui leur répondaient par des cris de bienvenue. Les musiques militaires jouaient l'hymne national, et le fort Martyn appartenait déjà à l'Espagne, car nous distinguions parfaitement la bannière qu'on venait d'y arborer. Pendant ce temps-là le débarquement continuait, et le maréchal, qui attendait probablement cette prise de possession pour s'occuper sérieusement de l'ennemi, disposa tout pour l'attaquer, puisqu'il ne s'y décidait pas lui-même.

L'état-major se tenait sur une colline faisant face à la mer et ayant à sa droite la tour de Jéheli, toutes les tentes étaient levées, et le corps d'armée du général Ros et celui du général Prim étaient disposés à notre gauche.

A nos pieds, dans la plaine, les cuirassiers étaient formés en bataille, et toute la division de réserve était échelonnée autour d'une certaine quantité de batteries d'artillerie qu'elle dissimulait presque entièrement.

La cavalerie pouvait compter de quinze à dix-huit cents hommes; le terrain et la disposition des troupes étaient tels, que du haut de la colline où nous étions il nous semblait assister à une parade. Au commandement, cette masse s'ébranla, marchant en parfait alignement. Le terrain étant propice à la cavalerie, les Maures n'avançaient qu'avec une très-grande retenue. La cavalerie ne fit halte qu'après une marche de dix minutes ; les Maures se repliaient, avançaient, s'élançaient à toute bride pour reculer encore ; de temps en temps quelques cavaliers, plus audacieux que les autres, sortaient des files ennemies et venaient décharger leurs espingardes à cent mètres de l'escadron.

Quand le mouvement d'arrêt de la cavalerie espagnole fut bien prononcé, les Maures devinrent plus audacieux et s'avancèrent en désordre. Avec une promptitude d'exécution admirable, les escadrons firent alors un mouvement de conversion dont les deux cavaliers qui occupaient le centre de la ligne de bataille devinrent les chefs de file. Les artilleurs prirent le temps d'avancer encore un peu leurs pièces, puis une détonation effroyable se fit entendre et une pluie de grenades vint éclater au milieu des files ennemies. La cavalerie avançait toujours à droite et à gauche pendant que les fantassins se déployaient en tirailleurs.

Les charges des cuirassiers et des lanciers, jointes au terrible effet des grenades, frappèrent l'ennemi de stupeur ; ce fut, à partir de ce moment, une déroute complète et un sauve-qui-peut général ; quelques fuyards dépassaient la tour de Jéheli, et ne s'arrêtaient que dans les vergers qui entourent Tétuan.

Je ne connais pas le nombre des blessés et des morts

de la journée; mais je suis sûr que les Espagnols, dans cette poursuite, ne perdirent pas plus de quatre ou cinq hommes, grâce à cette disposition vieille comme l'artillerie, mais toujours excellente avec un ennemi barbare.

La sécurité était telle, et le mouvement de fuite si précipité, que je crois encore aujourd'hui que si l'artillerie eût pu avancer longtemps encore sans rencontrer des terrains fangeux, et si les corps d'armée qui nous entouraient eussent suivi la marche prêts à toute éventualité, nous fussions arrivés ainsi jusque sous les murs de la ville.

Le maréchal, qui jouissait du triomphe de son artillerie et que la fuite de l'ennemi avait mis en belle humeur, donna l'ordre à un officier de faire avancer une batterie de coulevrines, qui acheva de porter la terreur chez les ennemis. Le sifflement singulier de ces projectiles et leur portée extraordinaire ont fait pendant cette guerre une telle impression sur les Maures, que leurs soldats les nommaient les *serpents de feu*. Mais il nous fallait abandonner ces hauteurs pour aller camper à la plage, où depuis six heures du matin les mules et les bagages attendaient.

Une nouvelle disposition dont je ne me suis pas rendu compte, et que je suppose provenir de travaux à faire exécuter par le génie pour le passage des pièces, eut pour résultat de faire revenir les bagages sur la même hauteur où nous campions la nuit dernière.

Ce ne fut qu'après six heures d'attente sous une pluie torrentielle, que le maréchal et l'état-major supportèrent comme le dernier soldat, que parurent les premières files de mules chargées des tentes. Chacun mourait de faim et de froid, nous étions tous trempés jusqu'aux os, les chevaux baissaient piteusement la tête, et ces sans-cœurs de soldats chantaient exactement comme si le soleil nous eût salués de ses rayons.

Le soir même, le maréchal, qui m'avait reconnu au milieu de son état-major, voulut bien me convier à dîner sous sa tente.

Jamais président du conseil des ministres et jamais général en chef n'ont traité plus simplement leurs convives. On frémirait à l'idée d'un semblable dîner tout autre part que sur la plage d'Afrique : et certes le maréchal avait dû pourtant faire un extra, non pas en ma faveur, mais pour un voyageur anglais, membre très-influent de la Chambre des communes, qui figurait aussi au nombre des convives avec ses deux fils, officiers dans l'armée anglaise et venus du camp de Gibraltar.

M. O***, avec lequel je continuai plus tard d'excellentes relations, a servi de texte à mille suppositions singulières. Il est devenu pour le quartier général et pour toute l'armée un personnage fantastique. Chacun le regardait comme l'espion du gouvernement anglais, et ses allées et venues de Tanger au camp espagnol et de Gibraltar à Ceuta motivaient peut-être une semblable opinion. Plus tard, après une visite du matériel de siége des Espagnols, on affirma l'avoir vu s'en aller à pied du campement jusqu'à Tétuan. Beaucoup de personnes soutinrent ce fait ; mais il est évident qu'eût-il été cent fois l'ami des Marocains, il eût infailliblement trouvé la mort. Comment faire entendre à une sentinelle marocaine ou au premier riffein *travaillant pour son compte*, que sous ces vêtements européens se cache un de leurs amis?

Il est très-probable que M. O*** n'était qu'un de ces originaux toujours à la recherche d'un spectacle ou d'une émotion, venant assister froidement à une guerre africaine, frais ganté de blanc et les jumelles en bandoulière, toujours aussi poli, aussi verni, aussi frotté, à quelque heure que le spectacle commence; étonnement perpétuel des Français, et surtout des Méridionaux. On rencontre des types semblables partout où il y a quelque chose à voir. L'état-major de Garibaldi en comptait beaucoup à sa remorque, indépendamment de ceux de leurs compatriotes qui y combattaient bravement, toujours en gants blancs, et témoin le brave général D***. Plus tard, à la prise d'Ancône, il y en avait plusieurs montés sur leurs yachts; enfin, à Gaëte, j'en ai rencontré quelques-uns accompagnés de leurs longues femmes et de leurs blondes filles, belles de cette beauté impassible des Anglaises qui se mettent à être belles.

Personnellement, M. O*** est un homme d'une grande distinction et qui m'a paru posséder de profondes connaissances, il parle aussi purement l'espagnol que le français, l'italien et l'allemand; nul doute que le sentiment qui l'a entraîné sur les traces de l'armée espagnole ne soit analogue à celui qui attachait son célèbre compatriote aux pas de Thomas Carter. Il voulait voir dévorer Tétuan, et très-souvent je lui ai entendu proférer des exclamations comme celle-ci : *Nous n'aurons donc pas la chance d'assister à une grande bataille!* Je n'ai qu'une chose à dire sur M. O***, c'est que ce galant homme n'arrivera jamais à faire partie du congrès de la paix, parce que ce jour-là je rappellerai ses antécédents guerriers.

Je reviens au dîner chez le maréchal ; il fut rapide, et la conversation était gênée par les sérénades des bandes militaires ; nous demandâmes les chants nationaux et les danses espagnoles, et les Anglais ne furent pas peu flattés quand on leur répondit par le *God save the queen*. Puis, ce fut le tour de ces folles harmonies remplies d'écho, de castagnettes et de tintements du tambour de basque, la *chabala*, la *jota*, le *jaleo*.

Au moment où nous sortions de la tente, la sentinelle qui était de planton à la porte tomba à nos pieds en se roulant avec des cris affreux. Un aide de camp courut à la tente des médecins, pendant que le maréchal lui-même appelait de tous côtés en demandant de la manzanilla.

Quand le docteur et le pharmacien revinrent, il n'était plus temps, le malheureux avait expiré. Voilà sous quelle horrible forme apparaissait le choléra ; il fallait des travaux difficiles, des attaques, des batailles pour oublier cette horrible épidémie qui n'a jamais abandonné l'armée. Après avoir donné un moment de répit, elle fondait de nouveau sur le camp avec une intensité qui ne laissait pas que d'ébranler fortement le moral de l'armée.

Si la mort qu'on trouve sur le champ de bataille a

quelque éclat, et si l'on peut consoler ceux qui pleurent un fils, un frère ou un ami en leur disant que celui qu'ils regrettent est mort pour la patrie, quelle triste pensée que celle qui se reporte sur le cadavre d'un pauvre soldat mort sur un lit d'hôpital, en proie à d'horribles souffrances, sans gloire et sans renommée. Combien de fois il a dû envier, ce pauvre moribond, la civière formée par les fusils de ses compagnons d'armes, et ce dernier asile de ceux qui sont morts en combattant : le sable des plages qui les ont vus victorieux !

ASPECT DE TÉTUAN. — FORT MARTYN. — CAMPEMENT DE LA PLAGE.

La nuit a été horrible, le vent n'a cessé de souffler avec une atroce violence, et la plupart des tentes, dressées à la hâte et pour quelques heures seulement, ont été renversées plusieurs fois.

Le pont pour l'artillerie est terminé depuis la nuit, et l'ordre de charger les équipages a été donné dans tout le camp. Mais, si rapide que soit cette opération, comme le clairon ne répète l'ordre que successivement dans chaque corps d'armée, plusieurs heures s'écoulent avant que la marche commence, et juste au moment où l'avant-garde se met en route, une nouvelle bourrasque vient nous assaillir ; joignez à cela toute la difficulté que nous avons à traverser cette immense plaine que le déluge de cette nuit a convertie en marais. L'ordre de suspendre la marche et de dresser les tentes ne tarde pas à être donné, et nous nous apprêtons à chercher le coin où nous nous sommes trouvés le mieux la veille.

Depuis une heure et demie nous sommes installés, le lit est déjà dressé, les armes, les selles, les malles sont à leur place, les assistants ont construit une nouvelle cuisine souterraine d'où s'échappe déjà une fumée bleuâtre qui nous fait des promesses trop souvent déçues.

Une troisième fois le clairon sonne l'ordre général, il faut abattre de nouveau les tentes, charger les mules et se remettre en marche.

Le vent vient de changer de direction, et un grand rayon de soleil est venu faire éclater les perles qui sont suspendues à chaque brin d'herbe et mettre de larges touches lumineuses sur les mille flaques d'eau qui font de la plaine un lac couvert de lentisques et de palmiers nains.

A la place du général, je ne me fierais pas à ce ciel perfide, mais le temps est précieux ; le général Rios, qui a opéré hier son débarquement, doit occuper ce matin la Douane, qui se trouve, à une lieue de la plage, sous le Guad-el-Jelú ; il est donc indispensable d'aller rejoindre ces forces.

La route est pénible. En descendant des hauteurs, nous traversons le camp du général Prim ; ses tentes sont abattues, mais il ne se mettra en marche que plus tard, étant destiné à couvrir notre mouvement. Le général, entouré de tous ses aides de camp, est assis auprès d'un pauvre feu bien morne, et je n'ai jamais vu un héros plus crotté que le grand général.

De toutes les opérations militaires, celle où le soldat se présente sous son côté le plus pittoresque est certainement la marche. Là, aucune espèce de considération, aucun respect humain ne le retiennent, et, avant toute chose, aucune loi de discipline à laquelle il faille se conformer : sa coiffure l'embarrasse, il la suspend à son ceinturon ; sa tunique le gêne, il la roule en bandoulière autour de son corps ; le soleil l'incommode, son mouchoir se transforme en parasol, et ce sont mille inventions, mille arrangements bizarres, imprévus : celui-là chante, celui-là rit, l'autre cueille des fleurs exactement comme s'il pouvait les offrir ce soir à sa particulière, et le soldat espagnol l'emporte peut-être en pittoresque sur le nôtre. J'en ai vu qui, avec un sérieux imperturbable, emportaient des cages contenant des perdrix, portaient avec eux leurs guitares ou quelque objet volumineux construit patiemment dans un campement où on avait séjourné longtemps. Je me rappelle un chasseur qui, avec de l'eau et de la vase jusqu'à mi-jambe et une pluie africaine sur les épaules, persistait à joindre à l'horrible cargaison que lui faisaient quatre jours de vivres et quarante cartouches, l'embarras d'une longue canne de roseau, au sommet de laquelle il avait construit un moulinet indiquant les points cardinaux.

Les brosseurs et ordonnances sont souvent le plus singulièrement affublés ; outre qu'ils ont leurs bagages particuliers, leurs maîtres se débarrassent en leur faveur de tout ce qui les gêne ; et comme ils sont encore beaucoup moins que les autres soumis à la discipline pendant la marche, il en résulte les accoutrements les plus excentriques.

Mais nous avançons, quoique la marche soit lente, et côtoyant la plage nous rencontrons à un quart de lieue du fort Martyn un ouvrage militaire construit selon toutes les règles de l'art : c'est une batterie rasante qui probablement devait, en cas de débarquement, empêcher l'opération par ses feux combinés avec ceux du fort. La batterie, qui semble disposée pour recevoir six pièces, n'a jamais dû être armée, deux canons sont enfouis sous le sable. Les officiers du génie militaire attachés au quartier général examinent ce travail avec beaucoup d'attention, et l'opinion générale est que des hommes spéciaux seuls ont pu construire un semblable ouvrage. Mais il ne manque pas de renégats au service des Maures, et nous sommes si près des côtes d'Europe, que je ne m'étonnerai nullement que des Européens se soient chargés de diriger leurs travaux de défense.

Quant au fort Martyn, il n'a pas dû être entièrement réparé depuis le bombardement de l'amiral Romain-Desfossés, car la partie qui fait face à la mer présente de nombreuses traces des boulets français. Le second bombardement par la flotte espagnole n'a pas peu contribué non plus à lui donner l'aspect d'une ruine. C'est un bâtiment carré, sans caractère; on n'y peut accéder que par l'extérieur au moyen d'échelles, les chambres basses ne sont pas éclairées ou le sont fort mal; elles devaient servir de caserne aux soldats, la plate-forme est vaste et les canons y sont à découvert. Ils sont d'un calibre énorme et au nombre de sept; ils n'ont même pas été déchargés, tellement l'ennemi a compris qu'il pouvait lui arriver de ne pouvoir rejoindre son camp, si la défense qu'il entreprenait ne réussissait pas.

Ce ne doit être qu'au dernier moment que les Maures ont pris la résolution d'abandonner ce point, car on voit sur la plage, autour du fort, toutes les traces d'un long séjour d'une garnison ; on remarque partout les restes des foyers, les traces des tentes, des barriques éventrées, des animaux morts. Tout près du fort s'élève un petit bâtiment carré qui servait de poudrière et de magasin pour les munitions.

Il est bien approvisionné, et a dû être ravitaillé depuis les deux dernières expéditions entreprises contre le fort.

Quoique éloignée de la plage, à peu près d'une distance de deux lieues, la ville de Tétuan se découvre admirablement du haut de cette plate-forme du fort Martyn.

La vega de Grenade, la terrasse de Saint-Germain, ces merveilleux panoramas qui s'étendent devant les yeux quand on entre en Italie après avoir passé la Forclaz, à la vue desquels Attila se sentit pris de pitié et arrêta ses hordes prêtes au pillage et au massacre, l'arrivée à Florence par la campagne : voilà les souvenirs que fait naître en nous l'aspect de Tétuan, à l'heure où nous arrivons en vue de cette ville. Comme toutes les cités orientales, elle se détache sur le ciel avec une sûreté de contour qui touche à la sécheresse. La ligne générale est si gracieuse qu'on ne peut s'empêcher de comparer Tétuan à une houri couchée sur un lit de verdure.

A partir d'ici il faut que le lecteur s'habitue aux houris, aux almées, aux colombes, aux patios remplis de vagues parfums et à tout le luxe de la poésie orientale.

Le premier philistin berlinois qui s'est ceint les reins, a pris le bâton blanc du voyageur et est arrivé en vue des îles Borromées ou de Domo d'Ossola ne peut s'empêcher, au dire de Henri Heine, de chanter *Tirely, Tirely* à tous les échos. Imaginez-vous un artiste arrivant à Tétuan ! comment ne pas parler minarets, muezzin et orangers en fleurs. La poésie s'éveille, Saadi chante dans la mémoire, le rossignol s'appelle bulbull, et le cigare s'échange contre le narguileh.

Le soleil se couche derrière la Sierra Bermeja, et on se surprend à élever les deux bras vers le ciel en murmurant le nom d'Allah ; la crête du petit Atlas s'éclaire de tous côtés, et on pense de suite aux divines rougeurs dont se teignaient les joues d'Haydée quand ce séducteur de don Juan lui parlait d'amour.

Tétuan, vallée blanche entre deux immenses montagnes vertes, se présente au voyageur comme une cité qui l'invite à venir se reposer à l'ombre de ses caravansérails. Il semble qu'on ne puisse y arriver que par des chemins de fleurs, car les murailles crénelées qui font une ceinture à la ville, forment un fond aux silhouettes des orangers et des arbres à fruits qui l'entourent de tous côtés. Çà et là, au milieu de ces bosquets, surgit une maison de campagne aux arcades en fer à cheval, puis commence la plaine sillonnée par la rivière Alcantara qui roule péniblement ses eaux jaunâtres et coupe la monotonie de ces grandes lignes vertes par ses ponts à arcades basses. Sur la rivière Martyn, à une lieue de nous et sur le chemin de Tétuan, s'élève la douane, réunion de bâtiments peu importants qui servaient d'entrepôt au commerce des Maures. Depuis la Douane jusqu'au fort, ce n'est plus qu'une plage de sable sur laquelle croissent de vigoureux aloès et des cactus, qui tordent au soleil leurs feuilles épileptiques.

Je viens de redescendre à la plage où s'élèvent déjà depuis deux heures les tentes du quartier général, la mienne n'a pas reparu, et l'assistant est resté en arrière.

Un cantinier français attaché au quartier général m'annonce qu'étant resté l'un des derniers sur l'emplacement de l'ancien camp avec ses domestiques et ses mulets, les Maures sont venus les surprendre en préludant par des coups d'espingardes qui leur ont blessé deux hommes; toute résistance étant impossible, chacun a abandonné tous ses bagages et s'est précipité à la suite de l'arrière-garde.

Il ajoute un détail intéressant, c'est que notre brosseur était avec eux et que notre tente est au pouvoir de l'ennemi avec tous nos effets de campement.

Je n'aime pas la guerre, parce qu'au lieu de développer la sensibilité, elle endurcit le cœur de l'homme; je n'en veux pour preuve que l'indifférence avec laquelle j'ai accueilli la nouvelle de l'absence de l'assistant, tandis que je suis vraiment très-affecté de savoir que désormais il me faudra dormir sur le sein de Cybèle, la bonne mère si froide, si mouillée et si féconde en rhumatismes. O Tellus ! que tes tapis de mousse les mieux rembourrés sont durs !

Je n'ai donc plus une pierre où reposer ma tête, je sens déjà sur mon visage l'haleine impure des chacals et des chiens errants, et le hideux contact des phalènes et des oiseaux nocturnes.

VISITE A LA DOUANE.

Les faneuses à la peau hâlée, la tête couverte de fichus rouges, les jupes relevées, soulevaient au bout de leurs longs râteaux des bottes de foin mêlées de fleurs des champs. Sur des charrettes à moitié chargées d'herbes odoriférantes liées en bottes, dans lesquelles ils enfonçaient jusqu'aux genoux, de grands jeunes hommes à la figure mâle, les bras nus et la tête couverte de larges chapeaux de paille, recevaient les gerbes que leur tendaient les jeunes filles. Pendant ce temps des faucheurs au geste lent et régulier moissonnaient ces prairies où, la veille encore, les jolies promeneuses étaient venues traîner leurs robes blanches, cueillir les scabieuses et les reines-marguerites, et poursuivre les demoiselles au corsage d'émeraude.

Sur les berges où les liserons grimpent le long des saules vermoulus et minés, où les plantes aquatiques se mêlent à la grande sauge bleu-foncé et aux mauves sauvages, les grands bœufs aux mouvements lents et au regard vague, cachés dans les herbes folles jusqu'à mi-corps, venaient chercher un abri contre le soleil du midi.

Çà et là, quelque joyeux groupe de jeunes gens vêtus de vives couleurs, des jeunes femmes couronnées de feuilles de nénuphar, parées de légères étoffes, sur lesquelles tranchaient de frais rubans bleus et roses, abordaient dans les îles en jetant au vent des refrains sonores auxquels d'autres groupes répondaient de loin. Les nids cachés dans les saules s'éveillaient avec de grands bruits d'ailes et de confus pépiements, pendant que les bœufs, troublés dans leur inaltérable sérénité, s'enfuyaient d'un pas lourd au bruit des chants et des éclats de ce joyeux équipage, qui venait abriter ses amours sous la saulée, comme une bande d'oiseaux bavards qui vient s'abattre sur un arbre en fleurs. C'était en France, dans une de ces campagnes que la Seine traverse en prenant le chemin des écoliers, et. . . . .
. . . .

Et voilà ce que c'est que de m'avoir donné une plantureuse hospitalité dans la tente du fournisseur général des vivres. La Providence, qui n'abandonne jamais les simples, a permis que je m'enfonçasse tout entier, cette nuit, dans une montagne de foin destinée à la ration des chevaux du quartier général. Les odeurs divines du fourrage sec m'ont plongé dans une demi-ivresse accompagnée d'un délire que je regrette de ne pouvoir prolonger.

Heureusement que la nuit prochaine et la nuit suivante, je dormirai encore sur ce lit enchanté et reverrai peut-être encore une fois les berges fleuries.

A partir d'aujourd'hui, cette poursuite incessante des Maures devient moins irritante, l'ennemi devient palpable, sa présence est attestée par mille choses qu'il ne peut faire disparaître dans sa fuite.

Ce matin nous avons visité la douane, où des marchandises étaient encore en dépôt. C'est un bâtiment qui, par son importance, ne prouve pas beaucoup en faveur du commerce de Tétuan, il se compose de quelques hangars et quelques magasins chétifs.

Les cuisines et les appartements des bas fonctionnaires sont restés meublés de tous les objets nécessaires à l'existence restreinte des Maures.

Quant au premier étage, les Maures avant de l'abandonner l'ont entièrement démeublé ; c'est une salle assez belle et bien tenue, où devait vivre le directeur ou contrôleur des entrées. Jusqu'à hauteur d'appui, une riche mosaïque décore les murs, une autre plus commune forme pavement, le plafond est composé de solives apparentes, peintes et découpées. Comme la portée est assez grande, une colonne de décharge, avec un élégant chapiteau, sépare la salle dans son milieu.

La seule disposition qui donne du caractère, c'est celle des fenêtres ; elles sont percées à hauteur du plancher, et se terminent juste à l'endroit où elles commenceraient à prendre leur ouverture dans une maison d'Europe.

Ce parti pris est logique, car les Maures ont l'habitude de s'asseoir sur des coussins très-bas ou sur le sol même, ils peuvent donc dans cette position se rendre compte de ce qui se passe à l'extérieur.

Les murs présentent en plusieurs endroits des petites crédences, destinées à recevoir les vases et les objets de main ; c'est peut-être aussi une réminiscence des crédences à babouches, comme il en existe à la porte de toute salle, à l'entrée desquelles les sectateurs de Mahomet déposent leurs chaussures. Dans une petite salle attenante à celle-ci, parmi de menus objets qui y étaient abandonnés, un de mes compagnons a trouvé un singulier petit sachet contenant un pinceau imperceptible et un miroir de forme originale. C'est avec ce mignon instrument que les Mauresques se teignent les sourcils et les cils. Je connais plus de vingt Parisiennes qui, dans un siége de leur bonne ville, auraient commencé par déménager leur miroir d'abord, leur sachet ensuite, et enfin s'il leur était resté du temps.... leur poudre de riz.

NOUVEL ENGAGEMENT.

Voici quatre jours que nous sommes campés à la plage, et tout a déjà pris un caractère moins provisoire que dans les stations successives que nous avons faites jusqu'aujourd'hui. La Douane se fortifie, les canons pris au fort Martyn et à la batterie rasante ont été montés sur affûts. Des tranchées sérieuses sont établies, et afin de protéger le camp contre toute surprise, le général a décidé qu'on établirait une redoute en étoile, dont les feux se dirigeraient à tous les points cardinaux ; elle se reliera à la Douane par une tranchée défendue par un fossé.

Les Maures ont établi définitivement leur camp à droite de Tétuan, sur des hauteurs qui doivent être à une demi-lieue de la ville. La tour de Jéheli nous semble le centre de la réunion des forces. Tous les jours, au réveil, notre premier regard est pour les tentes marocaines ; de si loin, elles semblent à peine des clochettes renversées écloses dans l'herbe : je crois que chaque nuit en voit éclore de nouvelles.

Il est rare que les travaux faits dans la journée par le génie, ne soient pas détruits la nuit suivante, et ce fort de l'Étoile, jusqu'à parfait achèvement, sera difficile à garder. Les travaux s'exécutent très-rapidement, car on ne peut distraire du camp une force trop sérieuse qui puisse se défendre en cas d'attaque, il faut donc s'attendre à voir, au matin, dispersée sur le sol, la terre élevée en rempart. C'est bien la guerre telle que les historiographes des campagnes de l'Algérie nous l'ont décrite.

Depuis que nous sommes campés sur le bord de la mer, à l'entrée du fort Martyn, à l'embouchure d'une rivière assez large, dont la profondeur nous défend contre toute surprise de ce côté-là, il ne s'est pas passé une seule nuit sans que des ennemis isolés, couchés à plat ventre sur l'autre rive, ou cachés dans les herbes, ne vinssent tirer sur les tentes et tenir continuellement le soldat en éveil. Quelquefois ce ne sont que quelques coups de feu isolés, souvent une vive fusillade qui recommence d'heure en heure. Tout repos est impossible et le sommeil chassé par ces alertes successives, ne revient jamais dans les tristes conditions où chacun le cherche, inondé presque chaque nuit par des pluies torrentielles qui n'ont pas encore laissé huit jours de trêve à l'armée.

Ces détonations au milieu du calme de la nuit causent une impression sinistre ; et combien de fois, quand elles se répétaient, me suis-je cru forcé de m'habiller de pied en cap et de saisir une arme comme si j'allais sauver l'Espagne en péril? Puis on revient à une inertie forcée, on se rejette sur son lit de camp, et le matin quand le brosseur, les yeux gonflés par le sommeil, vient vous apporter une tasse de café d'une dimension invraisemblable, on lui demande ce qui s'est passé la nuit. La réponse ne varie pas souvent : — Ce n'est rien, quelques Maures somnambules; les nôtres ont répondu, et il y a du sang sur la berge de la rivière Martyn, en face la Douane.

La vie commence à devenir bonne, un marché s'est établi à la plage, et il est venu des industriels de Gibraltar, d'Algésiras et des petits ports de l'Andalousie; ils comptent bien nous écorcher un peu. On m'assure qu'on peut trouver réuni là tout ce qui contribue à la douceur de l'existence, depuis le jambon fumé jusqu'aux conserves anglaises; il est aussi vaguement question de volaille, cela me paraît invraisemblable. Je réponds que d'ici à une heure le marché de la plage sera plus couru que l'Alaméda de Séville et le Prado de Madrid.

Un de nos compatriotes est venu rejoindre l'armée, et son arrivée, annoncée depuis longtemps, a fait une certaine impression au camp.

Le comte d'Eu, fils du duc de Nemours, vient suivre la campagne comme officier d'ordonnance du maréchal O'Donnel, et fait partie du 2e escadron des hussards de la Princesse, le même qui, à Castillejos, pénétra dans le camp ennemi : il a le grade de sous-lieutenant.

Un aide de camp du duc de Montpensier, M. de Vélardé, commandant d'artillerie, l'accompagne et vit sous la même tente que lui ; elle a été dressée près de celle des aides de camp du maréchal.

Le comte est un grand jeune homme mince et blond ; il doit être âgé de dix-huit ans à peine ; sa taille contraste singulièrement avec l'air d'excessive douceur et la grande timidité qui se lisent sur son visage : sa tête porte au plus haut degré le cachet bourbonien, et, plus qu'aucun des autres fils de Louis-Philippe, il a le type de sa race.

Depuis ce matin, il règne dans le camp des Maures une inquiétude qui nous présage une attaque ; les cavaliers descendent des hauteurs où s'élèvent les tentes, et s'avancent jusque dans la plaine. Sur la rive opposée du Guad-el-Jélu, des groupes de cavaliers courent de toute la vitesse de leurs chevaux en brandissant leurs armes, puis tournent bride brusquement pour rejoindre d'autres cavaliers qui les attendent. De nombreux fantassins se répandent dans la plaine, ayant l'air d'errer sans but ; depuis deux heures déjà nous observons ce manège, les chevaux sont sellés ; le maréchal, la lorgnette à la main, accompagné de son chef d'état-major général, étudie attentivement tout ce va-et-vient ; il se décide enfin à se rendre au fort de l'Étoile : c'est de ce point qu'on peut juger si le mouvement est véritablement précurseur d'une attaque.

Après avoir pris quelques mesures et observé de plus près les évolutions de l'ennemi, l'état-major général a repris le chemin du quartier, et chacun est rentré dans sa tente : mais le général Rios qui occupe la Douane, et par conséquent forme notre avant-garde, signale au général en chef un nouveau mouvement agressif.

Cette fois, sans même prévenir son état-major, le général, dont le cheval était resté sellé et dont les ordonnances étaient prêtes, est parti au galop traversant les camps, en donnant des ordres sur son passage. Comme il l'avait prévu, les troupes en garnison au fort de l'Étoile étaient déjà engagées. Le piquet de cavalerie, qui se tenait constamment en avant de la redoute afin de tenir la plaine libre, se trouvait déjà exposé au feu des ennemis. Une disposition particulière du terrain rendait la défense difficile ; le brigadier qui commandait la cavalerie espagnole n'aurait pas hésité à charger ; mais le terrain que foulaient les chevaux était humide et présentait, à mesure qu'on avançait, de larges et profondes flaques d'eau. Il était donc nécessaire d'amener des bataillons d'infanterie pour soutenir les cavaliers qui se trouvaient exposés sans défense au feu de l'ennemi. Le général en chef approchait, et l'infanterie le suivait au pas de charge.

La tactique des Maures était toujours la même : les uns occupaient les escadrons tandis qu'une horde de cavalerie, se répandant en demi-lune sur la droite et sur notre gauche, de l'autre côté de la rivière Martyn, faisait mine de vouloir envelopper le camp.

Mais un seul mouvement en avant isolait les forces de notre gauche du gros de l'armée marocaine, qui faisait peu de mal de ce côté. Le maréchal appela donc toute l'attention de l'ennemi vers le centre, où il massait son artillerie; et quand, groupés sur ce point, les Maures tentèrent une sérieuse attaque, il leur répondit par plusieurs décharges successives qui les dispersèrent dans toutes les directions. Ce fut un incident qui donna à la journée son vrai caractère, et qui fit un engagement sérieux de ce qui ne devait être dès le principe qu'une évolution militaire.

Le maréchal avait ordonné à la nouvelle division Rios, la dernière venue, de se tenir un peu en avant de la Douane, afin de défendre ce point : la rivière Martyn formait déjà, du reste, défense naturelle. De l'autre côté de la rive, une grande quantité de cavaliers menaçaient l'édifice. Les tirailleurs du général Rios se portèrent en avant, entrèrent dans l'eau jusqu'à la ceinture et firent le mouvement de déloger l'ennemi de cette position. Le reste de la division n'avait pas d'ordre et restait de ce côté de la lagune; à mesure que ceux qui étaient passés avançaient, ils s'isolaient de leur division sans que leur mouvement offensif perdît de sa vigueur. Voyant le danger, le général envoya l'ordre de faire retraite; mais le marais était entre lui et les soldats, et l'ordre n'arriva que lorsque la cavalerie et les fantassins étaient engagés. Il n'y avait pas à hésiter, le général Rios se mit à la tête du bataillon de Cantabria, et les soldats entrèrent dans l'eau jusqu'à la ceinture, tenant leurs armes au-dessus de leurs têtes afin d'éviter de les mouiller. Le danger était pressant, le feu de l'ennemi ne laissait pas que de causer quelques pertes jusque dans les rangs de Cantabria, et ceux qui tombaient dans cette fange, dans un moment où se baisser pour ramasser son voisin était presque impossible, couraient grand risque de ne plus se relever. Enfin, le général Rios est sur la terre ferme; il presse ses soldats, leur recommande instamment de ne pas mouiller les fusils; ils sortent eux-mêmes de la lagune couverts jusqu'à la ceinture d'une couche de vase grise; ils reforment leurs rangs, s'avancent résolûment au-devant de l'ennemi, et au moment où ceux-ci, très-nombreux, croient qu'ils vont les écraser, le général donne l'ordre de former bataillon carré. L'effet produit par ce mouvement est à peine croyable; il faut toute l'impéritie et l'ignorance des troupes marocaines pour rester frappées d'un tel étonnement à la vue du carré. Ne comprenant pas bien l'importance et la force de cette disposition, les cavaliers ennemis, avec un courage et une audace qu'il faut reconnaître, se jetaient jusque sur les baïonnettes espagnoles, et à chaque tentative une décharge étendait sur le sol les chevaux et les cavaliers.

Le général n'avait même pas mis pied à terre; il encourageait ses soldats, et parfois au milieu de ce tourbillon de fumée, nous apercevions son bras levé et son épée qu'il agitait en exhortant Cantabria à se tenir ferme.

Mais une telle situation ne pouvait se prolonger longtemps; la division Rios, restée de l'autre côté des lagunes, s'élança par le même chemin, sous le commandement du brigadier Moralès. Le général en chef suivait toutes ces péripéties avec anxiété. Par trois fois déjà des aides de camp s'étaient détachés de son état-major pour arrêter le bataillon imprudemment engagé ; mais il fallait accepter la situation et la sauver. L'armée ennemie était concentrée tout entière sur le même point, le fort de l'Étoile était suffisamment protégé ; le maréchal ordonna au général Galiano, qui commandait la cavalerie, de réunir tous les chevaux dont il pourrait disposer, et, voulant donner une grande importance au mouvement qu'il allait commander, il se défit de sa propre escorte de carabiniers, en y joignant quelques gardes civils chargés de la police du champ de bataille.

Le général Galiano devait aussitôt, sans tenir compte des obstacles tels que la rivière, qui revient deux fois sur elle-même, décrire un grand arc de cercle pour charger l'ennemi, tandis que le général Ros de Olano, avec tout son corps d'armée, avancerait de front et appuierait la division Rios ; l'artillerie devait suivre, malgré les difficultés du terrain.

Le quartier général était situé entre les deux corps d'armée ; toutes ces forces s'ébranlèrent au son du clairon, et nous vîmes toute la division qui nous précédait entrer dans les lagunes aux cris répétés de : *En avant ! à eux ! à eux !* Nous passâmes nous-mêmes à la suite du maréchal, poussant nos chevaux dans ces marais couverts d'herbes et de fleurs. L'artillerie s'engagea derrière nous ; les mules tiraient à plein collier, les artilleurs les stimulaient de vigoureux coups de fouet en leur lançant ces gutturales invectives que les muletiers espagnols prodiguent à leurs bêtes. C'était un mouvement, une vie, une agitation impossibles à se figurer. Çà et là la recommandation sacramentelle que j'ai si souvent entendue : Attention aux armes, — on en aura besoin, — ne pas les mouiller. Et chacun se pressait, et les généraux, sentant que le bataillon de Cantabria ne tiendrait pas longtemps, activaient ce difficile passage.

Il fallait que le mouvement fût rapide, car la cavalerie avait opéré le sien, et au commandement du brigadier Romero Palomèque, elle fondait avec impétuosité sur l'ennemi.

La charge des escadrons de lanciers coïncida presque avec le dernier effort du général Rios et de Cantabria, et la stupeur des Maures, en voyant le bataillon serrer ses rangs à mesure qu'un vide s'y faisait, s'augmenta de l'attaque de la cavalerie qui venait dégager le général Rios. Ce fut assez pour mettre en déroute l'ennemi, qui cependant était nombreux et pouvait faire face à ce mouvement.

Il y eut un moment de singulier enthousiasme ; la cavalerie poursuivait à outrance la cavalerie maure ; la plaine entière, avec un terrain plus solide, s'étendait devant nous ; les deux corps d'armée et l'artillerie étaient réunis, et tout le monde était sous l'influence de cette singulière confiance que donne la certitude du triomphe. Une armée qui poursuit est bien forte, et la terreur qui s'empare des fuyards est bien mauvaise conseillère.

L'armée tout entière, dans cette gigantesque course

au clocher, faisait entendre des cris de joie, et jusque dans les rangs de notre petit état-major on entendait tout haut parler de la possibilité d'entrer dans le camp marocain.

C'était la seconde fois déjà qu'on poursuivait l'armée ennemie débandée jusqu'à ses limites; c'était la seconde fois qu'ayant rencontré autant de forces réunies on les frappait de cette stupeur qui semble donner le vertige aux cavaliers maures et les fait fuir avec tant de précipitation, eux si vaillants à l'attaque et si audacieux dans leurs défis.

Néanmoins le maréchal, qui n'a jamais cédé au premier mouvement et qui me paraît être, en fait de guerre, de l'école de M. de Talleyrand, ordonna à la cavalerie de s'arrêter au pied des premières hauteurs; puis, contenant aussi le mouvement du deuxième corps d'armée, il disposa tout pour la retraite, dont il donna la direction au général Garcia. Le général Galiano reçut l'ordre de couvrir le mouvement avec sa cavalerie. Nous étions à une lieue et demie du quartier, le soleil se couchait, et la nuit vient vite en Afrique; nous devions donc traverser les marais dans l'obscurité. Cette retraite ne fut, du reste, nullement inquiétée.

L'engagement de ce jour, anniversaire de la naissance du prince des Asturies, n'avait pas été meurtrier, mais néanmoins l'émotion avait été grande; ce bataillon en danger, le passage des lagunes, la déroute qui avait terminé la journée, avaient donné à l'engagement un certain caractère qui le distinguait des autres. Au milieu du mouvement général, un fait isolé, un épisode intéressant s'était passé presque sous nos yeux sans que nous eussions pu le remarquer. Au moment où les lanciers de Farnèse avaient chargé, le jeune comte d'Eu, sans tenir compte des recommandations de l'officier qui l'accompagnait et sans répondre aux observations de ceux qui étaient chargés de veiller sur lui, s'était élancé au milieu des rangs et avait chargé avec un sang-froid et un aplomb de vieux soldat.

On ne saurait croire la bonne impression que produisit sur tout le monde cette preuve de bravoure et surtout ce désir du jeune prince de faire personnellement quelque chose pour l'Espagne. Le maréchal avait été averti de ce détail, et, profitant du moment où tous les généraux avec leurs états-majors s'étaient réunis à son quartier général, il fit halte, et sur le champ de bataille il voulut récompenser le jeune comte au nom de la Reine.

Détachant de la poitrine d'un de ceux qui l'entourait une plaque de San-Fernando, il la remit au jeune officier d'ordonnance, plus ému de cette cérémonie improvisée que de la charge de cavalerie à laquelle il s'était bravement mêlé.

Le maréchal rappela en quelques mots les glorieux services de tous les princes de la famille d'Orléans comme soldats français, et se proclama fier d'avoir commandé la bataille où le jeune comte avait reçu le baptême du feu.

Les rangs se reformèrent et nous franchîmes les tranchées. A peine entrés au camp de la Douane, nous trouvâmes sous les armes la division Rios déjà revenue du feu et le général à la tête du bataillon de Cantabria.

Les jeunes soldats, qui pour la première fois avaient affronté l'ennemi avec l'énergie de ceux qui ont vieilli dans le métier des armes, étaient fiers d'une telle journée, que le souvenir de pertes sérieuses n'avait pas contribué à attrister.

Le général en chef reconnut Cantabria au passage, et s'adressant à ceux qui avaient formé le carré, il leur exprima toute sa satisfaction de la fermeté qu'ils avaient déployée dans cette circonstance.

Rentré au camp, le maréchal reçut un drapeau que les lanciers de Farnèse avaient enlevé à l'ennemi. La hampe, faite d'un morceau de bois assez grossier, était terminée par un fer de lance; l'étoffe était jaune et me parut être une étoffe de Damas; elle était usée et ne contenait aucune inscription. Cédant à la fascination qu'inspirent tous les symboles, je confesse que lorsqu'on me laissa quelques instants la bannière entre les mains, je déchirai un fragment de ce trophée déjà effilé par l'usage; je le conserve avec autant de respect qu'une vieille rose fanée, un gant étroit ou une pantoufle mignonne.

AU CAMP. — LES SOUVENIRS.

On est heureux d'être jeune et d'avoir peu connu le monde, on n'a pas encore émoussé sa sensibilité, on conserve encore une âme vibrante à tous les vents, capable de ressentir toutes les impressions.

L'arbre du cœur, selon l'expression d'Espronceda, ne s'est pas encore vu dépouiller de ses feuilles par les vents d'automne, et sous son ombrage s'abritent encore les extases sans fin, l'immortelle espérance, le cortège des joies paisibles et les candides enthousiasmes.

Plus tard, quand on a vu défiler devant soi les longues caravanes des peuples divers, courant tous au même but, sollicités tous par les mêmes appétits, quand du Nord au Midi on a laissé la trace de ses pas sur la neige des steppes et sur le sable des déserts, voyageur indifférent, on rentre à son foyer dont les cendres sont depuis longtemps refroidies, et quand vos amis, vos parents ou vos proches viennent vous annoncer que le tonnerre est tombé sur votre maison, vous leur répondez : « J'ai vu la foudre réduire en cendres une ville tout entière. »

On vous parle d'un être qui vous fut cher et que le Seigneur a rappelé à lui, vous restez immobile et pensif, vous songez à ces champs de bataille où gisaient tant de cadavres, à ces rues où les chevaux foulaient aux pieds des femmes et des enfants, aux déroutes des armées au milieu des campagnes couvertes de neige pendant qu'une ville brûlait à l'horizon ; et vous avez répandu tant de larmes sur une terre étrangère qu'il ne vous en reste plus pour vos propres douleurs. Vous avez vu saigner tant de blessures, que ceux qui souffrent désormais, dont le sang est le même que celui qui coule dans vos veines, n'ont droit ni à une plainte ni à une parole de pitié.

Entre cette immense indifférence, fille des longues

pérégrinations, et cette ignorance naïve qui fait ouvrir des yeux ébahis et jeter un cri d'étonnement au détour de chaque buisson, à la découverte du phénomène le plus simple et le plus fréquent ; entre cette sérénité olympienne que rien ne trouble et qu'aucune commotion n'altère et cette effervescente curiosité, cette naïveté profonde qui s'oublie à admirer la pureté des sources sans savoir qu'un grain de sable en altère la limpidité, mes sympathies sont pour la jeunesse qui s'ignore elle-même, court les pieds nus sur les bruyères et les vertes mousses, poussant un cri de joie à la vue des grandes demoiselles sveltes posées sur les scorsonères à fleurs d'or, et s'arrêtant pensive devant une rose qui se referme sur un frelon.

Heureux encore si ceux qui ont beaucoup vu, beaucoup souffert et beaucoup aimé, semblables au voyageur de l'élégie de Musset, peuvent se replonger sans amertume dans leurs souvenirs ; heureux si, dans chaque buisson, leur jeunesse chante au bruit de leurs pas comme un essaim d'oiseaux : et si la blanche foule des amoureuses les accompagne d'un chant mélancolique jusqu'à la dernière allée de ce jardin des souvenirs !

Heureux si les larmes qui sillonnent leurs joues sont si douces qu'ils ne veulent pas les effacer et qu'ils voudraient toujours en conserver la trace.

Je ne saurais dire mes sensations, mes émotions, mes joies profondes et mes extases. Cette vie nomade, à la face de Dieu, à la clarté du soleil ou à la lueur des milliers d'étoiles par ces nuits crépusculaires d'Afrique, cette constante présence de l'homme vis-à-vis de son semblable, cette impossibilité de s'isoler les uns des autres, la simplification de la vie et l'idée du danger et de la mort, soit par l'épidémie, soit par le hasard d'une balle ennemie, toutes ces circonstances font disparaître les inégalités de l'homme et le prédisposent admirablement à la bonté et à la droiture.

Ajoutez à cela les débauches de couleur, de caractère et de pittoresque, ces merveilleux paysages, ces personnages variés, ces tableaux sans nombre qui changent à tout moment pour reparaître plus beaux et mieux composés.

Ces types, ces physionomies admirablement encadrés dans le milieu où je les vois; l'ennemi fantastique que nous avons en face de nous, sa ville muette qui s'étale éclatante sur ses collines ombreuses; Tétuan, toujours devant nos yeux comme une terre promise dont les mosquées se détachent au soleil couchant sur des fonds d'or pur; la Sierra Berméja semblable à une montagne d'argent, pépite monstrueuse tirée d'une mine gigantesque, toute une mise en scène splendide digne de servir de décor à un poëme aussi grand que la *Jérusalem délivrée*.

C'est l'heure où, dans Babylone, on descend des hauteurs de Saint-Georges pour errer sur les boulevards, depuis les Italiens jusqu'à la Madeleine. Les indolentes promeneuses étendues dans leurs poney-chase viennent de faire six fois le tour du lac; elles ont daigné, dans leur indolent nonchaloir, mettre pied à terre et se promener elles-mêmes pendant cent pas et plus. Ceux qui les rencontrent, rêvant tout bas dans l'ombre épaisse où

Reconnaissance de la côte du Maroc par le maréchal O'Donnell.

s'écoule leur vie des *régals de chair nacrée et des débauches de blancheur*, s'élancent sur la croupe de l'hippogriffe aux ailes blanches et vont se tapir sur les velours des coussins où reposent les imperceptibles pieds des Phrynés et des Impérias confondues dans la noble foule des duchesses et des marquises.

Quelques instants encore et voici s'ouvrir les salles où une foule avide se suspend aux lèvres des déesses du chant et aux pieds vertigineux des sylphides de la danse. Le boulevard rugit; ici c'est un héros, là un histrion; les tréteaux et l'autel s'élèvent à côté l'un de l'autre. Le bouffon coudoie l'acteur épique, et les *symphonies en blanc majeur*, la tête couverte de roses et le cou chargé de perles et de diamants, agitent leurs éventails dans des loges à fond rouge qui font un repoussoir au satin de leurs épaules, tandis que des élégants cavaliers vêtus de noir et cravatés de blanc s'appuient sans façon sur les dossiers de leurs fauteuils en murmurant à leurs oreilles de galants propos qui n'amènent même pas un nuage rosé sur ces fronts inaltérables.

La nuit s'avance, et c'est l'heure où les amants heureux vont *récolter en secret des fleurs mystérieuses* dans les soirées intimes, c'est l'heure des causeries sans art et des rêveries à deux dans les salons intimes. La bouilloire chante sur la table, autour de laquelle se réunissent les habitués des cercles de famille; les médisances voilées et les chroniques scandaleuses sans fiel vont animer de leur grâce légère et de leurs traits piquants les raouts du monde, pendant que les gens graves et les substituts à marier, dont les jambes grillent d'esquisser un cavalier seul, font à leurs beaux-pères futurs le sacrifice de leurs goûts, de leurs inclinations épicuriennes et de leurs excentriques jetés-battus.

La nuit poindra, et les plus sages, après une soirée sans secousse et sans émotions, flâneront délicieusement, les pieds nus sur les tapis de leur sanctuaire, regardant à la dérobée une tête de femme illuminée par un reflet de la lampe et qui sourit dans son large cadre d'or ; pendant que, dans le salon bouton d'or de chez Verdier et dans le boudoir bleu du café Anglais les grandes impures et les princesses de la rampe, les beaux fils et les chevaliers du lansquenet laissent tomber de leurs mains les louis d'or sur les tapis verts. Les Laïs tutoient ceux à qui la fortune sourit, on entend de la rue les évocations au dieu Brelan, et des explosions d'anathèmes accueillent les refaits.... Rien ne va plus. . .

. . . . Et nous, après une promenade au milieu des ténèbres, sur une plage où le flot vient mourir en rendant une sourde plainte, habitants d'une cité mobile au milieu de laquelle les sentinelles passent et repassent comme des ombres enveloppées dans leurs suaires, au chant monotone des grenouilles des marais, aux aboiements lointains des chiens errants, aux cris des chacals qui viennent flairer les cadavres étendus dans la plaine, nous rentrons dans notre maison de toile. Avant d'en soulever la porte fragile, nous jetons un regard au pied de la tour de Jeheli, et, dans cette obscurité, les tentes ennemies, avec leurs feux allumés, semblent autant de lucioles qui brillent dans l'herbe.

A la lueur d'un flambeau équivoque, nous traçons nos notes à la hâte avant de nous jeter sur le lit de camp où nous attend l'insomnie ou quelque songe menteur qui nous transportera dans la patrie aimée.

LA MESSE AU CAMP. — UNE RECONNAISSANCE.

Depuis que les Maures ont enlevé notre tente, nous avons formé une association qui prospère. Notre maison de toile est devenue une Athènes portative où les flâneurs viennent, le jour où les Maures leur laissent des loisirs, passer de longues heures en fumant un nombre de cigarillos invraisemblable. Je dessine tout le jour et remets au soir les notes et les correspondances. J'accueille donc avec reconnaissance les officiers du quartier général qui viennent ainsi peupler notre solitude. Mais mon compagnon de tente écrit le *Journal d'un témoin de la guerre d'Afrique*, et son éditeur, harcelé par des milliers de souscripteurs qui se plaignent du retard des livraisons, ne cesse de le poursuivre des dépêches les plus pressantes; aussi trouve-t-il nos dissertations un peu longues et bruyantes.

On parle ici l'arabe, le français, l'espagnol et l'anglais, et les lazzi et les *charges* s'y croisent d'une telle façon, que, sans l'horizon radieux qui s'étend devant nous et ces idiomes insolites, je me croirais toujours dans un atelier du quartier Saint-Georges.

Il est temps que je présente au lecteur celui qui me

servira désormais de compagnon et dont le nom reviendra souvent dans ces récits.

Ce n'est que depuis quelques jours que j'ai rencontré don Pedro Antonio de Alarcon. Avec un nom déjà fait dans la littérature, il s'est laissé entraîner par enthousiasme et a sollicité une place de volontaire dans le bataillon de Ciudad-Rodrigo (général Ros de Olano, troisième corps d'armée). Au quartier du général Ros, ses impressions étaient localisées, et il ne dominait pas l'ensemble des opérations. Il a pensé qu'en se faisant attacher au maréchal O'Donnell et en vivant à son quartier général, l'ouvrage qu'il écrit prendrait un caractère plus historique et moins restreint.

Le hasard nous a réunis, et je vais illustrer de dessins le *Journal d'un témoin,* dont les premières livraisons ont déjà obtenu un immense succès et qui ont paru accompagnées de vues et de portraits faits d'après des photographies. Afin de donner de l'unité à cette œuvre, il fallait nous réunir ; aussi vivons-nous désormais sous la même tente. L'interprète du quartier général, Annibal Rinaldy, jeune homme de dix-sept ans, qui parle et écrit onze langues, complète, avec son père, l'association qui durera jusqu'à la fin de la campagne.

A côté de nous s'élève la tente des journalistes espagnols. M. Boyer, le correspondant de l'*Indépendance belge,* s'est joint à eux ; quant à M. de Chevarrier, il avait eu soin, en vrai voyageur qu'il est, de se munir de sa tente et de ses cantines à Paris, et voilà comme quoi il est allé s'établir tout seul dans son gourbi, en face le quartier du général Prim. Nous nous réunissons tous au quartier général, et la colonie littéraire a résisté jusqu'à présent aux ravages de l'épidémie.

C'est une grande source d'avantages que cette association. Les interprètes, qui ont longtemps vécu dans l'Orient, nous révèlent mille particularités intéressantes sur les mœurs de l'ennemi; leurs continuelles relations avec les prisonniers, les interrogatoires qu'ils leur font subir nous mettent au courant d'une foule de détails ignorés de la foule. Ainsi, ce soir, on a fait venir de Ceuta deux des prisonniers les plus valides, et l'un d'eux, chargé d'une lettre pour le gouverneur, va passer nos tranchées et porter à celui qui commande Tétuan des propositions qu'il n'acceptera, je crois, que le lendemain d'un désastre.

La conversation qui s'est engagée entre celui qui part et celui qui reste est touchante. Le plus vieux a chargé son compagnon d'aller voir ses enfants, et celui-ci le lui a promis. Pour donner plus de solennité à son serment, il a récité les versets du Coran qui ont trait à la foi jurée, et l'autre, dans une attitude extatique et les mains levées au ciel, murmurait tout bas les paroles sacrées.

J'ai trouvé dans mon compagnon un être qui vit ici des mêmes émotions que moi, aussi étranger à la vie du camp, à ses rudes travaux, à ses privations, avec un tempérament moins robuste que le mien et doué d'une sensibilité exquise; j'estime que le sacrifice qu'il a fait en venant ici est bien au-dessus de celui qu'ont fait la plupart de ses compatriotes. Ame inquiète, vibrante à tous les vents, pleine d'enthousiasmes splendides et de découragements immenses, artiste à toute heure et quand même, il ne voit jamais les choses que par le côté lyrique, et, tout en croyant écrire ce qu'il appelle un journal, il est en train de faire un poëme.

Depuis le jour où il a mis le pied en Afrique, il vit d'une existence fiévreuse, et son imagination est toujours restée montée au même ton.

Une piqûre d'épingle, un léger malaise doivent l'abattre quand il est à son foyer et dans la vie normale ; ici, nous avons vus rangés avec symétrie autour de la *casa del Morabito* quarante cadavres encore chauds, et j'épiai sur sa figure l'impression qu'il en ressentait : ce n'était ni de la pitié ni de la terreur. Rien qu'une curiosité sûre d'elle-même cherchant une trace visible de la solution du grand problème. Que de promenades nous avons faites ensemble depuis que nous avons découvert ces plaines, et combien de fois, longtemps après le couvre-feu et le silence, nous avons continué nos longues causeries sur le bord de la mer !

Pour lui, Tétuan c'est Jérusalem, et ses compatriotes sont les croisés ; il vit dans une pieuse fiction dans laquelle il s'ensevelit tout entier, et quand il a découvert la ville sainte du haut du cap Négro, il a répété, comme un croyant, les vers que le Tasse met dans la bouche de ses héros :

> Alli ha ciascuno al core ed ali al piede
> Ne del suo ratto andar pero s'accorje :
> Ma quando il sol gli aridi campi fiede
> Con raggi assai ferventi, e in alto sorge
> Ecco apparrir Gerusalem si vede ;
> Ecco apparrir Gerusalem si scorge ;

Ecco da mille voci unitamente
Gerusalemme salutar si sente!

Désormais, jusqu'à la fin de la campagne, celui qui est encore possédé de cette trois fois sainte folie qu'on appelle poésie sera mon compagnon de tente, et appuyés l'un sur l'autre, nous fortifiant aux jours de découragement, partageant la même ivresse aux jours d'exaltation, nous parcourrons la route qu'il nous reste à faire sur la terre africaine comme ces cavaliers hongrois qui s'accompagnent la main dans la main, rendant les rênes aux coursiers qui franchissent steppes et vallons en faisant voler sous leurs pieds des tourbillons de poussière.

Aujourd'hui, messe au camp, fête au ciel, fête sur terre ; un soleil radieux nous salue au réveil. Chacun a des velléités d'élégance, on voit par-ci par-là des cols blancs et des bottes fraîchement vernies. Qui ne se sentirait renaître à cette splendide lumière, à l'aspect de ce ciel d'un bleu implacable, après des pluies torrentielles et des rafales terribles.

L'autel a été dressé sur la plate-forme de la Douane, et c'est là que le prêtre va officier. L'état-major général assiste au saint sacrifice à cheval et l'épée au poing, dans les camps, les soldats sont sous les armes.

Le maréchal regarde de temps en temps le camp ennemi, et le mouvement continuel qui s'y fait attire tellement son attention qu'il demande sa longue vue.

La messe au camp est encore un de ces grands spectacles dont on se souvient, et quand, sous cette voûte bleue qui sert de temple, à cet autel improvisé où de pauvres enfants du peuple qui seront ce soir des soldats, servent de néophytes, le prêtre élève le saint calice au roulement des tambours, au son des clairons et aux accents des musiques militaires ; alors que ceux qui commandent à toute une armée fléchissent humblement le genou devant celui qui commande aux rois et aux grands de la terre, qui ne courberait religieusement la tête sans entonner en soi un hymne de glorification ! Comme elles reviennent sur nos lèvres, ces paroles que les mères faisaient répéter à leurs fils avant de les coucher dans leurs berceaux, *Je vous salue, Marie, pleine de grâce.* . . . .

Après la cérémonie religieuse, le maréchal a chargé le général Garcia de faire une reconnaissance aussi loin qu'il le pourra, sans pourtant se faire escorter d'aucune force. Nous nous joignons à l'état-major assez restreint qui l'accompagne, et nous voici traversant les lagunes, nous avançant une trentaine d'individus dans cette plaine où s'est passé le combat du 23. Le terrain est toujours fangeux, il présente en beaucoup d'endroits de larges et profondes flaques d'eau. Nous avons été signalés par les sentinelles marocaines, et quelques fantassins s'avancent au-devant de nous, l'espingarde au poing. Huit carabiniers à cheval nous précèdent, les officiers d'état-major étudient avec attention la nature du terrain ; enfin, devançant tout le monde, le général galope seul à une portée de fusil des quelques tirailleurs qui sont venus au-devant de nous.

Une fumée blanche s'élève des murs de Tétuan, un

éclair et une détonation la suivent, et un boulet vient tomber lourdement entre nos chevaux que nous avons eu soin d'espacer les uns des autres. On réitère l'ordre de se disperser afin de ne pas présenter de cible à l'ennemi, et bientôt tous les canons de la porte de Tétuan nous envoient leurs boulets. Les projectiles, s'enfonçant dans la terre mouillée, rendent un bruit sourd et nous éclaboussent, le général revient vers nous, les carabiniers de l'escorte protégent cette petite retraite. La reconnaissance est terminée, on sait maintenant où sont les canons de la porte basse, et dans une attaque on se gardera de s'exposer au feu de ces batteries.

A peine sommes-nous à la Douane, un feu de mousqueterie bien nourri nous fait retourner la tête, et le camp des Maures tout entier est enveloppé dans un vaste tourbillon de fumée. Par trois fois les mêmes détonations se font entendre ; il semble que trente mille hommes déchargent à la fois leurs armes. L'armée entière se porte aux tranchées, et chacun se demande la signification de cette manœuvre.

Rentré dans notre tente, nous apprenons que le maréchal a délégué l'interprète auprès des prisonniers pour savoir ce que cela signifie. Ou les Maures ont reçu des renforts, ou l'un des frères de l'empereur est arrivé, sinon l'empereur lui-même.

La journée se passe sans nouvelles ; au soir seulement on amène au quartier général un jeune transfuge qui dit être envoyé par le gouverneur de la ville. C'est un Arabe, gardeur de bestiaux ; il est vêtu d'un burnous gris qui lui tombe jusqu'aux pieds et porte le capuchon relevé. Son premier soin est de demander de la nourriture ; il s'assied auprès d'un feu qui brûle derrière la tente du maréchal, et quand on lui demande de quelle missive il est chargé, il répond, en balbutiant, qu'il a perdu la lettre qu'il portait. Cette tergiversation, son allure et la manière dont il regarde autour de lui, tout autorise à croire que c'est un espion envoyé pour faire savoir aux Espagnols la cause de la fantasia à laquelle l'ennemi s'est livré ce matin.

Muley-Ahmed, frère de Muley-Abbas, est arrivé de Fez avec huit mille cavaliers : quand il a fait son entrée dans le camp, toute l'armée marocaine l'a reçu au bruit de mousqueterie que nous avons entendu, et toute la journée s'est passée à faire la fantasia et à lutter d'adresse : les réjouissances n'ont cessé qu'à la nuit. Il est probable que bientôt nous verrons les nouveaux venus et que ces cavaliers fraîchement arrivés tiendront à éprouver la valeur de l'armée espagnole et viendront lui porter un défi.

VISITE DE LORD CODRINGTON. — DÉPART DU GÉNÉRAL ZABULA.

Lord Codrington, gouverneur de Gibraltar, est venu visiter le camp et rendre une visite au maréchal O'Donnell qui l'a accueilli comme le représentant d'une grande puissance, et a pris soin de lui faire visiter en détail le campement, les travaux de fortifications, les dispositions prises contre tout coup de main, et enfin le train de siége débarqué à la Douane.

Nul doute que, sous cette visite officieuse, il y a de la part du gouvernement anglais une arrière-pensée, et un vif désir de savoir à quoi s'en tenir définitivement sur la valeur de l'armée, sur son moral, sa position, ses ressources, ses chances de succès et la résolution du maréchal de prendre Tétuan ou toute autre ville. Afin qu'il n'ignorât aucun des détails qu'il venait chercher, ordre a été donné de satisfaire lord Codrington sur toutes ses questions.

Les officiers chargés de lui faire les honneurs du camp parlent anglais, et causent longuement avec lui ; ils s'en reviennent mutuellement enchantés les uns des autres, comme toujours ; les peuples gagnent à se fusionner.

C'est toujours le même phénomène qui se reproduit : autant le génie du peuple anglais est égoïste, personnel et antipathique à la plupart des autres nations, autant chacun des membres de la société anglaise, pris en particulier, est sympathique, loyal et gentleman dans toute l'acception du mot.

L'attitude de l'Angleterre dans cette question de la guerre du Maroc est parfaitement définie.

Par l'influence de son représentant à Tanger, cette nation a monopolisé les commerces d'importation et d'exportation ; par la proximité de Gibraltar, elle conserve toutes les chances possibles d'accroître chaque jour l'importance de ce débouché, puisque Gibraltar peut servir de magasin et d'entrepôt pour les produits demandés qui arriveraient ainsi sur les marchés bien longtemps avant que les autres nations d'Europe aient pu songer à charger leurs navires.

L'Angleterre comprend trop bien l'importance qu'il y a pour elle à ne laisser s'établir aucun contre-poids à l'immense prépondérance qu'elle a dans le Maroc, et à la force quelle déploie dans le détroit de Gibraltar, pour ne pas s'opposer à la guerre actuelle.

Son intérêt lui fait une loi de désirer l'abaissement de l'Espagne, car en supposant que la nation espagnole pût s'occuper avec une grande activité de l'armement des côtes, Tarifa, Algésiras, Ceuta et bien d'autres points pourraient, non pas neutraliser la force de Gibraltar, mais au moins enlever au roc une partie de ses avantages. C'est un géant que plusieurs enfants inquiéteraient plus qu'un ennemi sérieux.

Avec la force et la puissance espagnole, avec une prépondérance amicale ou violente dans le Maroc, viendrait l'influence catholique : avec l'influence catholique, l'esprit de tolérance et de conciliation ; une fois entrés dans cette voie, les comptoirs, les pêcheries, les missions et les consulats européens arriveraient lentement à faire du Maroc ce qu'on a fait de l'Algérie sans employer aucune mesure violente, c'est-à-dire un pays où, malgré le vieux levain du fanatisme mahométan, le chrétien peut circuler, commercer, vivre et exercer son culte. Or, l'Angleterre ne peut supporter un pareil état de choses, elle veut le monopole à tout prix.

Fidèle à son instinct, fidèle à la mission qu'elle s'est donnée de se vouer à elle-même et de sacrifier impiloyablement tout sentiment, toute générosité à son égoïsme et à ses intérêts; étouffant en elle toute voix qui s'élève au nom des principes humanitaires et se gardant de l'enthousiasme comme on se garde d'une mauvaise inspiration, elle est toujours conséquente avec elle-même, dans la question du Maroc comme dans la question des Indes. Personne ne doit donc s'étonner qu'aujourd'hui même la voix d'un des plus grands hommes politiques de l'Angleterre s'élève pour demander au nom de je ne sais quel principe étroit et mesquin le retrait du corps d'occupation de la Syrie et du Liban.

Qu'on blasphème, qu'on pille, qu'on viole, qu'on égorge, et que la Syrie devienne un immense champ de carnage; mais que du moins les populations chrétiennes ne restent pas attachées à la France par les liens de la reconnaissance, et que surtout cette nation n'établisse pas un précédent comme occupation. Que le jour où un protectorat sera nécessaire, ceux qui craignent d'être opprimés ne se réclament pas de l'empire français et ne sollicitent pas le secours de son épée.

Ostensiblement, ou par des voies cachées, l'Angleterre a donc tout fait pour arriver à empêcher la guerre actuelle, et une fois qu'elle a été déclarée, il n'y a pas de moyens qu'elle n'ait mis en œuvre pour donner à sa solution un terme fatal. L'attitude de la diplomatie a été franchement hostile, et la presse anglaise tout entière traitait la question marocaine avec une partialité inouïe. C'était déjà sortir de la neutralité qu'en agir ainsi.

Plus tard, les Maures humiliés avouèrent qu'on les avait engagés, par de trompeuses promesses, dans une guerre ruineuse pour l'empire et terrible dans ses résultats.

La visite de lord Codrington au camp avait donc une importance réelle, et quand l'Angleterre, qui avait un instant douté du sérieux de l'armée espagnole et qui eût battu des mains à un désastre, vit par les yeux du gouverneur de Gibraltar avec quel sang-froid le maréchal se préparait à bombarder Tétuan, la diplomatie anglaise dut se trouver bien coupable de ne pas aider les Marocains autrement que de subsides et d'envois d'armes et de munitions.

Une attaque de paralysie vient de priver définitivement l'armée du concours du général Zabala. Le comte de Paredès commandait le deuxième corps d'armée ; arrivé en Afrique au commencement de la campagne, le général a donné les preuves du plus haut mérite militaire, et son nom éveille le souvenir des plus grands services rendus.

Aimé de tous les officiers, à quelque corps d'armée qu'ils appartiennent, et attaché au soldat pour lequel il a montré la plus vive sollicitude, la nouvelle du départ du général a affecté tout le monde au même degré.

Le soir de la bataille de Castilléjos, après avoir pris une belle part à cette journée, au moment où il voulut descendre de cheval, ses jambes lui refusèrent le service et il ne put rentrer dans sa tente que porté sur les bras de ses aides de camp.

L'humidité des nuits d'Afrique, les longues pluies de novembre et toutes les intempéries de la saison ont déterminé chez le général une paralysie qui n'était que locale et devait disparaître après un séjour de quelque temps dans une ville, soumis à un régime sain et réparateur.

Le général a donc quitté le camp pour Ceuta, et la souffrance qu'il a ressentie de voir l'armée s'avancer à travers le pays, conquérant le terrain pied à pied, décimée par la maladie, par l'ennemi, par le climat, a été plus grande encore que celle que lui causait le mal qui le forçait à assister, impassible, aux mouvements de son corps d'armée.

Dès que ses membres engourdis ont repris leur force, dès que la circulation s'est rétablie, négligeant les avis des docteurs et confiant dans sa bonne étoile, le général est venu redemander au comte de Reuss le commandement de son corps d'armée, et depuis deux jours il campait parmi nous, quand il a dû s'éloigner pour toujours de ce climat. Deux nuits passées sous la tente ont suffi pour permettre au mal de reprendre toute son intensité, et les médecins ont déclaré qu'un plus long séjour au camp deviendrait très-pernicieux pour le général.

Aujourd'hui donc, accompagné de ses aides de camp, le comte de Parédès a quitté l'armée. Quel horrible combat s'est livré dans le cœur de cet homme quand il a vu ses forces le trahir, et qu'il a dû lui en coûter de s'éloigner, juste au moment où le général en chef venait de décider le moment où on attaquerait le camp des Maures, afin de pouvoir établir les batteries de siége sur la place même où sont dressées les tentes!

BATAILLE DE GUAD-EL-JELU.

Comment raconter la bataille d'aujourd'hui, la première qui ait eu un caractère d'unité (s'il peut y avoir unité dans un combat contre les Maures), et comment ceux qui assistent aux combats, préoccupés des épisodes dont se composent toutes les batailles, peuvent-ils arriver à ne faire qu'un détail de ce qui s'est passé sous leurs yeux et doit tenir le plus de place dans leur imagination?

La journée peut se résumer ainsi : Un engagement vers la gauche entre la division Rios et la cavalerie maure, qui voulait entrer dans notre camp par ce côté, engagement qui a eu pour résultat l'horrible situation de l'escadron de Villa-Viciosa, sentant la terre manquer sous ses pas et les chevaux cloués au sol, pendant que les Maures fusillaient les cavaliers qui ne pouvaient plus ni avancer ni battre en retraite.

A la droite, une admirable charge de cavalerie, mêlée grandiose d'uniformes espagnols, de haïks flottants, de vêtements incarnat et de dolmans blancs; horrible déroute de chevaux caparaçonnés traînant, attachés par leurs éperons, des cadavres qui se déchiraient à tous les arbustes de la plaine; concert discordant de cris de triomphe et de mort, de commandements énergiques, d'anathèmes, de vivat enthousiastes.

Enfin, une attaque générale sur tout le centre et la droite par l'infanterie, qui devait repousser toute l'armée jusqu'au pied de son campement ; attaque rendue solennelle par l'étendue de la ligne d'assaut, par l'enthousiasme du premier triomphe, et qui s'exécuta avec tant de verve, qu'on fut obligé d'envoyer des aides de camp ventre à terre pour réprimer l'ardeur des chasseurs.

J'ai assisté à la droite et au centre à ces deux dernières parties du combat, et je les relierai à l'action générale, pour qu'on conçoive quel était le plan des Maures, comment leurs troupes étaient disposées, et de quelle manière le maréchal O'Donnell tint tête à leurs forces à cette bataille de Guad-el-Jelu, qui restera l'une des grandes journées de la campagne.

Muley-Ahmed avait joint son armée à celle de Muley-Abbas ; les forces marocaines devaient s'élever, selon les rapports, à trente-deux mille hommes, dont dix mille récemment venus. La garde noire, dont on avait beaucoup parlé d'avance et de la valeur de laquelle on faisait de grands récits, était parfaitement organisée et destinée à prendre part à la campagne jusqu'à parfaite conclusion. L'effet moral des renforts arrivés avait dû être très-grand dans le camp des Marocains, et les deux frères de l'empereur s'étaient décidés à tenter un coup de main sur le camp des Espagnols.

Le 31, vers sept heures, l'ennemi commença à sortir de son camp, non pas par le centre, mais par les deux ailes, et le mouvement le plus tranché, celui qui donna au maréchal l'explication du plan des généraux ennemis, fut la persistance des cavaliers à s'étendre sur notre droite jusqu'à la plage, de manière à surprendre notre camp par le côté où il n'était pas fortifié.

Sur notre gauche, le mouvement était bien accusé sans doute, mais la Douane, ses canons, ses tranchées, et surtout la rivière, ne permettaient pas de descendre aussi bas que de l'autre côté. Le mouvement du centre se dessina un peu plus tard, et le maréchal attendit que l'éternelle demi-lune fût formée pour prendre les moyens de défense.

Le général Rios fut chargé de défendre notre aile gauche ; le général Galiano se porta avec toute la division de cavalerie sur notre aile droite et avança avec une telle précipitation, que ceux des Maures qui se trouvaient le plus près de la plage coururent jusqu'au cap Négro, faisant un détour immense pour ne pas être séparés du reste de leur armée, danger réel pour eux.

La division de réserve protégeant le camp, elle pouvait, en combinant son action avec celle de la cavalerie, arrêter les masses déployées vers la plage. Toutes ces forces, voyant qu'il n'y avait rien à tenter sur la gauche, où le général Rios avait massé toute sa division ; ni sur l'extrême droite, où le général Galiano s'apprêtait à charger vigoureusement, se replièrent et vinrent, détruisant le demi-cercle qu'elles formaient jusqu'alors, grossir les forces du centre.

Sur ce point, tout le corps d'armée du général Ros de Olano était prêt à soutenir le choc. L'artillerie s'apprêtait à suivre la route qu'allaient lui frayer les tirailleurs et les bataillons d'infanterie.

Mais si l'extrême droite était déjà débarrassée et si la présence du général Rios à la gauche avait diminué l'importance de l'attaque sur ce point, il n'en restait pas moins de ce côté des forces prêtes à entrer en bataille ; car ce fut là que s'échangèrent les premiers coups de feu ; ce fut le signal de l'attaque générale, et en un instant, depuis la Douane jusqu'à la partie de la plaine bordée par les premiers mamelons qui conduisent au sommet du cap Négro, ce ne fut qu'un tourbillon de fumée.

Toutefois l'engagement se réduisit, pendant la première heure, à des feux de tirailleurs et à des évolutions des cavaliers arabes courant à fond de train leur incessante fantasia. Ces feux de tirailleurs, facilités sur la gauche par la configuration du terrain marécageux et présentant des parties infranchissables, menaçaient de durer longtemps. Les Maures causaient des pertes sérieuses à la division Rios, et cette fois encore, les soldats préféraient la lutte corps à corps à cette terrible inaction sous le feu de l'ennemi.

En un instant ces marais furent traversés, et comme la plupart des armes devaient être mouillées, on poursuivait l'ennemi la baïonnette dans les reins. Arrivés à une grande distance de la Douane, aux premiers jardins derrière lesquels se cachaient les tentes ennemies, les fantassins se trouvèrent face à face avec la cavalerie, qui devait probablement rester cachée sur ce point, en cas d'une retraite trop précipitée, pour défendre son camp.

C'était le cas, pour elle, de fondre sur les forces du général Rios ; mais celui-ci fit former le carré, et cette fois encore l'effet de ce mouvement fut irrésistible, la cavalerie abandonna le terrain, après avoir tenté trois fois de renverser la muraille vivante.

A partir de ce moment jusqu'à une heure assez avancée de la journée, le général Rios n'eut plus qu'à faire jouer son artillerie, dont les pièces envoyaient leurs boulets jusqu'au pied de la tour de Jeheli.

Au centre, l'action ne se décidait pas ; malgré l'énorme quantité de forces ennemies concentrées sur ce point, tout se résumait à des guérillas tellement nourries, que les pertes étaient graves du côté des Espagnols.

Le maréchal s'attendait toujours à une attaque sérieuse, puisque la journée s'était engagée d'une manière très-déterminée.

J'ai dit que le troisième corps d'armée occupait le centre. Appelant donc la division de cavalerie qui, après son mouvement sur l'extrême droite, attendait des ordres au fort de l'Étoile, le maréchal la fit placer devant le troisième corps, et ordonna une charge compacte, ne laissant pour réserve à la cavalerie que l'escadron del Rey, qui n'eut ce rôle que bien peu d'instants, puisqu'il chargea à son tour en voyant qu'un obstacle arrêtait ceux qui s'étaient avancés les premiers. En effet, la cavalerie ennemie n'avait même pas attendu le choc et fuyait de toute part ; les cuirassiers, brûlant de la joindre et de la défaire, s'étaient avancés sur un point où, presque à fleur de terre, les Maures avaient élevé une tranchée, à l'abri de laquelle ils fusillaient ceux qui venaient sur eux à toute bride. L'obstacle étonna les Espagnols sans les arrêter, car la tranchée fut franchie. La mêlée s'engageait; un renfort de près de mille chevaux de la garde noire vint soutenir les Maures. Ce nouvel avantage ne fit pas faiblir les cuirassiers; les officiers déchargeaient leurs revolvers à bout portant, frappaient sans merci et ne songeaient pas à la retraite, qu'ils devaient forcément effectuer devant un ennemi supérieur. Le désordre était au comble chez l'ennemi; les chevaux, sans cavaliers, venaient jusqu'au milieu des rangs de l'infanterie chercher un refuge contre cette grêle de coups qui pleuvait sur eux.

En ce moment, envoyée par je ne sais quel ordre et arrivant avec un merveilleux à-propos, une batterie d'artillerie s'avançait à fond de train, passant marais et fondrières sans tenir compte d'aucun obstacle. La retraite des cuirassiers s'effectuait dans le meilleur ordre possible, et quand l'artillerie se vit, je ne dirai pas à portée, puisqu'elle était à 100 mètres de l'ennemi, mais dans un endroit propice, elle commença un feu d'enfer contre ces masses déjà bien ébranlées par la vigoureuse charge qui venait d'avoir lieu.

Ce jour-là, le cheval que j'avais monté jusqu'alors et qui appartenait à un colonel d'état-major avait dû remplacer celui de son maître, blessé le 23. J'avais suivi à pied l'état-major général, et, comme le maréchal O'Donnell veut tout voir, j'avais dû faire quatre ou cinq lieues presque toujours courant, mouillé jusqu'à la ceinture, traversant les marais et les lagunes. J'étais brisé de fatigue, j'avais suivi de loin la grande charge des cuirassiers que je viens de décrire ; je ne distinguais plus, au milieu de tout cela, qu'une fumée épaisse, ce qui, une fois pour toutes, est le fond de la guerre ; aussi, quand mes amis peignent des batailles, je ne sais trop leur recommander de faire beaucoup de fumée et fort peu d'action. Une batterie d'artillerie passe devant nous avec la rapidité d'un détachement de cavalerie légère, les mules tirant à plein collier, les artilleurs jurant, sacrant, brisant leurs fouets sur leurs pauvres montures. Mû par une de ces imprudentes curiosités qui ne se raisonnent pas, je m'accroche à un caisson, et, me tenant à la barre de fer destinée à maintenir les servants de pièce sur ce banc improvisé, je me vois ballotté par le rude véhicule, éclaboussé au passage des lagunes, risquant cent fois de sauter par-dessus les roues dans les rudes cahots que je subissais à tout moment. Nous allions ventre à terre, comme emportés en une course fantastique ; tout d'un coup nous entrons jusque dans la mêlée, et tout autour de nous bondissent les chevaux sans cavaliers, avec leurs hautes selles incarnat et leurs étriers d'argent. Ce n'était certes pas la place de l'artillerie, et, au lieu d'un fouet, c'était un sabre et un revolver qu'il eût fallu à chacun de nous ; et je me voyais entraîné dans cette charge involontaire sans même avoir la ressource de cette défense personnelle qui est une consolation, ou tout au moins une occupation dans un moment comme celui-ci.

Mais la déroute des Maures commençait, et bientôt il n'y eut plus autour de nous que des cavaliers espagnols entourés des chevaux ennemis et de cadavres. Sautant alors à bas de mon caisson, je m'élançai à la bride d'un cheval arabe que j'eusse déclaré de bonne prise, je le jure ; mais la noble bête me traîna pendant une minute sur le champ de bataille, côte à côte avec des mahométans qui présentaient leurs crânes ouverts. Je lâchai prise et essayai de la persuasion vis-à-vis d'un autre cheval qui traînait son cavalier mort et dont le pied était engagé dans l'étrier. A côté de moi, don cavaliero del Sas, fournisseur général de l'armée, qui s'était aussi aventuré dans cette galère, monté sur une magnifique jument, forçait à la course le premier cheval que j'avais tenté d'arrêter et s'en emparait. Le canon qui m'avait été trop hospitalier grondait toujours, et l'ennemi se réfugiait au pied de ses collines.

La confiance de l'ennemi, qui était sorti de son camp pour s'emparer des tentes espagnoles, ne devait pas s'abattre aussi vite. Il pouvait être deux heures quand la cavalerie exécuta cette charge qui avait donné pour résultat la dispersion de la cavalerie marocaine. Elle se reforma au pied des collines et se grossit des fantassins, qui revinrent à la rescousse avec elle. Dès lors, jusqu'au moment où le maréchal résolut d'en finir en terrifiant l'ennemi par une audacieuse manœuvre, ce fut un feu de tirailleurs qui fit perdre beaucoup de monde à l'armée.

Pour donner idée du rôle que jouait le général en chef dans tous les combats et de la manière dont son état-major suivait les engagements, je ne puis mieux faire que citer un des épisodes de la journée. C'était après la mêlée des cavaliers espagnols et des cavaliers maures, ceux-ci étaient déjà revenus sur nous, mais précédés d'une nuée de fantassins cachés dans des jardins assez découverts comme arbustes, mais dont le sol était embarrassé par une végétation serrée et coupé de haies de roseaux, à l'abri desquelles les tirailleurs pouvaient impunément choisir leurs victimes.

La cavalerie espagnole s'était reformée sur notre gauche, l'artillerie seule était en première ligne, et l'état-major général, placé entre deux batteries, observait les mouvements de l'ennemi. J'étais revenu au milieu de l'état-major, et, appuyé sur la selle d'un des aides de camp du maréchal, nous parlions du combat. Celui-ci me faisait observer que les balles sifflaient à nos oreilles, et que depuis l'ouverture de la campagne le général en chef s'exposait beaucoup trop. Plusieurs personnes lui avaient fait remarquer qu'on visait avec insistance le groupe de l'état-major, quand le commandant général de l'artillerie, le brigadier Dolz, qui se tenait à la gauche du maréchal O'Donnell, tomba sur le cou de son cheval en criant : « Je n'y vois plus; ils m'ont tué. » Une balle l'avait frappé au-dessus des sourcils.

Le maréchal, qui à ce moment demandait sa lornette à M. Pacheco, qui était à sa droite, ne s'aperçut de l'accident qu'à la rumeur qu'il suscita dans son état-major. Je l'entends encore demander avec son impassible sérénité : « Où a-t-il la blessure? »

Quelques instants après, le corps du brigadier, porté sur une civière, traversait le champ de bataille; le bras, décoré de l'insigne du grade qui, en Espagne, se porte sur la manche, pendait en dehors, et chacun pouvait voir la haute graduation du blessé et l'arme à laquelle il appartenait. Chaque groupe d'officiers qui voyaient passer ce cortége exprimait tout haut les mêmes craintes pour les jours du général en chef et faisait les mêmes prières pour sa conservation.

Pendant que ceci se passait à la droite, notre extrême gauche était le théâtre d'une scène horrible, comme il en arrivera fatalement dans toutes les guerres d'Afrique quand on voudra employer la cavalerie sans être bien sûr du terrain sur lequel on opère. Je n'ai pas pu assister à cette scène, puisque j'étais juste à l'autre extrémité du champ de bataille; mais M. Boyer, qui voit avec sang-froid et ne s'enthousiasme pas dans ses récits, était présent, et m'en parla quelques heures après, étant encore sous l'impression de terreur qu'elle lui avait causée.

Le corps d'armée du général Rios avait, sur cette partie du champ de bataille, soutenu un engagement très-meurtrier qui avait duré depuis onze heures jusqu'à deux heures et demie; il avait poursuivi l'armée jusqu'à une portée de fusil de son camp et était venu se reformer, attendant de nouveaux ordres, et contribuant, par le tir de son artillerie, à tenir l'ennemi en respect. Mais les pièces étaient dirigées vers le point où étaient concentrées les forces des Maures, et les rives du Guad-el-Jelu, qui nous limitaient à gauche, n'étaient pas défendues. L'ennemi crut voir là un passage pour couper la retraite au corps de réserve qui se trouvait encore assez loin du campement.

Les lanciers de Villa-Viciosa furent chargés d'exécuter un mouvement oblique, ayant pour but de repousser l'ennemi, et de diriger sa fuite sur notre centre, où le canon achèverait sa déroute.

Effectivement, les lanciers chargèrent avec un ensemble admirable, auquel l'ennemi ne résista pas; beaucoup de morts restèrent sur le champ de bataille sans que la cavalerie marocaine essayât de les reprendre; mais dans sa fuite, connaissant admirablement le terrain qu'elle foulait, elle attira l'escadron dans un marais que recouvrait entièrement une herbe épaisse. Les malheureux lanciers, attachés au sol, faisaient de vains efforts pour faire avancer leurs chevaux, pressés les uns contre les autres, s'aidant mutuellement; les efforts qu'ils faisaient ne pouvaient servir qu'à les enfoncer davantage dans cette vase. Pendant ce temps-là, accumulés sur un terrain ferme de l'autre côté du marais, les ennemis faisaient un feu bien nourri et tiraient à coup sûr dans cette masse de chair humaine. Ceux des Espagnols qui, dans leur course, n'étaient pas encore entrés dans la lagune ou qui avaient retenu leurs chevaux en voyant leurs compagnons s'enfoncer ainsi dans ce sol marécageux, n'hésitèrent pas un moment à essayer de les défendre ou à mourir avec eux. Tout cela dura peu de temps, il est vrai, et le récit marche lentement à côté de l'action; mais ce fut assez pour que l'escadron fût décimé.

Le corps de réserve était le plus à portée de voir la

scène qui se passait ; envoyer un nouvel escadron, c'était le compromettre aussi ; ce fut l'infanterie (le provincial de Malaga) qui fut chargée de dégager les lanciers. Les courageux soldats se jetèrent à l'eau, entourèrent la cavalerie, traversèrent ces marais, arrivèrent sur la terre ferme, et, ne pouvant plus se servir de leurs fusils pour faire feu, puisqu'ils s'en étaient fait des points d'appui pour entrer dans cette eau bourbeuse, on les vit se ruer sur les Maures la baïonnette en avant, culbutant tout sur leur passage.

D'autres épisodes intéressants signalèrent encore cette journée : un combat entièrement distinct de celui qui avait lieu au centre et à la gauche s'engagea à l'extrême droite entre deux bataillons et quatre à cinq cents Maures cachés dans un épais bosquet qui s'élevait dans la plaine.

Presque tous ces ennemis étaient montés, et leur but devait être de surprendre des forces isolées à l'heure de la retraite.

Le général Quésada lança ses troupes ; commençant par un feu de tirailleurs, elles finirent par charger à la baïonnette, et, comme toujours, les cavaliers comprirent que devant des masses s'avançant ainsi de pied ferme, sans sourciller, la baïonnette en avant, ils n'avaient qu'à tourner le dos. Le bosquet fut occupé ; puis, prenant avec lui un escadron de hussards, le général se mit à la poursuite des fuyards, qu'il allait atteindre, quand un aide de camp du maréchal lui ordonna de retenir sa cavalerie.

Il était à peu près trois heures ; l'ennemi, chassé sur

tous les points, n'était pas découragé, et de toute part on le voyait s'avancer, sans présenter de masse, il est vrai, mais en se préparant à une nouvelle attaque par des feux de tirailleurs sur toute la ligne de combat.

C'était le moment où venait d'être blessé le brigadier Dolz; le maréchal était en avant de la ligne de combat, il avait fait ranger toutes les forces disponibles en ordre de bataille, et, décidé à mettre terme d'un seul coup aux dernières tentatives de l'ennemi et à le frapper de terreur, il fit sonner l'attaque sur toute la ligne.

La sonnerie d'attaque des Espagnols a quelque chose d'excitant et d'irrésistible, et, sans savoir à quel mouvement elle correspond, on ne peut se défendre, en l'entendant, d'un entraînement singulier : on suit celui qui sonne cette fanfare guerrière, qui domine toujours la lutte et fait entendre ses notes persistantes qui vous parlent de sang, de vengeance, de gloire, de mort, de carnage, et surtout de victoire.

L'élan des troupes fut irrésistible, et les Maures ne tentèrent même pas de s'y opposer. A mesure que l'infanterie s'avançait, l'ennemi semblait sortir de terre; derrière chaque arbre, à l'ombre de chaque haie, dans chaque pli de terrain, à l'abri de chaque pierre, un tirailleur s'était réfugié, et ceux qui menaçaient ostensiblement l'armée étaient certes deux fois moins nombreux que ces ennemis invisibles qui fuyaient sous les pas des fantassins comme des bêtes fauves traquées dans leur repaire.

Baza et Ciudad-Rodrigo, du corps du général Ros de Olano, marchaient en première ligne et poursuivirent l'ennemi avec une ardeur inouïe. Je me rappelle un groupe de soldats qui précédaient d'au moins quarante pas leurs compagnons, et un seul d'entre eux qui, se laissant entraîner par son courage, resta constamment le premier de tous, en poussant des cris d'enthousiasme.

Ils gravirent la première colline, puis disparaissant dans le petit vallon qu'elle forme avec la suivante, ils la gravirent encore. Le général Ross, tout heureux qu'il était de l'entrain de ses soldats, envoya son aide de camp pour leur ordonner de s'arrêter.

Pendant ce temps, l'attaque ayant été générale, les généraux Makenna et Quésada conduisaient leurs forces à la prise des hauteurs de l'extrême droite, et arrivaient presque en même temps que Baza et Ciudad Rodrigo sur les premiers mamelons de la Sierra Berméja.

Jamais je ne vis fuite si précipitée. Les cavaliers maures n'avaient même pas tenté de couvrir la retraite de leur infanterie, et les morts de ce jour-là restèrent sur le champ de bataille. Autour de nous ce n'étaient que cadavres gisant sur le sol, chevaux morts et sanglantes épaves.

Brisé d'émotions, mort de fatigue, ayant suivi tous les mouvements soit à pied, soit sur ce caisson d'artillerie dont les cahots n'étaient pas faits pour me reposer, je m'assis tout seul sur le champ de bataille, à côté d'un officier de cuirassiers frappé d'une balle à la tête.

Le nombre des blessés avait été assez grand pour qu'on ne pût les transporter sur des civières. Ce malheureux était resté sous la garde d'un jeune soldat qui, le voyant entièrement privé de connaissance, lui avait fait un oreiller avec des plantes odoriférantes qui poussent près des marais : pour l'instant il était occupé à considérer un cavalier étendu mort à quelques pas du blessé. Le premier pansement n'avait même pas été fait, et je vois encore cette belle tête pâle, ces yeux languissants, et la longue traînée de sang qui partait du front et tachait tout le visage. J'essayai de le rappeler à lui sans y parvenir, je lui donnai les premiers soins, tels qu'étancher le sang et bassiner la plaie avec de l'eau fraîche, et j'attendis le retour du soldat. Sur ce champ de bataille où se voyaient encore toutes les traces de la lutte, entendant les cris de triomphe qui se mêlaient aux plaintes des mourants, je me pris à penser aux familles réunies autour des tables de veillée, à tous ceux qui ne trouveront pas dans la joie de la victoire une compensation au vide immense que la guerre fait à leur foyer.

Je ne trouvai pas une larme pour ceux qui gisaient autour de moi inertes et glacés, pas un de ces mouvements de pitié pour ceux que la mort avait pris tout d'un coup, et j'enveloppai dans la même indifférence les ennemis et les alliés : mais quelle commisération pieuse je me sentais pour ceux qu'une goutte d'eau pouvait encore rappeler à la vie et qui tentaient vainement, mordant la terre et se débattant dans la souffrance, d'appeler l'attention de ceux qui traversaient le champ de bataille au galop de leurs chevaux !

L'officier blessé ouvrit les yeux et, se penchant vers moi, me demanda où il avait reçu la balle. Elle était entrée juste au milieu du front après avoir percé la visière du casque et était venue ressortir à la nuque.

Puisqu'il vivait encore, nul doute que le projectile avait dû courir entre le crâne et la peau. Cela me décida, je courus chercher une civière et un médecin, puis saisissant au collet les premiers cantiniers venus, gredins fieffés qui aimaient mieux dépouiller les morts et voler les cadavres que secourir les vivants, je me mis au brancard avec eux et nous portâmes l'officier jusqu'à la première ambulance.

On m'assura plus tard que cet officier n'avait pas succombé aux suites de sa blessure ; c'eût été pour moi une grande joie de retrouver guéri et bien portant celui que je croyais condamné à la triste mort des blessés expirant sur un champ de bataille faute de secours.

Soit sensiblerie enfantine, soit manque d'habitude de ces scènes douloureuses, soit enfin prostration complète par suite des fatigues et des émotions de la journée, je revins tout seul au camp, anéanti, brisé, perdu dans un monde de pensées; et par une bizarrerie de l'imagination, je peuplai cette immense prairie, d'où commençaient déjà à s'élever les murmures de la nuit, de scènes champêtres et de groupes paisibles.

Au bord des ruisseaux, je faisais asseoir des bergers arabes faisant paître leurs moutons sous la garde de leurs grands lévriers. Les pasteurs poussaient devant eux d'immenses troupeaux en chantant des refrains monotones, la nature tout entière célébrait par ses mille voix les bienfaits de la paix et le charme qu'on trouve à vivre loin du bruit des combats, exempt de haine, de soucis et d'ambition. Et là-bas le canon tonnait toujours, et ce n'était pas le soleil couchant qui rougissait seul le ciel ; des grands nuages pourpre, semblables à des mares de sang, s'amoncelaient à l'horizon, et comme des vapeurs qui sortent de la terre après une chaude journée, une épaisse fumée s'élevait du champ de bataille, où les plaintes des mourants se confondaient avec les bruits vagues qui s'éveillent dans la nature au moment où la nuit descend.

BATAILLE DE TÉTUAN. — PRISE DU CAMP DES MAURES.

Le lendemain au lever du soleil les tentes étaient abattues et les mules chargées ; le temps était brumeux, et de grands nuages, lourds de pluie, semblaient nous annoncer une journée peu propice pour un coup de main aussi audacieux que celui qu'on allait tenter. Néanmoins tous les préparatifs de départ se faisaient avec activité, et déjà chacun n'attendait plus que le signal. Le maréchal, inquiet, s'était rendu sur la plage avec son chef d'état-major général ; il interrogeait tantôt le ciel, tantôt la mer : le temps se maintenait toujours aussi incertain, trois heures se passèrent dans cette attente. Profitant enfin d'un rayon de soleil, les troupes se mirent en marche pour aller occuper le lieu qui leur était assigné.

L'ordre de bataille était admirablement conçu ; il est nécessaire d'en faire une exacte description pour qu'on conçoive bien comment l'armée espagnole arriva au résultat de la journée, avec une défense aussi sérieuse que celle que les Maures lui opposèrent.

Tétuan était en face de nous, s'étendant un peu sur notre gauche; une demi-lieue en avant, occupant presque tout le fond de la plaine, s'élèvent les tentes marocaines défendues par une tranchée armée de canons : à notre gauche passe la rivière Martyn, qui décrit de grandes courbes et revient plusieurs fois sur elle-même.

L'armée espagnole sort de ses tranchées et s'avance à travers la plaine, côtoyant la rivière et passant les marais qui s'élèvent entre celle-ci et le fort de l'Étoile.

Le général Prim (deuxième corps d'armée) occupe la droite, en avant deux brigades échelonnées comme les ailes d'un A dont la barre transversale serait deux batteries d'artillerie de montagne et deux batteries d'artillerie à cheval. Le général Ros de Olano (troisième corps d'armée) occupe la gauche, ses bataillons sont disposés comme les premiers, ils entourent trois batteries d'artillerie à cheval.

Un peu en arrière, entre les deux corps d'armée, un régiment d'artillerie de position et à leur tête les compagnies du génie.

Enfin, en arrière-garde, formée en bataille; toute la cavalerie avec le général Galiano pour chef.

Le général don Diego de Los Rios devait occuper le fort de l'Étoile et s'y maintenir afin de ne laisser attaquer ni le camp ni la Douane. Aux tranchées de notre camp, où le corps de réserve avait laissé ses tentes debout, une partie des forces du général Ros était restée, prête à se porter au point menacé.

On avança dans l'ordre décrit, et tout lentement que s'exécuta cette marche, nous fîmes près d'une demi-lieue dans la plaine sans qu'il fût nécessaire d'échanger un seul coup de fusil. Le seul mouvement qui se produisit fut une manœuvre inquiétante de la cavalerie marocaine se répandant sur notre extrême droite et sur notre extrême gauche, au point de passer la rivière Martyn et de venir nous harceler de l'autre côté de la rive. Arrivés à portée de canon du camp marocain, les deux corps d'armée avaient déployé leurs tirailleurs, mais nous pûmes avancer sans obstacle, car il n'entrait pas dans le plan de l'ennemi de sortir de ses tranchées par le centre. Ce fut sur la gauche que les cavaliers, enhardis par l'obstacle qui les séparait de nous, vinrent harceler les forces du général Ros de Olano, qui fut obligé de tenir tête à l'ennemi en doublant les guérillas pendant que quelques chaloupes canonnières, entrées dans la rivière en avant de la Douane, essayaient de disperser l'ennemi à coups de canon. Une fois la lutte engagée, les batteries marocaines commencèrent à tonner, mais nous n'étions pas assez près pour agir avec certitude.

Malgré l'intensité du feu de l'ennemi, on avançait en bon ordre, et notre artillerie ne répondait pas encore; franchissant les obstacles de toute nature, on s'efforçait toujours d'avancer de front.

Les boulets ennemis, par un rare bonheur, tombaient constamment entre les bataillons échelonnés à une certaine distance les uns des autres, souvent aussi ils dépassaient les masses : car à ce moment, ayant quitté l'état-major général pour recourir toute la ligne de bataille avec MM. Alarcon, Boyer et les journalistes espagnols, nous ne savions comment nous soustraire à cette terrible grêle, quoique nous trouvant à plus de cinq cents mètres en arrière du corps d'armée et de l'artillerie.

De là nous jugions admirablement l'ensemble, et surtout nous nous rendions bien compte de ce mouvement des cavaliers qui venaient menacer le camp et sentaient la nécessité d'attirer l'attention de l'armée sur les deux points extrêmes de droite ou de gauche, tandis que le vrai but, la vraie proie, était au centre, à ces tranchées qui vomissaient du feu.

La tour de Jeheli, qui s'élève à droite du camp retranché, sur une hauteur, et qui elle-même sert de fortification à un autre campement, joignit son feu à celui des autres batteries. Les canons du Tétuan, ceux de la porte basse, nous lancèrent leurs projectiles, mais les cavaliers maures de l'extrême gauche durent les faire cesser, car leur feu les menaçait plus que nous.

Nous avancions cependant, et ce ne fut que lorsque le général en chef jugea que chaque coups de canon pourrait produire son effet, c'est-à-dire à dix-huit cents mètres du camp à peu près, qu'il fit faire halte. L'artillerie de position s'avança, et le feu s'ouvrit sur toute la ligne avec une vigueur inouïe. Ce combat d'artillerie fut beaucoup plus terrible pour l'ennemi que le sien ne l'était pour nous, car je suis sûr que deux heures de feu des batteries marocaines ne donnèrent pas pour résultat vingt hommes hors de combat.

Ce fait, qui paraît singulier, s'expliquera pourtant facilement : les Maures pointaient de telle façon que leurs projectiles décrivaient des courbes d'un très-grand rayon et souvent presque des paraboles, de sorte que lorsque le boulet arrivait à son but, ou il s'enfonçait lourdement dans le sol sans ces terribles ricochets qui causent tant de pertes, ou il ne faisait qu'une seule victime.

L'artillerie espagnole tira longtemps dans le but de démonter les pièces ennemies, et elle n'y réussissait que faiblement, car une seule pièce se tut : cependant il fallait parvenir à éteindre le feu des tranchées, afin de permettre un assaut qui eût été beaucoup trop meurtrier avec autant de canons en état de faire feu.

Quarante pièces furent rangées en bataille, et pendant une heure et demie ce fut un feu sans trève, l'ennemi répondait avec autant de vigueur : de temps en temps les pièces encore chaudes étaient rattelées et gagnaient du terrain. On renouvela cette manœuvre jusqu'à ce que les artilleurs fussent aussi près que possible de la tranchée, ce fut alors qu'à deux reprises différentes on vit s'élever des batteries ennemies un immense nuage de fumée qui nous révéla l'explosion du magasin de munitions.

Le troisième corps qui occupait la gauche devait investir le camp de manière à faire diversion à l'assaut du 2ᵉ corps d'armée : arrivé au point où la rivière Martyn fait un coude, il se logea avec son artillerie dans une position telle qu'il formait avec les forces du général Prim les deux côtés d'un triangle, dont l'un menaçait le front du camp ennemi pendant que l'autre venait l'envahir d'un autre côté.

Saboya, Léon, les Catalans, les chasseurs d'Alba de Tormès, la Princesse et Cordoue étaient en première ligne, l'artillerie resta en arrière apaisant son feu pour permettre aux troupes d'infanterie de se ranger pour l'assaut.

Du côté du général Ros de Olano, le régiment d'Albuera, Ciudad Rodrigo, Zamora et Asturies furent les premiers qui tentèrent d'entrer dans le camp. Abrités derrière leurs parapets, les Maures qui ne voyaient de salut possible que dans une résistance désespérée, choisissaient chacun leur victime et causaient de nombreuses pertes aux troupes rangées en bataille et forcées d'attendre l'ordre d'attaque sous ce feu meurtrier. Les cris *En avant, en avant, L'assaut, l'assaut*, retentissaient de toute part ; mais le maréchal ne voulait rien précipiter, il attendait le moment où l'attaque pourrait s'effectuer sur toute la ligne.

Enfin, on sonna l'attaque et toutes les musiques militaires jouèrent en même temps ; un cri général de *Vive la reine! vive l'Espagne!* s'éleva sur toute la ligne, et dans une mêlée furieuse on vit trente-deux bataillons suivis de toute la cavalerie se précipiter sur les tranchées ennemies, y entrer en escaladant les parapets et commencer une lutte corps à corps, achetant au prix du sang chaque pouce de terrain ennemi. L'armée mahométane tout entière était venue aux tranchées, et jamais on n'entendra un feu de tirailleurs aussi horrible que celui-là.

Les canons étaient tous démontés, hormis deux du centre, qui, au moment même où le régiment de Saboya envahissait le camp, vomirent à bout portant une pluie de mitraille sur les malheureux fantassins. Le mouvement avait été général depuis l'extrême gauche général Ros de Olano jusqu'à l'extrême droite général don Enrique O'Donnell. Le général Ros, déjà entré dans le camp, s'avançait de manière à envelopper l'ennemi et à faire l'armée prisonnière. Au centre les Catalans, Saboya, Léon avec Prim et Orozco à leur tête, combattaient de tente en tente. L'immense cavalerie marocaine, cette garde noire qui devait venger les précédentes défaites et qui s'était étendue vers l'extrême droite et l'extrême gauche, maintenue toujours par le général Rios au fort de l'Étoile, voyant le résultat de l'assaut donné, s'enfuit de colline en colline, inclinant toujours sur la gauche et se ralliant probablement dans quelque gorge de la Sierra Berméja.

Vingt-cinq minutes s'étaient écoulées, depuis le moment où les troupes s'étaient rangées devant la tranchée attendant le signal de l'attaque, et déjà l'armée espagnole était maîtresse du campement. Huit cents tentes étaient en notre pouvoir, tous les canons des tranchées, les munitions, des chevaux, des mulets, des chameaux et des fourrages. Ces vingt-cinq minutes de feu terrible à l'abri des parapets ennemis suffirent pour mettre plus de mille hommes hors de combat.

La tranchée était littéralement jonchée de cadavres, et les canons marbrés de sang : les artilleurs ennemis, courageux jusqu'au suicide, s'étaient fait tuer sur leurs pièces.

Mais un terrible moment d'arrêt avait eu lieu, et un

épisode épouvantable s'était passé au pied même de la tranchée, ce fut presque inappréciable comme retard ; mais jamais, j'en suis sûr, dans aucune guerre européenne, soldats ne se trouvèrent dans une aussi terrible situation. Au centre, quand les Catalans, Léon et Saboya s'élancèrent sur la tranchée au commandement d'attaque, enlevés dans un terrible entrain, enthousiasmés, exaspérés par la vue des tentes, par la grêle de balles qui pleuvait sur eux, ils se virent engagés au pied du camp dans un marais profond, la terre manquait encore sous leurs pas, et les Maures poussant des cris féroces redoublaient leur feu ; et les volontaires disparaissaient dans l'eau jusqu'à la ceinture, ceux qui tombaient blessés ne se relevaient plus.

Le général Prim, en ce suprême instant, s'avança avec son état-major et excita ses soldats à tenir ferme : la mort était bien plutôt dans l'inertie que dans une résistance surhumaine. Passant sur les morts, les blessés et les noyés, tous ceux qui survivaient s'élancèrent derrière leur général, qui ce jour-là, comme à Castilléjos et comme toujours, se conduisit en brave. La tranchée fut franchie, le général Prim, ouvrant cette périlleuse marche, fit passer son cheval par la meurtrière pratiquée pour l'une des batteries. Les Catalans et Léon et Saboya s'élancèrent avec un entrain irrésistible. Le général Ros, de son côté, faisait des prodiges de valeur, animant ses soldats de son exemple, investissant le camp ennemi simultanément avec le général Prim ; ses soldats se rencontrèrent aux tranchées avec ceux de Saboya, Léon et les volontaires. L'Albuera se couvrit de gloire, ce fut de ce côté une mêlée sanglante à l'arme blanche et au révolver, les officiers luttaient corps à corps, et vainement on tenta de faire des prisonniers, les Maures se précipitaient sur l'ennemi, présentant leurs poitrines aux baïonnettes espagnoles.

Le quartier général s'était disséminé, le maréchal suivait le 3ᵉ corps d'armée, et le général Garcia avec ses officiers et les gardes civils était entré sur un autre point.

Séparé je ne sais comment du quartier général, j'entrai dans les tranchées à la suite de Léon et Saboya ; mais, au passage du marais, mon cheval effrayé par la décharge meurtrière si fatale à ce régiment, ou par la vue des cadavres étendus à nos pieds, me renversa violemment. Je me relevai couvert de la tête aux pieds d'une vase épaisse blanche comme du lait ; mais malgré l'état de fièvre et d'horrible émotion où je me trouvais, je n'avais pas lâché les guides et remontais immédiatement. La sous-ventrière s'était rompue et la selle et les étriers restèrent dans la lagune : pressant vigoureusement l'animal, je me jetai tête baissée au milieu des soldats qui suivaient le mouvement général.

Arrivé dans le camp ennemi, la première personne que je reconnus dans cet enfer fut le général Prim, qui comptait des yeux son quartier général et voyait s'il ne lui manquait personne, il venait de jouer sa vie et portait encore sur le visage les traces de cette grande émotion et de la fureur avec laquelle il avait chargé l'ennemi, mettant à mort l'un de ceux qui le visait à bout portant. Son teint était vert et ses lèvres étaient serrées par une contraction nerveuse; sa plaque de Charles III était brisée, son sabre était tordu, et il essuyait à la robe de son cheval le sang qui dégoûtait encore de la lame; quant au pauvre animal, il portait en avant une large blessure, il était blessé au poitrail comme les braves.

Je rejoignis le maréchal, qui, dès qu'il m'aperçut au milieu d'un groupe, causant avec M. le comte d'Eu et plusieurs officiers étrangers, piqua vers moi et me dit avec enthousiasme : Vous avez vu les soldats espagnols à l'œuvre, qu'en dites-vous? Tout l'état-major était dans une exaltation indescriptible, j'entendis autour de moi des allusions à la bataille d'Isly. Le groupe des journalistes était entré avec le maréchal, et je retrouvai là tous ces messieurs, qu'O'Donnell n'attendait pas sitôt; il me parut agréablement surpris de voir que tous s'étaient associés au danger.

M. de Chevarrier, appuyé sur un long bâton qui lui avait servi à passer le marais, vint aussi se joindre à nous; il avait suivi à pied et devait être excédé de fatigue. M. le comte de Sève, un de nos compatriotes, récemment arrivé et qui voulait suivre la campagne comme amateur, avait chargé courageusement avec le général Garcia, qui le présenta sur le champ de bataille au général en chef.

Cependant, nous étions-là formés dans le camp ennemi au milieu des tentes marocaines, et le combat n'était pas terminé. Devant nous, la fusillade continuait, quelques Maures acharnés se faisaient tuer sur le seuil de leurs tentes, montrant jusqu'à la mort un courage fanatique.

9.

D'autres, abandonnant le camp, s'abritaient derrière les haies pour fusiller nos soldats à bout portant.

Le maréchal donnait des ordres pour prendre les dernières tentes situés sur les hauteurs de droite, au pied de la tour de Jeheli, quand une balle vint siffler à nos oreilles ; trois autres détonations se firent entendre ; il était évident qu'un Arabe caché dans quelque arbre ou abrité derrière un obstacle quelconque en voulait à la vie du maréchal. La troisième balle traversant tous les rangs de l'état-major vint atteindre un des derniers officiers qui le suivaient. C'était un courrier de cabinet qui était là comme attaché à la personne du général en chef, le projectile le frappant à la tête le tua du coup.

J'avais hâte d'aller en avant, de voir le camp des Maures et d'entrer dans les tentes; je laissai le quartier général, et arrivé dans un endroit où plusieurs chevaux arabes abandonnés étaient attachés à des pieux, je mis pied à terre : trois ou quatre selles incarnat, avec des étriers argentés, étaient là sur le sol, j'attachai sur le dos de mon cheval l'une des selles marocaines, puis je courus à la suite de la division du général don Enrique O'Donnell; mais, arrivé près d'une maison de campagne dont le patio s'ouvrait sur des jardins, j'aperçus les Catalans formant des groupes autour de leurs compagnons blessés. La maison était convertie en ambulance, et, sous les arcades, morts et blessés gisaient côte à côte.

Je m'arrêtai longuement, écoutant le récit de l'épisode du marais, interrogeant les officiers, les blessés qui pouvaient parler et saluant ceux qui ne pouvaient plus désormais entendre les félicitations que chacun adressait aux volontaires.

Partout sur mon passage, les tentes étaient déchirées par les éclats des bombes ; le camp avait été abandonné et surtout surpris, car à la porte de la tente des chefs, les pipes et les tasses de café étaient encore disposées sur les tables basses.

Il était évident, à l'aspect du camp, que jamais les Maures n'avaient conçu l'idée qu'on pût s'en emparer. La fuite avait dû se déterminer par le sauve-qui-peut de ceux qui étaient aux tranchées envahies, et dès lors rien n'avait pu l'arrêter. Ceux qui étaient entrés les premiers avaient vu des chefs au riche costume frapper les fuyards de leurs gumias et faire de vains efforts pour les ramener au feu. Une fois que cette panique s'était emparée de l'ennemi, il avait été impossible aux plus braves de lui rendre la foi et le courage.

Le reste de la journée se passa pour moi à courir aux différents corps d'armée, voir s'il n'était rien arrivé à ceux avec lesquels j'étais le plus particulièrement lié.

Nous devions camper sur l'emplacement même du camp ennemi, mais le soldat n'avait pas confiance dans la tranquilité des Maures et préféra dresser sa petite tente plutôt que de se servir de celles des ennemis.

La tente de Muley-Abbas, celle de Muley-Ahmed et deux ou trois autres furent toute la soirée assiégées comme un lieu de pèlerinage ; la première était très-vaste, entièrement circulaire jusqu'à hauteur d'homme, à partir de là formant un cône tronqué surmonté d'une boule et d'une pique. Dans l'intérieur, l'aire avait été soigneusement préparée, et de riches tapis la recouvraient : les meubles et menus objets étaient élégants, mais assez rares. Cette tente du prince fut soigneusement pliée et envoyée à la municipalité de Madrid, qui la fit dresser dans le Buen-Retiro, où toute la population vint la voir.

Avouons que c'était là réalisation d'un rêve : avoir poursuivi pendant trois mois un ennemi qui nous échappait toujours; traverser derrière lui montagnes et vallées ; ignorer ses habitudes, son costume, ses armements ; et un jour, après une lutte de quelques heures, loger dans son propre camp, sous sa propre tente, être maître de ses chevaux, de ses armes, et vivre dans un milieu où tout vous parlait de lui.

Il y eut dans ce triomphe un moment d'ivresse indescriptible, c'était à chaque pas une nouvelle surprise; un soldat rencontrait un objet dont la forme lui était inconnue, un autre trouvait une arme, un instrument de musique, un vêtement singulier. C'était un sublime désordre, on se parlait sans se connaître, on riait, on pleurait, on s'embrassait : les cris de *Vive l'Espagne! Vive la reine! Vive l'infanterie espagnole!* se faisaient entendre de tous côtés, il fallut que la nuit vînt mettre un terme à cet état de fièvre.

Les mules du quartier général avaient rejoint l'armée, et nous dressâmes nos tentes à deux pas des tranchées, sur un terrain couvert d'écorces d'orange et de paille de maïs, ayant soin de ne pas choisir pour y passer la nuit l'emplacement même sur lequel s'élevaient les tentes ennemies.

Cette nuit là, Alarcon et moi nous écrivîmes fort tard, et mes lettres au journal se ressentirent un peu de l'impression de fièvre sous laquelle elles étaient écrites.

Le camp se dressait à une demi-lieue de Tétuan, dans des jardins déjà tout en fleurs et sous le feu de la forteresse qui domine la ville. Les Maures, qui n'avaient pas encore calculé les résultats de la prise du campement, songeaient encore à se défendre dans leur ville ; et les canons de l'Alcasabah nous envoyaient leurs boulets qui venaient lourdement tomber entre les tentes.

Nous eûmes un moment de singulière stupeur, car nous nous voyions destinés à rester sous le feu de l'ennemi pendant toute la nuit, et nul doute que d'un moment à l'autre quelque projectile allait balayer l'une des maisons de toile et écraser ceux qui essayaient vainement d'y dormir. Tant que le combat avait duré, au milieu du mouvement, de la distraction forcée d'une action meurtrière où le danger le plus près est celui qu'on craint le plus, le bruit des canons de la ville avait passé inaperçu.

Mais, la nuit venue, quand nous réfléchissions froidement que nous étions étendus sur nos lits de camp à une demi-lieue d'une forteresse dont les pièces étaient pointées sur nous et que nos lumières servaient de cibles aux artilleurs marocains, nous ne pouvions nous empêcher d'interrompre nos conversations ; et les éclats de rire qui s'entendirent cette nuit-là sous les tentes ne furent pas tous sincères.

Pour dernière boutade, mon compagnon me fit observer que si nous parvenions à dormir et qu'un lâche projectile vînt nous surprendre au milieu du sommeil, ce serait beau de passer ainsi de vie à trépas après un triomphe comme celui de la journée. Je confesse que je ne fermai pas l'œil jusqu'au moment où, trois quarts d'heure s'étant passés sans entendre de détonation, nous en conclûmes que les Maures avaient réfléchi qu'ils payeraient cher cette tardive résistance. La journée avait été rude pour tous, nous touchions de la main la ville qui formait notre horizon depuis le passage du cap Négro, et nous allions connaître enfin la solution d'un grand problème.

Chacun se fit cette nuit-là une ville de fantaisie peuplée d'alhambras et d'alcazars. Sur les places publiques nous faisions se presser dans un pittoresque désordre toute une foule bariolée, des chameliers aux jambes nues, vêtus de blanches gandourah, des Bokaris à la chechiah pointue montés sur de fins coursiers arabes, des juives aux tresses de soie noire et aux corsages dorés, et des israélites à l'œil craintif, à la face hâve et aux vêtements sordides.

Auprès des fontaines, des groupes de Mauresques long voilées, la face couverte et ne laissant voir que deux grands yeux profonds, attendaient appuyées sur leurs urnes le moment de puiser de l'eau, pendant que de graves mahométans à la barbe d'argent, aux yeux atones, rêveurs comme des fumeurs d'opium et discrets comme des fils du Prophète, humaient lentement le cavvar assis sur des nattes à la porte des cafés.

Les rues étroites et d'une pente rapide étaient pleines de dormeurs adossés aux porte des maisons comme dans les tableaux de Fromentin ; les grands bazars d'où s'échappaient des parfums pénétrants, se remplissaient d'une foule d'oisifs, et les chameaux et les montures qui avaient amené les étrangers attendaient, sous la garde de quelques enfants vêtus du burnous et du fez, le moment où il faudrait charger les marchandises pour revenir aux villages.

Dans quelques heures nous allions voir si la réalité différait beaucoup de notre rêve.

LES PARLEMENTAIRES.

Dès le lever du soleil, malgré la fatigue que chacun avait dû ressentir, le camp tout entier était sur pied.

Chaque pierre, chaque arbre nous parlait de l'ennemi, c'était à chaque pas surprise nouvelle, et jamais site plus agréable n'aura servi de campement à une armée en campagne. C'était un immense verger divisé par des haies de roseaux ; d'épais bosquets d'orangers, de citronniers, de figuiers et d'amandiers y croissaient à l'aise, un peu à la grâce de Dieu. Quelques rares légumes y montraient leurs feuilles chétives ; mais malgré de nombreuses irrigations disposées avec l'art que les Arabes apportent à ces travaux, ces champs ne paraissaient devoir leur beauté qu'à l'excessive fertilité de la terre.

Le champ d'un musulman n'est pas celui d'un chrétien, et la doctrine du fatalisme s'y lit tout entière, comme on retrouve dans nos jardins celle de la raison pure.

Aussi quels délicieux fouillis! Les herbes folles, les plantes parasites s'étalent sans crainte, croissant et multipliant avec une confiance absolue dans la tolérance des Maures. Bulbul, dans son nid de feuillage, n'y craint pas pour sa couvée, et tout ce monde ailé qui butine sur chaque fleur, se grise dans le calice des roses en s'y engloutissant comme Clarence dans son tonneau de malvoisie; tous ces insectes aux corselets dorés, aux ailes de gaze, ces papillons diaprés et ces mouches d'azur vivent là sans crainte des enfants malicieux ou des collectionneurs de plantes et de coléoptères, qui trouvent qu'une fleur n'est belle à voir que séchée entre les pages d'un herbier avec un vilain nom latin, et qu'un papillon n'a son prix que le corps traversé d'une épingle et encadré sous une vitre au mur de leur cabinet d'étude.

Quelques heures après, les soldats foulaient aux pieds plus de fleurs d'oranger qu'il n'en eût fallu pour couronner les onze mille vierges, les exigences de la cuisine faisaient tomber sous leur sabre les vieux figuiers et les platanes séculaires, et les pauvres oiseaux, s'enfuyant à tire-d'aile, cherchaient, en poussant de petits cris plaintifs, de nouveaux toits de verdure pour abriter leurs amours.

Pendant cette promenade à travers le camp, le maréchal venait de prendre une grave décision, il avait résolu, avant de faire établir les pièces de siége, de faire une sommation à la ville afin de lui épargner les horreurs d'un bombardement. Un prisonnier accompagné d'un des interprètes de l'armée, don Pedro Dejean, devait se rendre au Tétuan et remettre à ceux qui y commandaient en ce moment un message ainsi conçu :

« Vous avez vu votre armée, commandée par les frères de l'empereur, mise en déroute ; son campement, son artillerie, ses munitions, ses tentes avec tout ce qu'elles contenaient sont au pouvoir de l'armée espagnole qui est à vos portes avec tous les moyens pour détruire votre ville en peu d'heures.

« Pourtant, un sentiment d'humanité m'amène à vous adresser ces paroles : Rendez la place, vous obtiendrez pour cela des conditions raisonnables, vos personnes, vos femmes, vos propriétés, vos lois et coutumes seront respectées.

« Vous devez connaître les horreurs d'une place bombardée et prise d'assaut, épargnez-les à Tétuan, ou que retombe sur vous la responsabilité de la voir couverte de ruines et de voir disparaître la population riche et laborieuse qui l'occupe.

« Je vous donne vingt-quatre heures pour prendre une résolution ; après cela, n'espérez d'autres conditions que celles qu'imposent la force et la victoire.

« Le capitaine général commandant en chef
l'armée espagnole,
« Léopold O'Donnell. »

Les deux parlementaires s'avancent à travers le camp, quelques gardes civils font ranger la foule sur leur passage ; arrivés aux limites du campement, ils abandonnent leur escorte et s'engagent dans un labyrinthe de feuillages, sautant des ruisseaux qui courent à l'aventure, passant à travers champs, tantôt cachés par un massif de verdure, tantôt apparaissant entre deux haies de roseaux au milieu d'un petit chemin qui conduit à un bois d'orangers. Le drapeau blanc paraît et disparaît, et l'armée tout entière accourue aux tranchées le suit des yeux avec anxiété.

Les parlementaires s'arrêtent enfin, mais ils ne sont pas encore arrivés aux portes de la ville : un groupe de cinq personnes dont l'une porte aussi le drapeau blanc s'avance au-devant d'eux, apportant probablement quelque message important. Les deux groupes se confondent, et après les saluts d'usage entre mahométans, reviennent ensemble au camp espagnol et ne s'arrêtent qu'au quartier général.

Le maréchal était monté à cheval accompagné d'un seul aide de camp, il parcourait toute la ligne des campements.

On envoya immédiatement à sa rencontre afin de lui annoncer la venue des parlementaires ; pendant ce temps-là, le gouverneur du quartier général faisait placer un cordon de sentinelles dans la rue formée par les tentes du quartier afin de contenir la foule qui s'y pressait.

Les Tétuanais rangés à la porte de la tente du général en chef attendaient son arrivée, nous eûmes le loisir de les examiner jusqu'à l'indiscrétion.

Celui qui paraissait le chef de cette ambassade était un vieillard à la face ravagée, il portait un costume rappelant plutôt celui des Algériens que celui en usage à Tétuan, il se nommait l'Hach-Men-Abet[1] et remplissait dans la ville les fonctions de consul d'Autriche. Les autres étaient des commerçants juifs et maures qui avaient pris sur eux de se réunir en conseil et de sauver la ville des horreurs d'un siége.

Une heure s'écoula sans qu'on pût rencontrer le maréchal au milieu des mille détours de ce campement : nous profitâmes de ce moment où les envoyés posaient à souhait pour faire un croquis du groupe, qui ne manquait pas de pittoresque, grâce à la présence d'un jeune riffein qui conduisait une mule bizarrement caraponnée.

Enfin, les musiques qui jouaient la marche royale annoncèrent l'arrivée du général en chef : mettant pied à terre, il salua les envoyés, entra le premier dans sa tente, où le suivirent les Maures accompagnés de leur interprète.

La bannière blanche était clouée à la porte de la tente, la foule y stationna pendant l'entrevue, qui fut courte, et les ambassadeurs, accompagnés d'une immense suite de soldats, repassèrent immédiatement nos tranchées.

Grâce au système de police que les chroniqueurs or-

---

1. Le mot Hach, qui précède souvent les noms musulmans, est une qualification qui s'ajoute aux noms de ceux qui ont fait le voyage de la Mecque.

ganisent partout où ils se trouvent, nous arrivâmes à savoir ce qu'on avait décidé ; mais le plus intéressant de tout ceci, ce que ne pouvaient raconter que ceux-là mêmes qui en avaient été témoins, c'est l'impression produite dans Tétuan par la prise du camp marocain et les scènes qui s'y étaient passées depuis ce moment.

Quelle série d'évènements avait amenée la reddition de la ville? Comment les Maures, fanatisés comme ils l'étaient, n'avaient-ils pas essayé de défendre Tétuan, rue par rue, maison par maison, s'ensevelissant sous les décombres plutôt que de se rendre?

C'est là tout un drame horrible devant lequel ceux que nous avons vus se dérouler dans cette guerre ne sont que des idylles.

Après l'entrée des Espagnols dans le camp des Maures, Muley-Abbas et Muley-Hahmed, accompagnés de ceux qui leur étaient restés fidèles, étaient entrés dans Tétuan, et frappés de terreur ne s'étaient arrêtés que sur la grande place de la ville. Là venait les rejoindre de toute la vitesse de ses chevaux toute cette garde noire qui lors de la prise du camp était le plus loin du combat : le reste de l'armée errait dans la montagne, les uns retournant dans leurs foyers, les autres terrifiés au point de traverser ventre à terre vallées et collines, répandant dans tous les villages où ils passaient la nouvelle de leur défaite et de la prise de leur campement.

Muley-Abbas, avouant à ses soldats qu'il lui était impossible de défendre Tétuan contre l'artillerie espagnole, ordonnait au nom de l'empereur à tous les habitants d'abandonner la ville, d'emmener leurs femmes, leurs enfants, et de ne laisser aux chrétiens qu'une cité morte et vide où l'Espagnol serait aussi isolé qu'au milieu du pays qu'il venait de traverser. Dans ce langage imagé des fils du Prophète, le khalife, à cheval au milieu de la grande place de Tétuan, entouré de ses généraux, avait dit un de ces mots qui sont une fête pour les poëtes et qui semblent empruntés à un héros du dieu Shakespeare : *Abandonnons Tétuan comme une île.*

Si Othello, au lieu de venir raconter ses triomphes à Desdémone, eût abandonné la ville qu'il ne pouvait plus défendre, c'est la parole qu'il aurait adressée à ses compagnons d'armes.

La résolution de l'émir était prise, désormais il fallait soustraire toutes les richesses. La maison du gouverneur, le palais, la maison du collecteur de l'impôt et toutes les habitations des plus riches fonctionnaires furent vidés à la hâte.

Les riches étoffes, les armes précieuses, les meubles de luxe, l'or, les pierreries, les coursiers de prix furent d'abord mis en sûreté ; les mules, les chameaux et les chevaux ne pouvaient suffire à transporter tout ce qu'il fallait enlever de Tétuan.

Muley-Abbas et sa suite dressèrent leurs tentes dans la plaine de Bu-Séja, de l'autre côté de Tétuan, et le malheureux prince passa cette dernière nuit à la porte de la ville qu'il n'avait pu défendre.

Aussi désespéré que Boabdil fuyant Grenade, il put voir de loin le drapeau espagnol remplacer sur l'Alcasabah la bannière verte du Prophète, et dut verser des larmes bien amères sur sa cité perdue. On ajoute que cette même nuit, dans une des gorges de la Sierra Berméja, il fit trancher la tête aux caïds qui avaient pris la fuite au lieu de mourir vaillamment aux tranchées, soutenant leurs troupes de leur exemple et empêchant peut-être, par leur résistance, ce désastre de la prise du camp. Je crois qu'il faut mettre sur le compte de la terreur cette dernière assertion des parlementaires. Muley-Abbas a prouvé dans toute cette guerre qu'il ne professait pas les mœurs cruelles de ses sujets ; et cette sanglante exécution des caïds dans une gorge de montagne, qui fait très-bien dans le récit du drame, me paraît une invention qui est dans le caractère des Maures, je ne le nie pas, mais s'accorde mal avec celui d'un khalife aussi digne et aussi éclairé que Muley-Abbas.

Tout ce qui restait de l'armée ennemie avait bivouaqué dans la montagne, sans abri, sans nourriture. Au milieu de la nuit, voyant briller dans leur ancien campement les feux des bivouacs et entendant les cris des sentinelles ennemies, les Maures comprirent que la ville n'était pas encore au pouvoir des Espagnols, et, se glissant au milieu des ténèbres jusque sous les murs de Tétuan, ils les escaladèrent, se répandirent dans le quartier des Juifs, et là commença un massacre dont on ne peut se faire une idée qu'en se rappelant ces féroces esquisses où Adrien Guignet et Decamps représentent une ville en flammes, dont les rues sont pleines d'égorgeurs et de brigands se vautrant dans le sang, pillant, violant, massacrant, arrachant les enfants du sein de leurs mères,

La Goëlette La Rosalie jetée à la côte (Castillejos).

souillant les autels et livrant aux flammes tout ce qui ne peut grossir leur butin.

C'est l'*Incendie d'un quartier juif* de Robert-Fleury, le *Massacre des janissaires* d'Horace Vernet, ou bien encore, plus juste que tout cela, cette grande et belle esquisse au fusain que Bida a appelé *Massacre des Mameluks*.

Au dire de ceux qui restèrent dans la ville cette nuit-là, le sac du Barrio des Juifs dut être une épouvantable tuerie; on voyait les Juives, surprises dans leur sommeil, errer sur les terrasses de leurs habitations, invoquant un secours impossible. Les Kabyles n'avaient plus rien à craindre, puisqu'ils n'avaient plus de chefs, ou que ceux qui n'avaient pas rejoint le khalife les avaient eux-mêmes excités au pillage. La rage de leur défaite, leur haine traditionnelle contre les Juifs, enfin cette soif de sang et de rapine qui anime ces tribus sauvages, les avaient amenées à saccager ce Ghetto. Les bazars maures ne furent pas épargnés, ni même les maisons de ceux qui n'avaient pas voulu suivre Muley-Abbas dans sa fuite et qui s'étaient décidés à attendre l'entrée des Espagnols dans la ville. Toutes ces violences, toutes ces horreurs décidèrent les habitants les plus notables du quartier maure et du quartier juif à venir demander conseil au maréchal O'Donnell. Le général en chef parlait à des hommes convaincus; il n'eut pas besoin de leur exposer bien longtemps le sort qui les attendait en cas de siége; les batteries se montaient déjà; ils avaient vu, en traversant le camp, les obusiers dressés dans la direction de la ville, et avaient pu s'assurer du nombre des agresseurs et de leurs dispositions.

Les parlementaires venaient spontanément demander protection contre leur propre armée ; ils revinrent donc à Tétuan porteurs de l'intimation dont le prisonnier s'était chargé le matin. Le lendemain, en cas de non-contestation, le maréchal devait ouvrir le feu contre la ville. L'arrivée de ces parlementaires n'avait pas une grande signification. En résumé, même en admettant que la ville se rendît, l'armée marocaine, Muley-Abbas, l'émir, le représentant de l'empereur du Maroc, ne demandaient pas la paix, et une fois maître de Tétuan, il fallait défendre la ville contre les attaques sans cesse renouvelées des tribus, des Kabyles et des soldats réguliers, et continuer encore la guerre jusqu'au jour où on frapperait les Maures au cœur même de l'empire. C'était Tanger qu'il fallait détruire en frappant l'ennemi dans sa puissance commerciale, et c'étaient Fez et Méquinez, le séjour de l'empereur, qu'il fallait envahir.

Dès ce moment, les dépêches particulières du général en chef au ministre d'État eurent pour but de fixer les conditions à imposer à l'empereur du Maroc. La cession de Tétuan n'était plus en question, la ville devait ouvrir ses portes de gré ou de force, et, puisque l'Espagne s'était engagée à ne pas faire de conquête, peu importait d'y entrer à la suite d'un bombardement ou de lui éviter les horreurs d'un siége. C'était plus la question d'humanité que toute autre considération qui avait amené le maréchal à intimer aux Maures la reddition de leur cité.

On commença dès lors à concevoir dans l'armée l'espérance de voir se terminer cette courte et glorieuse campagne ; mais le sentiment qui dominait à ce moment était une curiosité sans frein : nous touchions Tétuan et nous allions pénétrer le mystère de la vie des Maures, connaître leur vie publique et leur vie privée, leurs usages, leurs costumes. Nous allions parcourir en maîtres une des villes les plus importantes de l'empire. Si on eût accordé à toute l'armée un congé pour retourner de suite dans ses foyers sans attendre l'entrée dans Tétuan, je suis persuadé que chacun eût préféré servir encore et satisfaire l'immense désir que nous avions tous, de vivre quelque temps au milieu de la race fanatique qui avait été si âpre au combat.

C'était la récompense que chacun attendait des services rendus, et nous regardions tous la blanche ville comme une Capoue, dans les délices de laquelle nous comptions bien tous nous endormir le plus longtemps possible.

Quelques heures nous séparaient encore de ce moment où nous allions avoir le mot de l'énigme ; les parlementaires avaient dit au départ que si le lendemain, à dix heures, le drapeau ne flottait plus sur l'Alcasabah, ce serait le signal de la reddition de Tétuan.

ENTRÉE A TÉTUAN.

La nuit se passa sans alarmes, mais évidemment Tétuan était encore le théâtre de violences nouvelles, car les sentinelles signalèrent avoir entendu des coups de feu ; elles avaient vu des lueurs d'incendie éclairer certains quartiers de la ville, et au milieu de tout cela de vagues clameurs et des rumeurs sourdes arrivaient jusqu'à leurs oreilles.

Quand la diane sonna, notre premier regard fut pour l'Alcasabah : la bannière n'y flottait plus ; sur les remparts et sur les terrasses des maisons les plus proches se tenait une foule nombreuse qui observait nos mouvements. Nous nous attendions d'un instant à l'autre à voir revenir les parlementaires, et, quoique l'ordre n'en eût pas été donné, chacun faisait déjà ses préparatifs de départ.

Une heure s'écoula, et nous vîmes se diriger vers le camp, à travers les chemins tortueux et couverts, un cavalier porteur d'un drapeau blanc. Il remit un pli au maréchal, qui, après une conversation de quelques instants, sortit de sa tente, demanda son cheval et recommanda à son quartier général d'être prêt à l'accompagner.

La ville n'était pas entièrement libre d'ennemis ; les Kabyles étaient revenus à la faveur de la nuit, emportant avec eux le peu qu'ils avaient épargné, se livrant à de nouvelles violences et de nouveaux massacres ; ils continuaient à camper près de la porte de Fez, dans la plaine qui s'étend entre Tétuan et le pont de Bu-Séja.

Le général Prim avait son campement sur les hauteurs, du côté de la tour de Jeheli. Il reçut l'ordre d'entrer dans la ville par le côté de l'Alcasabah. Le général Rios, campé en avant de nous, sur notre gau-

ENTRÉE A TÉTUAN.

che, devait ouvrir la marche, suivre le chemin tracé et pénétrer dans la ville par la porte qui s'était ouverte pour les parlementaires. Le général Ros de Olano, avec son corps d'armée, devait suivre le quartier général d'O'Donnell.

Notre marche fut lente, et l'état-major, coupé par l'infanterie, qui avait peine à suivre dans ces sentiers étroits, dut faire des haltes nombreuses.

Le général Rios, arrivé à la porte de la ville, la trouva fermée et commença à manifester quelque inquiétude. Il fit avancer une pièce de canon pour jeter bas la porte et envoya quelques hommes qui y frappèrent à coups de crosse. Pendant ce temps, au travers d'une embrasure où se voyait la gueule d'un canon braqué juste au-dessus de la clef de voûte qui formait l'entrée, apparaissait un Maure qui gesticulait et adressait aux soldats quelques paroles qu'ils ne pouvaient comprendre.

Le gouverneur avait emporté la clef de la ville, mais tous les habitants attendaient avec anxiété l'arrivée de l'armée espagnole.

Les gonds de la porte furent brisés, et le bataillon de Saragosse entra le premier dans la ville de Tétuan.

Confondu dans l'escorte du général en chef, nous restions toujours à attendre que le général Prim eût effectué son mouvement, quand nous vîmes le drapeau espagnol flotter sur l'Alcasabah. Cette prise de possession de la ville marocaine par l'armée causa le plus grand enthousiasme, et les cris de *Vive l'Espagne! Vive la reine!* s'élevèrent de tous les rangs. Quelques instants après, les mosquées et les édifices publics se pavoisaient de la bannière victorieuse. Les deux corps d'armée occupaient la ville ; le maréchal s'avança tout seul et, après une absence de quelques instants, revint vers nous, en nous disant qu'il fallait nous attendre à un horrible spectacle : les rues étaient pleines de débris, les portes des maisons enfoncées, les cadavres gisaient encore dans les rues.

L'état-major mit pied à terre, et nous gravîmes tous un escalier qui conduisait dans la partie vieille de la ville appelée le Barrio des Maures.

Quand on voit se dérouler un long drame, il est toujours un acte, un épisode ou une situation qui vous émeut plus fortement que le reste et qui se fixe dans la pensée avec une persistance ineffaçable. Le spectacle auquel nous assistâmes à notre entrée dans Tétuan est la scène qui nous causa la plus profonde et la plus douloureuse émotion, et, quoique nous n'ayons vu que les traces du sac de la ville et non le sac lui-même, toutes les impressions de la campagne disparurent devant celle-ci.

Habitué à considérer les choses par leur côté plastique et littéraire, demandant, avant tout, aux scènes que nous contemplons d'avoir du caractère, nous étions là dans notre élément vrai, et les groupes qui passaient devant nos yeux, les dialogues que nous entendions, les tableaux qui se composaient pour nous arrivaient à une grandeur tellement épique, que nous étions ivres de chefs-d'œuvre vivants.

Courbé sur l'arçon de la selle, avançant avec difficulté

au milieu de ces rues pavées de débris de toutes sortes, nous ne pouvons que serrer la main de notre ami Alarcon, qui pliait comme nous sous le poids d'une émotion trop profonde.

De temps en temps un vieillard à barbe blanche fuyait devant nous en nous menaçant ; quelques Maures, fiers jusque dans leur chute, nous laissaient passer sans même lever les yeux ; d'autres, courbés sur le sol, recueillaient les cadavres et faisaient disparaître les traces des violences des Kabyles.

A chaque moment c'étaient des convois de mulets chargés de meubles de toutes sorte, l'émigration continuait, et les Mauresques traînant leurs enfants par la main leur montraient les soldats pour leur apprendre à les maudire.

C'est sur la place principale de la ville que le spectacle était le plus navrant : la population juive, renfermée dans son barrio par une crainte instinctive et surtout par le respect auquel l'avaient accoutumée les habitants de la ville, tendait vers nous ses mains suppliantes : voyant qu'on ne la repoussait pas et qu'au contraire les visages s'adoucissaient à son aspect, elle s'enhardit peu à peu, sortit des limites dans lesquelles la confinaient les coutumes mauresques et se répandit dans la place, se mêlant à nos rangs, racontant les massacres de la nuit et toutes les horreurs du sac de la ville. La plupart des femmes à demi nues, avec cette exagération propre à la race juive, se jetaient au pied de nos chevaux, baisaient nos étriers, et tendant vers nous leurs bras suppliants, faisaient entendre les mêmes cris : « On nous a tout volé, on a tué notre père, assassiné notre aïeul. Vive l'Espagne! Bienvenue l'armée! » Des jeunes filles d'une pâleur maladive s'avançaient vers nous les seins nus et nous montraient les blessures qu'elles avaient reçues, les vieillards et les vieilles femmes, couverts de haillons sordides, nous disaient la mort de leurs enfants ; le pillage de leur foyer, l'incendie de leur maison : et la foule grossissait sans cesse, et nous nous efforcions de rassurer toute cette population désolée.

Quelle orgie de couleur! Quelle débauche de pittoresque! Tableau général ou épisode, tout était complet, toutes les terrasses étaient couvertes d'une foule bariolée dont les bras se tendaient vers nous et dont les cris nous acclamaient.

Quels modèles pour un colossal massacre des innocents! Ce n'était pas seulement les lignes monumentales d'une immense fresque groupée par celui qui créa Michel-Ange, Raphaël, Véronèse, Jules Romain, Homère, Dante, Shakespeare, Mozart, Gluck ou Beethoven : quand vous aurez fait revivre le côté plastique du tableau à la fois merveilleux et horrible que nous avions devant nous, quand vous aurez vu avec les yeux de l'imagination ces couleurs vives et harmonieuses, ces types rares, ces femmes épiques, ces costumes pittoresques, ces Juives du temps de la sortie d'Égypte et ces Arabes de l'Écriture ; quand vous serez parvenu à esquisser cette gigantesque toile, il vous faudra donner à chacun des comparses l'expression qui lui est propre, faire rugir le Maure vaincu, gémir la femme violée, hurler l'enfant meurtri, pleurer la juive orpheline, blasphémer le juif volé et faire monter jusqu'au ciel cette symphonie de rumeurs, de plaintes, de prières, de cris et d'imprécations : et quand vous aurez fait tout cela, il faudra demander à Dieu un des rayons de ce soleil implacable, calme comme la force, grand comme tout ce qui est divin, immuable comme la destinée, qui éclaire indistinctement les scènes de joie ou les scènes d'affreuse douleur, et qui jette à plein rayon la poésie sur les plus fraîches idylles ou sur les plus sanglants poëmes.

Le général en chef, qui devait prendre quelques rapides décisions pour garnir la ville, organiser sa défense et pourvoir aux besoins les plus impérieux de cette population, entra dans le palais du gouverneur, et nous restâmes sur la place avides du spectacle que nous avions sous les yeux. Dix mille hommes au moins étaient réunis, les musiques entonnaient la marche royale, les maisons de la place se pavoisaient de drapeaux aux couleurs nationales : et les Juifs, qui ont toujours sous la main une cocarde pour toutes les éventualités et un cri aux lèvres pour acclamer toutes les opinions et tous les pouvoirs, arborèrent les bannières espagnoles.

Pendant que l'état-major était dans le palais, les rangs se déformèrent et les soldats se mêlèrent à la population. C'est là que se révéla le soldat espagnol, la pitié seule avait place dans son cœur, en un instant les sacs furent vides et les bidons à sec : les juifs s'enfuyaient dans un coin dévorer le biscuit et la galette qu'on venait de leur donner, et le troupier, qui était relativement riche pendant cette campagne, donnait jusqu'à son argent. Ces femmes et ces jeunes filles en haillons, ces enfants en larmes excitaient sa pitié, je ne me souviens pas d'avoir entendu une parole de vengeance et de représailles contre les Maures qui erraient dans les rues de Tétuan, nous écrasant souvent de leur mépris et nous poursuivant de féroces regards.

Au centre d'un des côtés de la place où nous étions, s'élevait une petite mosquée dont le minaret avait sa façade sur la place même et auquel on accédait par un escalier extérieur. Dans cette construction, une des plus pittoresques de Tétuan, s'étaient réfugiées, comme des faibles au pied d'une croix, une nuée de pigeons qui, m'a-t-on dit, jouaient dans la ville le rôle des pigeons de la sérénissime république sur la place Saint-Marc. Nos troupiers, qui ne voyaient dans ces pauvres volatiles qu'un avenir riche de rôtis délicieux bien propres à leur faire oublier le riz éternel et le lard incendiaire, attachaient sur eux des yeux terriblement significatifs. En un instant juifs et juives grimpèrent au sommet du minaret, et se passant les oiseaux de main en main, les distribuèrent aux soldats qui se suspendaient à toutes les saillies de la mosquée. C'est un des tableaux de genre les plus charmants qui se puisse imaginer : l'architecture blanche de la mosquée, son minaret aux bandes de mosaïques vertes et rouges découpant sur le ciel bleu son élégante silhouette ; les pigeons prisonniers s'envolant à tire-d'aile des mains de leurs bourreaux. Échelonnés depuis le minaret jusqu'au balcon inférieur, tous ces juifs et juives aux haillons colorés et aux poses tourmentées tendant les bras vers nos soldats suspendus en grappe et se disputant les pauvres oiseaux. — Voilà la scène telle qu'il la faudrait peindre.

Dans cette expédition, une des plus pittoresques qu'on puisse rêver, combien de fois j'ai pensé à ceux qui me sont unis par une sincère amitié où par une sympathie née de la nature de leur talent; combien de fois j'ai regretté que ceux d'entre eux qui ont rapporté de l'Orient un rayon de soleil doré et que mes camarades de la littérature colorée ne fussent pas à côté de moi, les uns brossant de lumineuses esquisses, les autres traçant des notes destinées à devenir un jour un livre qui eût donné au public une idée plus exacte des singulières étapes que nous avons parcourues!

Nous étions ainsi disséminés, errant un peu à l'aventure, chacun selon ses sympathies, les uns à la poursuite des costumes, les autres écoutant de la bouche des juifs le récit du sac de la ville, d'autres enfin essayant de pénétrer dans les monuments publics, quand une effroyable détonation éclata à l'un des angles de la place : des cris de douleur se firent entendre, puis un immense nuage de fumée enveloppant toute la foule réunie à l'entrée du palais du gouverneur; les cris de : « La mine, la mine, la ville est minée, » retentirent de toute part. Ce fut alors un effroyable sauve-qui-peut, plus de dix mille personnes étaient réunies sur cette place, qui n'avait pour débouché que des rues étroites comme les vomitoires d'une salle de spectacle. Quoique l'infanterie seule eût fait son entrée dans la ville, il y avait là plusieurs états-majors avec les escortes de cavalerie, c'est-à-dire deux cents chevaux effrayés par la détonation, la flamme et la fumée, toute la population juive terrifiée, et enfin tous nos soldats qui, depuis le jour où on avait parlé de prendre Tétuan, s'attendaient à trouver les rues minées et chaque maison garnie de machines infernales destinées à nous ensevelir sous les décombres ; chacun crut donc à l'explosion d'un cordon de poudre, et la traînée lumineuse de la flamme nous fit tous persister dans cette idée.

L'instinct de conservation naturel poussa toute la multitude vers les rues étroites, les chevaux s'y engagèrent, les femmes, les enfants tombaient à chaque pas sans pouvoir se relever ; chacun pressait à outrance celui qui le précédait, et ce fut une mêlée horrible qui dura jusqu'au moment où quelques-uns eurent la présence d'esprit de revenir sur leurs pas pour s'assurer de l'étendue du sinistre. La fumée se dissipait et le flux qui se précipitait dans les rues adjacentes à la place était arrêté.

Ceux qui s'étaient trouvés sur le lieu même de l'explosion racontèrent qu'une étincelle tombée sur le sol avait communiqué le feu à des traces de poudre provenant de la distribution des munitions qui se faisait sur la place pendant la guerre. On eut quelques victimes à déplorer, ceux qui se trouvaient le plus près, et ceux-là mêmes qui avaient déterminé l'explosion en laissant tomber sur le sol le feu de leurs cigarres moururent, quelques heures après, des suites de leurs brûlures.

Le maréchal, à la nouvelle de cet accident, était sorti

sur la terrasse du palais, et conservant son sang-froid, envoyait dans tous les groupes des personnes chargées de rassurer la foule sur la nature de l'explosion. Dans cette bagarre, ceux qui étaient à cheval étaient exposés à fouler aux pieds ceux qui fuyaient avec eux, et, la panique ayant été générale, nous nous étions engagés dans le quartier juif avec quelques cavaliers ; la foule qui s'y pressait était telle, qu'à peine entrés nous avions déjà renversé quelques personnes. Arrivé à une rue transversale, je mis pied à terre comme je pus, et, jetant la bride sur le cou du cheval, m'engageai dans une maison pour voir du haut de la terrasse ce qui se passait. Quand je me fus assuré que tout cela n'aurait pas de suite, ne me fiant pas plus qu'il ne convenait à la loyauté des juifs de Tétuan, je me mis à la recherche de mon cheval, qui ne pouvait sortir de ce barrio qui n'a qu'une issue et qui devait m'être signalé par tous les habitants.

Après une heure de recherche et des détours sans fin dans des rues sordides, je trouvai ma monture aux mains d'un juif, mais la pauvre bête était aussi nue qu'Hassan. La selle avec les étriers plaqués d'argent, mon seul trophée de la campagne, le mors, la bride, la gourmette avaient été soustraits. Et voilà comme quoi je perdis ce souvenir que je comptais bien léguer aux enfants que le ciel m'accordera, je l'espère, lorsque j'aurai conduit à l'autel une jeune épouse, blanche et rose, sous son long voile de mariée.

Les événements et les épisodes se pressent tellement dans cette journée, que je laisse échapper dans le récit bien des scènes intéressantes. La dernière à laquelle nous assistâmes donnera une idée du fanatisme musulman. Après l'explosion que je viens de raconter, j'avais rejoint mon compagnon de tente, nous avions vu la prise de possession officielle, nous nous décidâmes à parcourir toute la ville, afin de juger de la physionomie des différents quartiers et de nous rendre compte de la part réelle que les Maures avaient prise à l'émigration. Arrivés dans une partie de la ville voisine des remparts, auprès d'un monument de forme polygonale et décoré de grands arcs en fer à cheval, nous entendîmes des cris, des détonations successives et tout le bruit d'une lutte. La rue où nous étions était déserte, et quelques cavaliers d'escorte attendant à la porte du monument nous annoncèrent la présence d'un officier général.

Le général Rios, à son entrée dans la ville, préoccupé comme tout le monde de l'idée des mines que les Maures avaient pu établir, s'était fait conduire par quelques juifs aux endroits où se trouvaient les munitions ; le bâtiment où nous venions d'entrer servait de poudrière, et le général avait donné ordre d'y pénétrer avec les précautions usitées ; la porte était fermée, on dut la jeter bas, et dès que les soldats chargés de ce soin passèrent le seuil, ils virent se dresser devant eux un nègre bizarrement coiffé d'une couronne de coquillages blancs et vêtu d'un burnous qui lui tombait jusqu'aux pieds. Un pistolet de chaque main, il menaçait d'abattre le premier qui s'avancerait ; les soldats, d'un coup de baïonnette, firent dévier les armes dont les balles se perdirent ; mais le nègre, jetant ses pistolets, saisit une gumia qu'il portait à sa ceinture et soutint pendant quelque temps une lutte sérieuse contre une escorte d'une dizaine d'hommes.

Le général Rios tenait à ce qu'on ne lui fît aucun mal, il espérait qu'on obtiendrait de lui quelque révélation importante. En effet, la présence de ce nègre, armé comme il l'était, dans un semblable endroit, annonçait l'idée arrêtée de faire sauter un quartier de la ville. Si le prisonnier n'avait voulu que se cacher, il est certain que la retraite qu'il s'était choisie était terriblement compromettante pour lui. On commença immédiatement un interrogatoire qui n'amena aucune espèce de résultat, pas un aveu, pas même un mot pour se disculper et expliquer sa présence, en armes, dans la poudrière. Le général Rios, voyant qu'il n'en pouvait rien tirer, le remit aux mains d'un commandant qui eut ordre de le garder à vue : on enfonça la porte d'une de ces étroites boutiques de commerçant maure, et après avoir enchaîné le prisonnier, on le laissa là sous la garde de quelques hommes. Nous pûmes alors le considérer à notre aise, c'est un des types les plus singuliers que j'aie vus. Si je ne me trompe, ce devait être un nègre de la Guinée ; la tête s'attachait au col par une ligne entièrement droite comme dans quelques types égyptiens, et le crâne avait un tel développement qu'on se figurait toujours voir le bas du visage en raccourci. Outre cette bizarre couronne de coquillages blancs retombant jusqu'aux épaules, il portait aux oreilles des anneaux d'argent incrustés de pierres rouges et vertes, et sur la face, à partir du nez jusqu'aux oreilles, s'étendaient trois grandes cicatrices symétriques représentant assez bien les moustaches de convention que les Grecs peignaient en filets rouges sur les têtes de lions des chéneaux : ces cicatrices sont, dit-on, dans une certaine partie du Maroc, le signe de l'esclavage. Pourtant je me souviens d'avoir vu à Gibraltar un Maure remplissant les fonctions de chancelier d'un consulat, qui portait sur la face ce stigmate disposé exactement de la même façon.

Le prisonnier promenait sur nous ses yeux calmes et légèrement méprisants ; il est difficile de voir une attitude plus dédaigneuse en face de la mort, car il devait s'attendre à la dernière peine avec l'idée fausse que les ennemis se faisaient du caractère espagnol. Alarcon, continuant toujours son système d'expérience, essayait de voir jusqu'où pourrait aller l'insensibilité de cet être, qui devait puiser dans sa foi mahométane ou dans son amour du sol natal, le même courage et la même abnégation que les saints martyrs ont puisés dans le christianisme.

Après avoir recommencé l'interrogatoire sans que le nègre desserrât les dents, il lui fit dire par le Juif qui servait d'interprète, qu'il fallait s'attendre à mourir bientôt.

Ces dernières paroles ne l'émurent pas plus que le reste, seulement il y répondit par un singulier geste que nous interprétâmes tous de la même manière. Il serra le poing et frappa un coup vigoureux sur la muraille, comme s'il voulait dire : Frappez, je suis insensible.

Nous étions enthousiasmés, nous avions trouvé un homme, et nous n'aurions pas donné notre Mucius Scevola nègre pour tout le Barrio des Juifs, qui nous apparaissaient déjà comme des êtres d'un servilisme révoltant. Mon compagnon était positivement transporté d'admiration, et ne parlait rien moins que de solliciter la grâce du prisonnier. Il me demanda de faire un croquis de cette tête étrange, et quand j'ouvris mon album pour tracer l'esquisse, le nègre se prit à rouler des yeux féroces et à faire entendre un grognement sourd, qui ne m'eût rien présagé de bon, si je n'eusse eu la certitude que je pouvais abuser lâchement de sa position de prisonnier et de l'appui des baïonnettes victorieuses.

Nous rejoignîmes le quartier général à l'une des portes de la ville, que l'on baptisa du nom de porte de la Reine. Une petite forteresse, assez bien garnie de canons, défendait cet accès, les munitions étaient encore disposées pour la manœuvre, quelques canons n'avaient même pas été déchargés.

Chacune des pièces trouvées dans Tétuan a une importance historique qui la rendra précieuse pour les musées d'artillerie de l'Espagne. Je ne m'attendais guère à voir la France figurer parmi les nations qui avaient fourni des canons au Maroc. Le premier que nous examinâmes portait, à côté de la lumière, un écusson d'un haut relief, du style Louis XIV, avec cette inscription : *Le comte de Toulouse, grand amiral de France.* D'autres, très-élégants de formes et surchargés de sculptures fines et d'un beau caractère, portaient le chiffre du roi don Sébastien et provenaient de la célèbre déroute des Portugais. La prédiction du poëte

Herrera se trouvait réalisée, puisque les Espagnols, vainqueurs des Maures, entraient à Tétuan et envoyaient ces canons en hommage à la reine Isabelle. D'autres pièces, de toute nation et d'un travail plus ou moins artistique, garnissaient les batteries et devaient provenir de ces vols auxquels les pirates des côtes se livraient autrefois, ou tout bonnement du pillage des bâtiments échoués sur les plages du Maroc. Quant aux mortiers et canons de fabrique turque ou arabe, ils étaient généralement d'un beau style et assez remarquables comme travail de fonderie; quelques-unes portaient des inscriptions en relief dans ce style : *Je suis la terreur des chrétiens*, devise naïve qui explique les inscriptions que les Andalous gravent sur les lames de leurs *navajas* : *Pour ma piqûre, il n'y a pas de remède chez le pharmacien*; ou bien : *J'appartiens à mon maître, respecte-le.*

Nous sortîmes de Tétuan et rentrâmes au camp ayant terminé, par cette visite, cette journée que l'Espagne enregistrera parmi ses plus grandes. Le maréchal voulut jusqu'au dernier moment vivre sous la tente : chacun avait compté se remettre un peu de ses fatigues; mais comme il était plus que probable que la guerre n'était pas terminée, je crois que le général en chef ne voulut pas que les troupes s'habituassent à une vie douce qu'il leur faudrait quitter bientôt pour subir de nouvelles privations.

Le général don Diego de los Rios fut nommé gouverneur de Tétuan, et sa division campa dans la ville. Le général Ros de Olano, qui avait eu besoin d'une énergie peu commune pour suivre la campagne dans l'état de délabrement où il se trouvait, s'installa avec son quartier général dans l'une des maisons de la ville. Le général Prim, avec son corps d'armée, campa de l'autre côté de Tétuan, à un quart de lieue de la porte de Fez, et put ainsi surveiller toute la plaine de Bu-Séja et les cimes de la Sierra Bermeja. Quant au maréchal, il établit son quartier dans ces jardins qui avoisinent Tétuan, de manière à pouvoir juger des mouvements de notre escadre et à conserver des relations rapides avec la Douane et la plage.

TÉTUAN.

Dans un livre où l'histoire se mêle admirablement à l'épisode et aux impressions personnelles, dans les *Légendes d'Afrique*, le général Ros de Olano a donné l'origine de Tétuan et de son nom, il a décrit aussi d'une façon poétique la vie du Maure et la philosophie qu'il professe.

Le général Ros est un des hommes les plus autorisés à parler des Maures, de leurs coutumes et de leur pays. Il a commandé plusieurs années une des possessions espagnoles en Afrique, et avec l'esprit de conciliation qui l'anime, sa science profonde, l'aménité de son caractère et avant tout l'ardente sympathie qui l'entraînait vers ces hommes qui vivent à la face du ciel, suivant leurs instincts, revêtus sans le savoir d'un haut cachet de grandeur et de poésie, il est arrivé à pénétrer le génie des Maures, à le connaître à fond, et à trouver dans la nature même de ces hommes la raison philosophique, la cause efficiente de certains actes ou de certaines appréciations qui nous semblent étranges.

Chez les Maures, comme chez tous les peuples primitifs, l'histoire n'existe qu'à l'état de tradition ; les aïeux ont raconté à leurs enfants comment ils vinrent s'établir sur les bords de telle rivière, comment ils élevèrent les murs de telle ville en l'appelant de tel nom ; ceux-ci l'ont raconté à leurs enfants, qui eux-mêmes l'ont répété à leurs fils, ainsi de suite ; comme des rapsodes parcourant la longue route de la vie, ces historiens naïfs ont transmis à ceux qui existent aujourd'hui un livre d'or imaginaire qui contient les récits de leurs hauts faits, l'état civil de leurs illustrations et les événements mémorables de toute une nation.

La grande Isabelle, celle qui fit l'Espagne si puissante, avait pris Grenade aux Arabes venus de Damas ; le roi Boabdil avait poussé cet immense soupir, dont l'écho ne s'est pas encore affaibli en Espagne :

> Le roi sans royaume allait
> Froissant l'or d'un chapelet.
> . . . .

Les Maures, dispersés, vaincus, humiliés fuyaient de toute part, traqués comme des bêtes fauves, demandant un abri aux cavernes de Ronda et aux défilés des sierras : il leur fallut fuir plus loin encore, ils mirent la mer entre eux et leurs vainqueurs et arrivèrent au bord du Guad-el-Gelu, serrant convulsivement dans leurs mains les clefs de leurs maisons, et versant des larmes amères sur la perte de leur royaume. Ils demandèrent une patrie au sultan de Shaguën, Sidi-al-Berachet. « Que la terre de Dieu soit pour tous, leur répondit-il, étendez-vous dans la plaine là où les fleurs poussent avec le plus d'abondance et fondez-y une ville assise sur la rive de ce doux fleuve. » (Guad-el-Gelu.)

Ils construisirent d'abord l'Alcasabah ; mais, se voyant chaque jour attaqués et harcelés par les Riffeins, qui n'obéissent à aucune autorité et ne reconnaissent aucun chef, ils firent alliance avec les Arabes de la montagne, qui les gardaient pendant qu'ils construisaient. C'est alors que le sultan Sidi-al-Berachet leur donna pour pacha Sidi-el-Mandri, qui fit élever la Djema (grande mosquée), et les Maures fugitifs, qui se souvenaient de Grenade, levaient de temps en temps les yeux vers les côtes bleuâtres pour apercevoir les cimes d'argent de la Sierra Nevada. La tradition a conservé leur chant de tristesse, le *Super flumina Babylonis* de ces exilés :

  Je m'éloigne, adieu Grenade,
  Je m'éloigne, adieu Génil ;
  Maudite soit la faiblesse
  Du lâche Boabdil !
  Je m'en vais, rio Darro
  Qui arroses mon jardin,
  Et au moment de te quitter
  Mes larmes s'en vont vers toi.
  Maudite soit la faiblesse
  Du lâche Boabdil !
  Que la colère du prophète,
  Le suive jusqu'à sa fin !
  Et qu'Allah nous rende à notre patrie aimée

> Entourée d'eau et de fleurs !
> Que nous la revoyions,
> Et qu'il confonde à jamais
> Les profanes qui ont souillé
> Son Alhambra et son Zacatin,
> Sa place Vivarrambla,
> Son Darro et son Génil,
> Ses minarets et ses murs,
> Son sol autrefois heureux,
> La terre où reposent
> Les aïeux du Muslim !...
> Qu'Allah l'arrose de sang !
> Mais, avant de mourir,
> Que nous revoyons, hélas !
> Cette malheureuse Grenade
> Entourée d'eau et de fleurs.

Le chant espagnol porte en lui un cachet de tristesse qui est absent de la traduction française, mais le chant arabe, avec sa cadence lente et monotone, exprime mieux encore tous les regrets contenus et les tristes souvenirs qui devaient assaillir les fugitifs.

Les Maures nommèrent leur ville Tet-Taguën (ouvre l'œil), à cause du cri d'alerte qu'un gardien qui veillait constamment, jour et nuit, au haut du minaret de la grande mosquée, ne cessait de jeter aux quatre points cardinaux afin de prévenir les habitants des attaques de ceux du Riff qui ne voulaient pas voir s'élever une ville puissante et se concentrer des forces qui pourraient réprimer leurs rapines.

Les montagnards, les Riffeins et les Maures bannis d'Espagne, habitués tous à entendre le cri de veille, ne désignaient plus la ville en construction que sous le nom de Tet-Taguën qui lui resta définitivement.

Histoire ou légende, tradition réelle ou fable, le point inattaquable de l'opinion du général Ros, c'est l'origine même des Maures de Tétuan, c'est-à-dire leur transplantation dans le Maroc après leur fuite de Grenade.

Les habitants de Tétuan ont dans leurs coutumes plus de civilisation que tous ceux de l'empire, et, sans être corrompus comme les habitants de Tanger par la fréquentation des Européens qui les ont amenés à transgresser une à une toutes les lois du Coran, ils ont su concilier le respect de leurs traditions, de leurs coutumes et de leur religion avec la propension à l'étude et au commerce. Quelle que soit donc la ferme volonté des empereurs du Maroc de s'isoler de la politique du monde, quelle que soit la rigidité avec laquelle ils ferment aux Européens l'entrée de leur pays, ils ont chaque jour des rapports qui tendent encore à s'accroître avec les différents gouvernements, et, comme des hommes qui se sont isolés en vivant continuellement soit à Fez, soit à Méquinez, ne sauraient apporter dans leurs relations avec les Européens l'esprit de conciliation qui anime les habitants de Tétuan, cette ville fournit donc à l'empire ses plus hauts fonctionnaires, les conseillers publics ou privés. Le luxe des riches habitants de Tétuan, tout en conservant son caractère arabe, est peut-être empreint déjà de cet esprit de *confort* que donne la fréquentation des étrangers. Dans leurs relations, les Tétuanais font preuve d'une discrétion, d'une finesse et d'une somme de qualités qui ne se retrouvent jamais chez les habitants des grandes villes de l'intérieur de l'empire. On pourrait croire qu'à la faveur de cette civilisation relative, l'instinct de patriotisme féroce qui distingue les Maures s'est affaibli chez les habitants des côtes, mais il n'en est rien; et si les Tétuanais n'ont pas montré la bravoure sauvage des hordes d'Anghéra, l'audace cauteleuse des tribus du Riff, ce devaient être eux qui s'avançaient vers nous, le visage découvert, la tête haute, poussant leurs chevaux au galop et provoquant les avant-gardes espagnoles en nous appelant *Chiens d'infidèles !*

Si je considère Tétuan comme ville, et si je veux essayer de donner une idée de son importance et de sa physionomie à ceux qui me lisent, je leur rappellerai d'abord que ce que chacun appelle son idéal est terriblement relatif. L'idéal d'un nègre est une belle négresse bien noire, avec les lèvres retroussées et le nez copieusement épaté. En fait de rue, l'idéal d'un Parisien exclusif, c'est la rue de Rivoli ; comme place, c'est la place de la Concorde, et hier les habitants de Milan ont ouvert une souscription pour faire tomber ces pittoresques maisons qui s'élèvent sur la place d'*il Duomo*, et qui donnent à leur vertigineuse cathédrale ses proportions merveilleuses et sa grandeur écrasante.

Vous qui avez le culte de la ligne droite, ingénieurs haut cravatés, qui taillez dans nos rues des voies stratégiques et condamnez le Parisien à l'éternelle admiration de la plate-bande et des arcades ! architectes impies qui n'avez jamais sacrifié à la déesse Fantaisie et qui ne silhouettez pas plus les lignes de vos froides compositions que les battements de vos cœurs ne soulè-

Un Café maure à Tétuan.

vent vos froides poitrines! vertueux citoyens qui dressez dans les allées de vos parcs des jardiniers galants appuyés sur leurs bêches, faisant pendant à des jardinières en plâtre non moins galantes; vous qui taillez vos tilleuls et vos ormeaux avec la même conscience que votre barbe et vos cheveux! Philistins consciencieux, qui ne permettez à votre pouls que les pulsations légales, et qui, même en vos tendres années d'un béotisme précoce, n'avez jamais couru les pieds nus dans la rosée, les cheveux au vent et la chanson aux lèvres, vous arrêtant pour écouter crier les cigales dans les prés ou pour cueillir la scabieuse mauve dans les foins verts,

> Plus étourdi qu'un page amoureux d'une fée,
> Sur son chapeau brisé jouant du tambourin,

ce n'est pas dans la blanche Tet-Tagüen, chez la fille du pacha Sidi-el-Mandri, que vous trouverez ces imperturbables rues si belles, hélas! si régulières, que les employés peu badins qui les parcourent pour se rendre à leurs ministères finiront par s'y endormir d'un éternel sommeil, qu'ils n'interrompront même pas pour copier les expéditions que le gouvernement leur confie. L'axe, le dieu des modernes, y est foulé aux pieds; les lignes se heurtent, se brisent, se confondent dans le désordre le plus pittoresque. Les eaux jaillissent de toute part, et les fontaines, comme des Naïades peu sages, laissent ruisseler leurs eaux claires, qui vont former sous les pieds des passants mille petits ruisseaux.

Ce n'est ni la convention, ni le lieu commun, ni la civilisation avec son luxe fastidieux et monotone à la longue, ni l'étroite routine avec sa dangereuse incurie et son insouciance malsaine.

C'est tout un nouvel ordre d'idées qui se traduisent par tout un nouvel ordre de formes, aussi raisonnées, aussi rationnelles, aussi fatalement liées aux lois de la nature, du climat, du tempérament, des propensions et des goûts que l'art le plus classique et le plus incontestablement sage.

Le soleil est ardent sous ce ciel, les rues seront étroites et les maisons assez élevées pour que jamais, à quelque heure du jour que ce soit, ses rayons ne puissent y pénétrer. L'espace qu'occupe un chameau chargé, une mule ou un âne avec ses paniers, a déterminé la largeur de la rue, exactement comme la moyenne des nôtres peut se déterminer par un certain nombre de carrosses marchant de front.

La maxime de Royer-Collard : *La vie privée doit être murée*, est prise à coup sûr chez les Arabes. La maison n'a qu'une porte, elle ne peut donner accès qu'à une personne à la fois; ce peu de largeur est un symbole. Le maître seul y entre, et les murailles à l'extérieur sont aussi muettes qu'elles sont aveugles, car la lumière ne pénètre dans la maison que venant directement du ciel. Jamais le bruit de la ville n'arrivera jusqu'aux oreilles des femmes réunies dans le harem (exactement le gynécée des Grecs) : et ce n'est que le soir, par ces belles nuits d'Afrique, quand le muezzin a appelé à la dernière oraison (*el écha*), qu'elles pourront monter à la terrasse et aspirer les parfums des jardins d'orangers et de citronniers qui entourent la ville.

Comment désireraient-elles sortir des nids que leurs maîtres et seigneurs se plaisent à duveter pour elles? L'eau, les fleurs, les parfums, la musique, le luxe des étoffes, la joie des yeux, tout se trouve réuni dans cet étroit espace, où toute la vie s'écoule entre l'amour et les soins de la parure.

Chez l'Arabe, le rôle de la femme est restreint à servir aux plaisirs de l'homme, et jamais il ne considère dans celle qui lui a donné un fils autre chose qu'un instrument de naissance. Sensuel et contemplatif, il la fait servir à la satisfaction d'un épicuréisme délicat qui constitue le fond de sa vie intérieure. Ces soins dont il l'entoure tourneront au profit de ses sens, et les parfums et les essences précieuses rendront plus doux le sein sur lequel il s'endormira. Il suspendra partout d'élégants miroirs destinés à faire éclater au milieu de cette douce harmonie du demi-jour le moindre rayon de soleil égaré. L'eau contenue dans une vasque de marbre ne s'échappera qu'avec peine pour retomber en fine pluie et s'écouler avec un léger murmure. Les bruits sont étudiés, pas une note discordante, les serviteurs parlent bas, ils marchent pieds nus, et d'épais tapis, des draperies habilement disposées assourdissent et étouffent toute rumeur qui pourrait troubler cette profonde quiétude.

L'extérieur des maisons est invariablement le même, jamais aucune espèce d'ornementation, jamais un jour pris sur la rue qui puisse permettre à l'œil des indiscrets de lever un des coins du voile qui couvre la vie de chacun : tout au plus dans la sculpture de la porte, dans la ciselure du marteau, un détail gracieusement travaillé, dans les pentures une ferrure bien étudiée. La maison du riche ne se distingue de celle du pauvre que par son étendue, elle est aussi muette, et sans le bruit des fers de chevaux qui retentissent parfois sur les dalles, les rues resteraient éternellement silencieuses.

Dès que la maison prend un caractère public, officiel, soit qu'on y loue Allah, soit qu'on s'y réunisse en conseil, soit qu'on y révère le pouvoir dans l'une de ses manifestations, le luxe s'étale, et le musulman se départ de cet esprit inquiet qui le porte à cacher à tous les yeux son bien-être et son opulence.

Les monuments publics de Tétuan se résument à fort peu de chose : la grande mosquée, l'Alcasabah, la maison du gouverneur, la Douane, les bazars, la maison d'Asha.

La grande mosquée occupe un immense espace; l'entrée principale donne accès dans une cour entourée de portiques très-élevés, elle est pavée de ces belles mosaïques à forme compliquée que les Arabes emploient partout; les murs en sont aussi revêtus jusqu'à hauteur d'homme.

Au milieu du patio s'élève un bassin destiné aux ablutions, et dans l'un des angles du portique s'ouvre la porte de la Gubba (minaret) : c'est une haute tour carrée, décorée d'incrustations vertes formées de carreaux plus longs que larges, d'une espèce de poterie grossièrement émaillée qui doit admirablement résister aux intempéries, et rappelle un peu nos carreaux vernissés du moyen âge.

Le vaisseau de la mosquée forme l'un des côtés du portique, et son plan se compose d'une série d'arcades s'appuyant les unes sur les autres. Une grande quantité de lampes argentées pendent du plafond formé de bois richement sculptés et à assemblages apparents. Le sol est couvert de nattes de paille ; au fond s'élève une estrade très-ornementée, figurant assez bien notre chaire à prêcher, quelques tables mobiles accrochées aux murs sur lesquels se lisent des versets du Coran, forment tout l'ameublement. L'effet de cette architecture réside dans les perspectives indéfinies de ces arcs en fer à cheval : quel que soit le point d'où l'on se place, on a la vue de trois ou quatre travées, le plan étant un échiquier dont tous les noirs figureraient la projection des piliers des arcs.

Le lendemain de l'entrée dans Tétuan, on s'empressa d'avertir que les mosquées seraient laissées au culte, et le muezzin monta à la Gubba appeler les croyants à la prière du jour. Je me trouvais en ce moment dans la mosquée principale, occupé à dessiner et à prendre des notes : le muezzin s'avança vers moi et me frappa sur l'épaule, en me montrant le soleil et en murmurant quelques paroles dont, bien entendu, je ne compris pas le sens. Je n'avais pas connaissance de l'ordre donné par le maréchal dans un esprit de conciliation, et je continuai à travailler sans m'émouvoir en aucune façon ; prenant alors un bâton qui se trouvait dans un coin, le muezzin revint, mesura gravement combien de fois l'ombre que projetaient les arcades sur le sol de la cour contenait la longueur de ce manche; puis, s'avançant vers moi, il recommença ses gestes en élevant ses deux bras au-dessus de sa tête.

J'étais muni de tous les pouvoirs nécessaires pour rester dans la mosquée et je tenais beaucoup à finir mon croquis, je ne bronchai pas. Le Maure disparut par la porte de la Gubba; après quelques minutes j'entendis les sons les plus étranges qui partaient du haut du minaret. Ces bruits gutturaux, qui ne ressemblaient pas plus à la voix humaine que les cris des petits métiers de Paris ne ressemblent à du français, étaient les paroles sacro-saintes (la ilah illa Allah), *il n'y a pas d'autre Dieu que Dieu*, que mon musulman jetait aux quatre points cardinaux, en élevant les bras au ciel.

Un quart d'heure après la mosquée se remplissait de Maures qui se livraient devant nous à leurs ablutions, mais notre présence les gênait visiblement, nous étions accompagnés d'Alarcon et de l'interprète du maréchal. Nous nous réfugiâmes dans la tour du minaret : parvenus à peu près à la hauteur de la plate-forme, nous rencontrâmes une espèce de chambre destinée à contenir les instruments d'astronomie, une immense sphère bizarrement constellée, des astrolabes de toute forme et de toutes les époques, la plus récente était du dix-septième siècle. C'était un petit coin de la merveilleuse Chaldée qui s'ouvrait pour nous; nous restâmes là assez longtemps, essayant de déchiffrer l'indéchiffrable grimoire; mais il est probable que ces instruments n'étaient là que comme souvenir, car je ne sache pas que les Maures d'aujourd'hui puissent faire concurrence à MM. Chacornac et Leverrier et correspondre avec le bureau des longitudes.

Comme je confesse dans le sein du lecteur mes enthousiasmes, mes défaillances et mes fautes, je m'accuse d'avoir fait main basse comme part de butin sur un petit instrument de mathématiques, un astrolabe du seizième siècle, dont je soupçonnai la précieuse importance en lisant la date de sa confection. Pour ne pas être poursuivi par les remords, je déclare en avoir fait hommage au cabinet des cartes de la bibliothèque Impériale. Tout cela est fort égal au peuple tétuanais, qui ne sait pas plus lire là-haut que le premier académicien venu, et laisse filer les étoiles sans se demander si c'est un monde qui disparaît.

La vue que l'on a du haut de la Gubba est une des choses les plus grandioses que j'aie contemplées et peut rivaliser dans le souvenir des voyageurs avec les panoramas les plus célèbres. Au nord on a cette immense plaine de Tétuan éternellement verte, éternellement fleurie, et dont les marais perfides sont couverts d'une végétation luxuriante; elle est fermée à son premier horizon par le cap Négro, mais la vue s'étend plus loin encore, et Ceuta, la presqu'île, apparaît comme un rocher gris ; à l'est le Guad-el-Gelu, qui prend le chemin des écoliers, revient plusieurs fois sur lui-même et va mourir dans la mer; deux ou trois ponts blancs très-éclatants, la Douane, le fort Martyn, et tout le long de la rivière, bornant la vue de ce côté, les premiers étriers du petit Atlas; à l'ouest, cette immense Sierra Berméja, qui se prolonge jusqu'au golfe de Gibraltar et devient la Sierra Bullones; au sud, la plaine de Bu-Séja, qui s'étend à perte de vue, jusqu'au pont qui mène au Fondouck; çà et là, à droite et à gauche, quelques petits villages construits sur les collines comme des nids d'aigles, Amsa et Fédjar : c'est la route de Tanger.

A nos pieds Tétuan semble une immense maison dont les terrasses blanches sont étagées; çà et là quelques places et des jardins dont la verdure est sombre, leurs beaux fruits d'or se détachent vigoureusement sur le feuillage presque noir : de temps à autre quelques petites mosquées qui lèvent un peu la tête au-dessus des maisons et quelques rares palmiers qui s'élancent droits et sveltes; l'Alcasabah est la tête de la ville comme la Mosquée en est le cœur, et les portes s'élèvent un peu au-dessus de l'enceinte continue. Autour du mur crénelé, des tapis de verdure, des milliers d'arbres qui mêlent leurs couleurs et leurs parfums, et au milieu de tout cela les camps espagnols avec leurs tentes innombrables, les parcs d'artillerie, la cavalerie et tout le va-et-vient d'une armée en campagne.

Dans cet immense ensemble qui commence au Fondouck, pour aboutir d'un côté à l'Algérie française et au petit Atlas, de l'autre à Gibraltar et à Tarifa, l'homme ne tient pas plus de place qu'une fourmi diligente qui accomplit sa tâche dans une plaine immense, mais c'est une tâche de destruction et de carnage.

Je ne connais rien de plus sain au cœur que gravir les montagnes : ces villes immenses qui deviennent des villages de Nuremberg, avec des clochers de bois et des arbres frisés que l'on pourrait serrer dans une boîte et emporter sous son bras; ces bruits confus, ces mille rumeurs de tout un peuple, qui, montant jusqu'à vous, deviennent aussi doux qu'un soupir d'enfant; ces vastes forêts qui ne tiennent pas plus de place dans l'ensemble qu'une étoile dans le firmament; ces cathédrales où vous vous sentiez si humbles prosternés au pied des autels : toutes ces choses si grandes, devenant si petites à mesure que vous montez, vous ramènent à celui devant lequel tout s'humilie et tout tremble. Devant lui les cèdres les plus majestueux sont aussi frêles que l'hysope, les fleuves impétueux sont des ruisseaux, les plus hautes montagnes sont des collines, et la mer, la vaste mer aux éternelles plaintes, n'est qu'un fleuve auquel les hommes ne peuvent opposer de digues, mais qui se soulève ou s'apaise au seul geste de sa main.

L'Alcasabah est bien une forteresse, les lignes de son architecture sont fermes et sévères, la décoration en est sobre, et c'est la forme générale de l'édifice qui lui donne son importance. Comme aménagement intérieur, rien de plus naïf et de plus primitif : si les besoins de l'habitant sont restreints, ceux du soldat le sont plus encore. On n'a mis en usage pour la défense de la forteresse aucune de ces applications modernes, ni aucun de nos cruels raffinements. Des plates-formes, des soutes taillées dans le roc pour les munitions, des citernes, une petite forge pour la réparation des affûts et une grande cellule éclairée par des barbacanes et servant au repos des soldats composent tout l'édifice; et pourtant tout cela a une fière tournure que nous n'avons retrouvée dans aucune des constructions modernes du Maroc; il y a là une préoccupation artistique qui a disparu, c'est un cachet dont les œuvres de l'époque à laquelle remonte cette construction sont fatalement empreintes.

Les Arabes considérés comme artistes sont tellement *harmonistes*, que je ne serais nullement étonné qu'ils aient pris en considération, dans la composition générale de leur ville et dans le balancement des lignes de leurs fortifications, les profils des Sierras qui les dominent et les ondulations du terrain sur lequel elles sont assises.

Ce que je viens d'écrire paraîtra peut-être bien subtil appliqué à des hommes comme les Maures, mais l'artiste Arabe est doué d'instincts exquis et d'une merveilleuse sensibilité : ce sont, dans les intérieurs, les décorateurs les plus étonnants qu'on puisse rencontrer, et je n'ai rien vu en Italie, rien à Florence, rien à Venise, où triomphe la décoration, qui approche, comme entente de l'harmonie, des salles d'alcazars et de certains palais arabes. L'Alhambra d'aujourd'hui ne peut pas se prendre pour type à cause de l'état de délabrement où il se trouve; mais quand on est familier avec l'archéologie et l'architecture, et qu'après avoir examiné les vestiges de couleur d'or et de sculpture contenus dans une travée on restaure par l'imagination tout l'ensemble, on arrive à se créer un palais féerique, où ne manquent que les fils du Muslim, assis gravement sur les talons, attendant l'heure où le sultan Boabdil voudra bien les admettre en sa présence.

Le palais du gouverneur est d'un grand aspect, et on

sent bien que ce n'est pas un particulier opulent qui y a établi sa demeure, mais un homme qui appartient à tous, dont le temps est à chacun, et qui ne peut fermer sa porte et passer sa vie dans l'inaction.

De vastes galeries couvertes, formant une perspective d'arcades, abritent les cavaliers et les esclaves qui attendent tenant en bride les chevaux richement caparaçonnés ; la cour intérieure est immense, mais les citronniers et les orangers n'y poussent pas en liberté comme dans les patios des particuliers. Ce n'est qu'un chez soi temporaire, les femmes, le foyer ne sont pas là ; c'est un peu la demeure de tous, un caravansérail politique, un hôtel de ville, une maison commune. Aucune draperie ne cache l'entrée des habitations, ici chacun peut entrer à toute heure, et le Maure demande pour sa vie privée plus de sécurité, de silence et de discrétion.

Du reste, un grand luxe dans certaines parties et un grand air partout ; les boiseries des portes sont fouillées avec un art exquis et les voûtes des plafonds sont ornées de sentences du Coran entrelacées d'arabesques dorées, d'une variété de composition infinie. Ce palais du gouverneur a un air d'abandon qui ne provient pas seulement du manque absolu de meubles, de personnages et d'êtres vivants qui compléteraient la scène ; on a laissé les eaux s'infiltrer partout, et les boiseries, exposées sans cesse au soleil le plus ardent, éclatent de toute part. Les habitants de Tétuan disent que le gouverneur y établissait toujours sa demeure particulière et que le grand palais était réservé à l'empereur : or, celui-ci n'était pas venu visiter la ville depuis longues années ; on a donc laissé se détériorer le palais qui sert même un peu de douane et d'entrepôt.

La demeure particulière la plus luxueuse, celle qui donne la meilleure idée de la vie que mènent les riches marocains, est la maison d'*Hersini*. La famille qui porte ce nom est regardée comme l'une des plus puissantes du Maroc, elle commerce avec les Européens, et l'un des deux frères, qui habite Tétuan, a une maison de commerce à Gibraltar et y a longtemps représenté les intérêts du Maroc en y exerçant les fonctions de consul. Tous deux sont fort riches, mais à un degré différent, car l'un d'eux est appelé par les Arabes Hersini l'opulent ; l'autre, Hersini le vieux. Nous sommes dans la demeure du riche, elle n'est pas achevée, et la prise de Tétuan a arrêté la construction de ce palais, car on peut donner ce nom à la résidence que nous visitons. Son plan ne diffère en rien des autres habitations mauresques, les proportions seules varient. C'est un patio ou cour intérieure et des chambres peu profondes, s'ouvrant toutes sur ce portique, et ne recevant que par là une lumière parcimonieusement ménagée au moyen d'embrasures pratiquées au-dessus des portes et affectant des formes d'étoiles, de fleurs et d'ornements divers. Chez Hersini, le patio est très-grand, les orangers, les citronniers et les amandiers y croissent en pleine terre, entourés d'une petite chaussée en mosaïques et fécondés par une fraîche pluie qui s'échappe sans cesse du bassin. La maison est restée entièrement meublée, et ces accessoires qui ont disparu de quelques autres maisons, racontent mieux la vie des fugitifs et leurs habitudes que ne pourrait le faire un indiscret serviteur.

C'est une des poésies de la maison arabe que ce parfum pénétrant dont elle est imprégnée, parfum sensuel, âcre à force d'être énervant, qui semble faire partie de l'essence de l'air plutôt qu'y être mêlé à l'état d'accident : les bazars, les rues elles-mêmes conservent cette odeur malgré les émanations diverses, et le jour où nous entrâmes dans le camp des Maures, quand l'odeur de la poudre se fut un peu dissipée, ce même parfum persistant, se dégageant des tentes et des objets qui appartenaient aux ennemis, vint, pour la première fois, affecter notre odorat.

Alarcon prétendait que dans ce palais, énervé par ces senteurs qui se mêlaient à celles des orangers, au doux bruit de l'eau qui tombait dans les bassins, on ne pouvait désirer autre chose que s'asseoir sur les tapis du patio, à l'ombre du portique et garder un éternel silence! ce qui ne l'empêcha pas, ayant entendu la voix d'une femme derrière une portière, de violer la consigne et d'abuser de la confiance de l'esclave qui nous faisait visiter la maison, en pénétrant dans le gynécée d'où partait ce son de voix féminine.

Le poëte avait rêvé une houri aux yeux teints de henné, aux lèvres carminées, à la peau blanche et mate, couchée languissamment sur des divans de Fez et tenant d'une main paresseuse le houka de son chibouck ; il fut puni de son indiscrétion en trouvant une esclave noire comme la nuit, agenouillée sur le sol et berçant un petit enfant dont Hersini n'avait probablement pas voulu s'embarrasser dans sa fuite. Du reste, l'Éthiopienne n'avait pas été farouche et avait montré de son côté une curiosité aussi grande que celle de mon ami, car la tapisserie se souleva plusieurs fois, et nous avions tout lieu de croire que l'enfant n'était plus bercé.

Nous parcourûmes toute la maison, trouvant partout des traces du récent usage qu'on avait fait de toutes choses. Les étagères étaient remplies de porcelaines de tout pays, depuis celles de la Chine et du Japon jusqu'à celles de Londres et du faubourg Saint-Antoine. Les imitations anglaises abondaient partout, et les menus objets qui étaient à portée de la main et que nous pouvions examiner, avaient bien rarement le cachet et le caractère qui auraient dû les distinguer. Les habits, les étoffes, étaient enfermés dans d'immenses coffres surchargés d'arabesques qui rappelaient, comme forme générale et comme usage, nos bahuts du moyen âge.

Ce qui me frappa le plus, c'est l'immense quantité de petits matelas que renferme chaque chambre; on voit que la position horizontale joue un grand rôle dans la vie musulmane. Nous nous trompâmes longtemps sur l'usage qu'on faisait d'une espèce de soupente très-élevée à laquelle on arrive par une échelle et que nous prîmes pour des lits de femmes : nous nous aperçûmes plus tard que c'est là qu'on empile ces matelas quand on veut laisser libre le parquet des habitations.

Les bazars de Tétuan ne manquent pas de caractère, mais ils sont petits et ne sauraient être comparés à ces immenses entrepôts de Constantinople où quatre ou cinq hauteurs de boutiques s'étagent les unes au-dessus des autres; ensuite, un bazar sans marchands ni marchandises et où on ne pénètre qu'en escaladant des barricades formées des débris des portes, des volets et des boutiques, n'est nullement fait pour donner une idée de la prospérité qui a pu y régner. Le grand bazar n'avait pas été saccagé, mais dégarni. Les Kabyles entrés dans la ville avaient brisé tout ce qui restait, les meubles, les siéges et les auvents; le sol était jonché de tessons de poterie, d'éclats de bois et d'une infinité de verroteries et de débris de toute sorte, au milieu desquelles les Juifs trouvaient encore moyen de rencontrer certains menus objets avec lesquels ils faisaient du commerce.

Les premiers jours, nous nous attendions bien à la solitude qui se faisait autour de nous, nous savions toute la haine des Maures pour leurs ennemis et nous ne nous étonnions pas de trouver une ville abandonnée. C'était pourtant une singulière position qui ne devait ni ne pouvait durer longtemps, car la plupart de ceux qui avaient fui devaient vivre à l'aventure, sous la tente, dans quelque misérable gourbi aux environs de Tétuan : les plus riches avaient dû trouver l'hospitalité à Tanger ou chez les peuplades voisines, dans ces villages dont les maisons s'élèvent sur les collines qui bordent la plaine de Bu-Séja.

La ville était sinistre, les Juifs faisaient courir le bruit que la plupart des Maures étaient cachés dans leurs propres maisons, mais la faim devait les en faire sortir. De plus, dès qu'il rentrait une famille, on la voyait ressortir quelques heures après avec des mulets chargés de tous les effets transportables, abandonnant définitivement sa maison. C'était une haine à mort, les paroles de conciliation n'étaient nullement entendues, il vint un jour où les seuls habitants furent les Juifs et quelques Tétouanais soupçonneux qui semblaient rester dans leur ville uniquement pour donner à leurs compatriotes des nouvelles de l'occupation.

Proclamations, édits, recensement des maisons pour garantie de la propriété, respect de la religion et des coutumes, rien n'y fit. Le peu de Maures restés dans leurs foyers nous regardaient d'un œil féroce, et ce fut chaque jour quelque alerte. Quand on se relâchait des précautions à prendre, un meurtre ou une attaque venait rappeler qu'on habitait un pays ennemi et qu'il fallait veiller.

Pour nous, qui étions parfaitement désintéressés dans la question, qui étions venus là uniquement pour voir, pour apprendre et sentir, nous regardions nos amis les Espagnols exactement comme nous avions regardé nos compatriotes les Français lors des guerres d'Afrique, c'est-à-dire comme des envahisseurs qui venaient troubler la paix d'un peuple et comme d'injustes conquérants qui vengeaient sur toute une nation l'injure d'un seul homme; nous donnions raison au fanatisme musulman, nous pensions au *Dos de Mayo* des Espagnols, au 1815 des Français, aux Vêpres siciliennes, et nous ne comprenions même pas comment une race aussi fière pouvait se résoudre à cette domination étrangère. L'attitude des Maures restés à Tétuan nous paraissait fort naturôle, et plus ils nous montraient de mépris, plus ils grandissaient dans notre estime. Quelle superbe indifférence quand défilaient les cavaliers espagnols ! tout ce bruit de pas et de chevaux, ces fanfares, ces honneurs rendus aux généraux n'avaient pas le pouvoir de leur faire lever les yeux, l'ennemi n'existait pas pour eux. Le remarquer et lui rendre hommage, c'eût été constater l'état d'asservissement où la ville était plongée et reconnaître le vainqueur. Aussi lorsqu'un Espagnol venait au-devant d'un Maure, celui-ci l'évitait ; on sentait que c'était une souffrance pour lui de rencontrer cet être d'un pays différent, d'une autre religion. Cet antique ennemi, dont la haine sommeillait depuis si longtemps, sentait sa fureur s'accroître de toute la hauteur de l'oppression nouvelle et des récentes injures.

LES MAURES DEMANDENT LA PAIX.

Nous étions entrés dans Tétuan depuis le 6 février ; les dispositions prises pour la conservation de la place, pour les aménagements et pour l'installation du corps d'occupation avaient absorbé les chefs et les soldats, et le général, qui devait toujours prévoir les événements et trouver des solutions, ne s'était pas encore appesanti sur cette idée, qu'un jour ou l'autre il lui faudrait ou porter ses pas en avant après avoir occupé la ville militairement, ou signer un traité de paix avec l'ennemi. La prise de Tétuan avait été pour les Maures le coup le plus affreux qu'on pût leur porter : jusque-là les combats pouvaient être considérés comme plus ou moins compromis, les pertes étaient plus ou moins sensibles, mais ce n'était pas pour le peuple des grandes villes de l'empire un de ces résultats palpables comme la prise d'un camp et l'entrée dans une des cités les plus importantes du Maroc. Ce ne fut vraiment qu'après cette nouvelle de la prise du camp, colportée par des milliers de fuyards dans toutes les parties de l'empire, que la nation tout entière comprit qu'on la trompait, que chaque bataille livrée jusqu'à ce jour avait été une défaite, que chaque engagement lui avait fait perdre une position ou un passage. Comment, sans cela, l'ennemi se serait-il avancé jusque sous les murs de Tétuan?

Un matin donc, au moment où, après les soins du déjeuner, la toilette militaire et le cigare de rigueur, on se disposait à monter à la ville, afin de continuer les pérégrinations dans les rues et les études de mœurs, une ambassade se présenta aux avant-postes espagnols, traversa la ville et s'arrêta au quartier général.

Une immense rumeur précédait les envoyés, le luxe de leurs costumes, la beauté de leurs montures, enfin tout ce caractère dont sont revêtus les Arabes, faisaient que tous ceux que la discipline ne retenait pas dans leur camp voulaient les accompagner jusqu'au quartier général.

Un Riffein d'une belle stature marchait en avant de tous, tenant à la main le signe des parlementaires; puis venaient le gouverneur du Riff, Alcaïd-el-Yas-el-Mahchard, Yuis-el-Charqui, second gouverneur de Fez, Ahmet-el-Batin, gouverneur de Tanger, et enfin

Ben-Abu, général de cavalerie; une dizaine de serviteurs et de soldats les accompagnaient; quelques-uns, de troupe régulière, portaient le fez pointu entouré du turban et servaient d'escorte; les autres étaient de simples esclaves attachés à chacun des personnages de l'ambassade.

Le maréchal reçut immédiatement les envoyés, qui avaient commission de l'empereur de demander à quelles conditions les Espagnols abandonneraient le territoire et mettraient fin à l'occupation. Le général en chef, pris à l'improviste, leur annonça que sa mission se bornait à faire la guerre, mais qu'il ne doutait pas que le gouvernement de la reine n'accueillît favorablement leur demande, qui serait transmise le jour même par un général qui cinq jours après rapporterait les conditions exigées. L'attitude des envoyés fut digne; mais sous cette résignation mahométane, ce fatalisme musulman qui défend aux Maures de laisser un ennemi épier ses sensations, chacun put deviner l'abattement dans lequel ces quatre dignitaires étaient plongés. Quand le maréchal, faisant des allusions aux mauvais conseils de la diplomatie anglaise, leur reprocha leur aveugle confiance dans leur armée, ils baissèrent la tête en avouant qu'ils avaient cru ne rencontrer que des soldats mal aguerris, mal commandés, mal nourris et manquant de matériel. O'Donnell les reçut avec tous les honneurs possibles, et le général Prim voulut les accompagner jusque dans la plaine de Bu-Séja. Le gouverneur du Riff échangea même quelques présents avec lui.

Pendant qu'avait lieu cette entrevue, qui fut fort

courte, nous entourions les hommes de l'escorte, et ne pouvions nous lasser d'admirer les superbes armes qu'ils portaient ; eux-mêmes étaient revêtus de costumes pleins de caractère, et la physionomie de la plupart d'entre eux était aussi intéressante. Tous les Riffeins, la tête rasée, conservaient sur le côté gauche du crâne une mèche très-longue et très-soyeuse ; leur teint était plutôt olivâtre que bronzé, et plusieurs portaient des boucles d'oreilles d'or et de corail. Comme les envoyés, en entrant dans la tente, avaient dû se défaire de leurs armes; chacun des serviteurs portait un arsenal complet : les espingardes, recouvertes de fourreaux d'étoffe, étaient d'un luxe tout artistique, toutes les incrustations étaient d'argent massif avec des nielles d'un goût exquis; les gumias étaient ornées à leurs poignées de cabochons et de pierres précieuses, et, chose assez singulière, l'un des Riffeins avait à la ceinture une paire de pistolets montés sur argent dont l'ornementation était du style Louis XV le plus pur.

Depuis le départ jusqu'au retour des parlementaires cinq jours s'écoulèrent, pendant lesquels l'armée discuta et épuisa tous les commentaires et toutes les probabilités des conditions de la paix. Des partis politiques se formaient : les uns, exaltés par la presse espagnole, qui rêvait déjà la conquête du Maroc, voulaient aller en avant et planter la bannière rouge et jaune sur les murs de Fez et de Méquinez; d'autres pensaient que l'injure faite au pavillon était amplement vengée, qu'il ne restait à l'armée qu'à rassembler son matériel, s'embarquer et rentrer dans la patrie après avoir relevé le nom de l'Espagne et prouvé qu'on n'insultait pas en vain son drapeau.

Le général Ustariz, porteur de la dépêche du général en chef, devait revenir immédiatement, et le maréchal O'Donnell n'influençait en rien la décision du conseil des ministres.

Déjà, dans toute l'armée, et surtout chez le soldat, naissait l'espérance de revoir l'Espagne, et, selon sa logique naturelle, le troupier ne comprenait pas ce qu'il lui restait à faire en Afrique, puisqu'on ne devait point faire de conquêtes. La paix était donc regardée par tous comme très-probable; restaient quelques conditions sur lesquelles il fallait s'entendre, et qui ne pouvaient créer de difficultés, puisque Muley-Abbas voulait la paix à tout prix et que l'Espagne en était arrivée à ses fins : châtier l'insolence de ceux qui avaient violé les limites de son territoire.

Cinq jours après, à trois heures de l'après-midi, les mêmes personnages se présentèrent aux avant-postes sur la route de Tanger. Conduits à la tente du général Prim, celui-ci leur donna une escorte, avec laquelle ils traversèrent la ville et se rendirent à notre quartier général.

Le moment était plus solennel que jamais, les conditions étaient posées, mais elles restaient secrètes pour tout le monde. Nous sûmes plus tard comment les envoyés les accueillirent. A la lecture de ces exigences aussi peu généreuses qu'imprudentes, ils gardèrent un profond silence, n'ayant pas mission pour discuter, et se contentèrent d'exprimer le regret qu'une paix aussi nécessaire ne pût s'effectuer.

Le gouvernement espagnol, usant largement du droit du vainqueur, demandait pour prix de la guerre : la conservation de tout le territoire parcouru depuis Ceuta jusqu'à Tétuan, des limites plus étendues autour de Mélilla pour en assurer la défense, un traité de commerce, la tolérance pour ses missionnaires dans le Maroc, et enfin, pour dernière clause, la conservation pour la couronne d'Espagne de la place de Tétuan ; tout cela sans préjudice d'une indemnité de guerre. Ceux qui eurent connaissance de ces conditions ne purent un seul instant se faire illusion sur la possibilité de la paix. L'empereur du Maroc lui-même, poussé par la crainte de nouvelles conquêtes, aurait voulu mettre fin à cette guerre en acceptant de telles conditions, qu'une révolte aurait immédiatement éclaté et compromettait et le trône et la dynastie. Enfin, pour l'Espagne, cette conservation de Tétuan était irréalisable, car, outre le danger immense qu'il y aurait à isoler une armée dans la ville, pendant vingt ans et plus la nation espagnole devait enfouir dans sa nouvelle colonie des capitaux considérables, qui n'eussent que bien tard donné de faibles résultats. La nation tout entière se serait liguée pour se refuser à tout contact avec les ennemis : les Riffeins, les tribus errantes auraient continuellement tenu les Espagnols en éveil, les troupeaux auraient été enlevés, les ouvrages détruits, les constructions renversées.

Les envoyés de Muley-Abbas demandèrent au maréchal la permission de passer la nuit à Tétuan afin de ne pas se mettre en route au coucher du soleil. On mit à leur disposition cette magnifique maison d'Hersini dont j'ai donné la description, c'est là qu'ils s'installèrent, refusant toute espèce d'aide et se contentant pour toute nourriture du riz et des dattes qu'ils portaient avec eux. Le général Rios, gouverneur de Tétuan, qui avait profité des dernières heures du soleil pour leur montrer les travaux de défense faits dans la ville, l'installation du télégraphe électrique, le chemin de fer disposé depuis la plage jusqu'à Tétuan, voulut leur faire honneur en donnant pour eux une tertulia dans la maison qu'il s'était choisie. Le général avait eu l'amabilité de prévenir les journalistes et les artistes, nous donnant ainsi l'occasion d'assister à une des scènes les plus pittoresques de la campagne.

La maison du général Rios était celle du frère d'Hersini, elle était restée meublée, et son propriétaire n'avait même pas abandonné la ville; il avait laissé là, dans leur place habituelle, les meubles, les bijoux, les armes, et jusqu'à son argent, confiant dans la loyauté des Espagnols et habitué aux relations des Européens par son poste de consul d'Autriche.

Le général avait pour la circonstance déployé tout le luxe possible dans les conditions où nous nous trouvions. La salle, d'une très-belle tournure, était brillamment éclairée, et dans une espèce d'immense alcôve fermée par un arc de forme mauresque on avait disposé une table chargé de fruits, de gâteaux, de liqueurs et de vins de luxe; des divans et des piles de coussins étaient disposés tout autour des murs; la musique d'un régiment, placée dans le patio de l'habitation, devait exécuter des symphonies pendant la soirée. Les invités arrivèrent à huit heures précises, se défaisant à la porte de la salle de leurs babouches, et s'avancèrent jusqu'au général en baissant la tête et en portant la main gauche sur leur poitrine.

Désireux de se conformer en tout à nos habitudes, les pauvres chefs crurent flatter notre amour-propre en s'asseyant sur des chaises et des pliants que le général avait fait apporter dans sa maison. Alarcon et moi nous observions le malaise qui résultait pour eux de cette position commode pour des Européens, mais qui devient étrange pour des hommes habitués à laisser à leurs mouvements toute leur souplesse. Peu à peu, doucement, timidement et en épiant si on les remarquait, nous les vîmes les uns et les autres se laisser glisser des chaises pour s'accroupir sur les tapis. Le brazero tout allumé était au milieu de la salle, le général Rios, ses deux brigadiers, les quatre envoyés, Hersini et un Maure considérable de Tétuan formaient le cercle. Son fils, un charmant enfant d'une douzaine d'années, assistait aussi à cette réunion ; quant aux autres officiers de l'état-major et aux journalistes, ils s'étaient étendus sur les piles de coussins dans l'alcôve où était préparée la collation.

Chacun de ces hommes, envoyés pour négocier la paix, avait un type si distinct, une physionomie tellement particulière, qu'il tentait le crayon et que, malgré le bruit qui se faisait autour de nous, la difficulté que nous éprouvions à saisir leurs traits sans qu'ils pussent nous apercevoir, nous passâmes notre soirée presque entière à faire des croquis aussi rendus que possible.

L'un d'eux, second gouverneur de Fez, affecta, pendant toute la soirée, une tenue si singulière, il dissimula si mal la rage qu'il éprouvait de s'asseoir au milieu de ses ennemis, que tout le monde s'aperçut des efforts qu'il faisait pour ne pas se lever et nous vouer à l'exécration d'Allah, nous et nos descendants. Il ne voulut rien accepter de la main du général, et pendant que ses compagnons, en vrais civilisés, prenaient notre café et fumaient nos cigares, celui-ci, par un geste violent, refusait tout ce qui lui était offert, roulait des yeux féroces et semblait protester contre l'espèce d'intimité qui s'établissait sous ses yeux entre les mahométans et les chiens. Empreinte d'une telle expression, sa tête ne pouvait manquer d'un grand caractère, d'autant plus qu'elle était régulièrement belle et que toute sa personne respirait la noblesse et la dignité.

Je n'ai jamais vu enfourcher l'hippogriffe avec plus de dextérité que le fait mon ami Alarcon ; il adorait déjà ce bouillant patriote que son caractère de parlementaire ne mettait pas à l'abri de ses rancunes, de ses haines et de ses préjugés. Pour lui ce Maure féroce, au regard injecté de sang, aux lèvres contractées, à la physionomie sinistre, et sous la tente duquel, malgré les lois de l'hospitalité arabe, je n'eusse pas voulu passer la nuit, était la sublime personnification de la patrie violée, c'était le génie du sol natal révolté contre ses envahisseurs.

Les autres, pour être d'un aspect moins sombre, n'avaient pas cependant un cachet moins intéressant. Le second de Muley-Abbas me parut comprendre mieux que ses compagnons que la situation était difficile, qu'il fallait l'accepter en homme du monde et sauver l'honneur et la dignité des Marocains. Il se prêta admirablement à l'envie que nous avions tous de connaître les détails les plus intéressants de leur situation politique, militaire et même financière ; se défaisant donc de cet esprit soupçonneux qui rendait toute conversation impossible, il répondit avec bienveillance et presque avec entrain à toutes nos insinuations et entra de plain-pied dans le chemin où nous voulions tous le conduire ; néanmoins cette conversation qui devait passer par la bouche d'un interprète se traînait encore assez languissamment. Quoique ce personnage fût un homme de guerre, ses manières affables, délicates, et sa distinction personnelle portaient plutôt le cachet du diplomate que celui du soldat.

Le gouverneur du Riff, espèce de Méphistophélès mahométan, domina de suite la situation en dirigeant les réponses de ses compagnons. Il est difficile d'avoir une laideur plus éloquente que celle de ce chef ; figurez-vous une longue face maigre dont les plans se découpent avec une netteté incroyable, un teint à peine bronzé, un nez fortement aquilin, une barbe inculte affectant une forme bizarre : les poils poussent jusque sur les pommettes des joues et l'œil profondément enchâssé brille dans l'ombre portée par l'arcade sourcilière avec la vivacité d'un diamant. On chercherait vainement dans toute sa physionomie cette distinction naturelle aux hommes nés dans les hautes sphères de la société, cachet d'élégance qui se conserve dans toutes les races et qui fait qu'un Montmorency ou un Rohan, revêtus d'habits d'hommes du peuple, ne donnent pas le change sur la souche dont ils sont sortis. Toute la distinction du gouverneur du Riff s'était réfugiée dans le geste, dans l'attitude et dans une certaine solennité dont étaient empreintes ses moindres paroles. A voir la déférence avec laquelle ses compagnons le traitaient, nous comprîmes qu'il avait une haute influence dans les conseils politiques ou qu'il possédait la faveur des gouvernants.

Ben-Abu, son frère, est un soldat dans toute l'acception du mot, et son langage est empreint de la rudesse de sa vie; il a gagné au commandement une franchise qui touche à la brutalité. Ce n'est plus un soldat, c'est un soudard et un condottière, et si son respect pour les personnes de l'ambassade n'avait un peu tempéré sa bruyante éloquence, la maintenant dans les limites fort restreintes d'une conversation diplomatique, je suis sûr que nous fussions tous arrivés à entendre, dans un espèce d'argot castillan, une foule de détails très-intéressants sur l'armée des Maures, la manière d'être du soldat et sa tenue pendant le combat.

Quant à Hersini, quoique sa physionomie fût un peu dépourvue d'intérêt pour des gens à la recherche du caractère, grâce à sa fréquentation constante des Européens; il ne faisait nullement tache au milieu de cette assemblée. Sa vénérable barbe blanche lui donnait plutôt l'air d'un juif que d'un musulman, et je suis sûr que de tous les Maures présents à cette scène, c'est celui qui se trouvait le moins transporté hors de son milieu. Sans un certain respect humain, nous l'eussions vu transgresser les lois du Prophète, boire nos liqueurs et se conformer à tous nos usages, qui doivent lui être aussi familiers que ceux de son pays. Hersini a l'aplomb du million, tempéré par un certain respect courtisanesque qu'il a dû acquérir dans les chancelleries et une certaine mesquinerie difficiles à associer avec le contentement de soi-même qui distingue l'homme riche. Dans ce Rothschild marocain on devine le commerçant qui n'a jamais cessé, malgré son immense richesse, de discuter pour gagner une piastre, ou pour prêter à un taux usuraire.

Les conditions de la paix étaient regardées comme secrètes, et quoique le général Rios par sa position fût à même de les connaître, il ne pouvait pas les discuter franchement devant nous tous : la conversation roula donc seulement sur les avantages qu'il y aurait pour les Maures à cesser cette guerre ; on leur représenta les forces énormes dont disposaient les Espagnols, l'excellent état des troupes, l'abondance des vivres, le matériel immense dont disposait le génie et l'artillerie ; tous exprimèrent, à plusieurs reprises, l'impossibilité où se trouvait l'empereur du Maroc de distraire de son territoire une ville aussi importante que Tétuan.

Quand le général Rios énuméra les sacrifices que pouvait faire la nation, le nombre d'hommes qu'elle pouvait lever, les sommes énormes que les cortès mettraient à la disposition du gouvernement, et toutes les ressources dont l'Espagne pouvait user pour prolonger cette guerre aussi longtemps qu'il serait nécessaire et cela sans nuire en rien à sa prospérité intérieure, le général de cavalerie Ben-Abu lui répondit que du côté des Maures la guerre pouvait être éternelle sans que pour cela il en coûtât quoi que ce fût au pays lui-même. Cinq cents hommes renouvelés de temps en temps, attaquant avec discernement et divisant les forces ennemies, suffisaient pour empêcher toute la garnison de Tétuan de se reposer un seul instant; cette occupation deviendrait impossible un jour : puis, la politique anglaise était froissée, il faudrait arriver à des arrangements diplomatiques, peut-être à un congrès, et certainement jamais nations réunies dans le but de donner une solution à la question marocaine ne voudraient souscrire à ce démembrement de l'empire.

On comprendra facilement l'espèce de gêne qui retenait la conversation dans des limites très-restreintes. Le seul de tous les envoyés qui eût bien voulu entrer en communication franche et ouverte était dominé par le respect qu'il portait à ses supérieurs, et, ceux-ci se tenant dans une réserve prudente, il devait s'y maintenir aussi.

Néanmoins, comme tableau, la scène était excessivement intéressante : et ces uniformes espagnols mêlés aux haïks majestueux, l'architecture gracieuse qui servait de fond à cette scène, les poses nonchalantes des Maures, leur impassibilité, et comme contraste la pétulance et l'activité de cet atelier en vacances, ces artistes et ces littérateurs venus d'un autre monde pour étudier, pour voir, ces hommes avides de couleur et de caractère, qui avaient transplanté sur une terre inhospitalière leurs lazzi nationaux et leur gaieté sempiternelle et s'étaient improvisés soldats pour l'unique plaisir de voir dans de grandes plaines vertes s'entre-choquer les bataillons. Surprendre un mot, une expression, un type, et, les uns à l'aide du pinceau, les autres à l'aide de la plume renouveler pour leurs compatriotes cette même émotion qu'ils avaient éprouvée et donner à leurs yeux la même fête : telle était leur unique préoccupation.

Le seul résultat qu'obtint toute la diplomatie du général Rios fut de savoir que les pertes de l'ennemi avaient été énormes, et que dans leur armée un blessé était un homme mort, à cause de l'inhabileté de leurs médecins et du manque d'organisation du service sanitaire. Leurs finances aussi étaient dans un état désespéré. « On vous a trompés, dirent-ils, quand on vous a présenté Fez comme une magnifique cité contenant des richesses immenses et un trésor inépuisable. Chez vous, la prospérité d'un peuple est représentée par son crédit, et nous autres nous avons tout à attendre de nous-mêmes ; nos fortunes particulières aussi bien que celle de l'État sont toutes en numéraire, et vous savez quelle immense quantité d'argent monnayé il faudrait pour représenter un million. » Quant à la guerre elle-même, ils ne voulurent pas avouer que le soldat espagnol, pris individuellement, valait plus que le leur, et que cet esprit de discipline qui fait du troupier un instrument docile dans la main d'un chef, donnait aux armées européennes une incontestable supériorité. Les plus vraies de toutes leurs assertions furent celles relatives à l'artillerie : ils reconnaissaient qu'elle venait changer toute leur tactique et qu'il leur faudrait renoncer à lutter contre les Européens, ou bien se munir eux-mêmes de canons et enrôler quelques renégats pour servir les pièces et dresser des artilleurs.

Au milieu de tout cela, le gouverneur de Fez ne desserrait pas les dents et roulait toujours des yeux féroces. Le général avait épuisé toutes les démonstrations de politesse et toutes les preuves d'affabilité; rien n'y fit. On dut se séparer, et chacun des envoyés vint saluer son hôte avec cette splendide politesse qui fait que nous autres, pauvres Européens étriqués, avons l'air, à côté des fils de Mahomet, d'une gravure de mode en face d'un bas-relief du Parthénon.

Le farouche habitant de Fez nous fit ses adieux comme on lance une malédiction, et je crains d'avoir compris les horribles imprécations qu'il murmurait tout bas.

Mais la soirée n'était pas terminée, et pendant que nous nous apprêtions à partir et que nos assistants allumaient leurs lanternes, le général de cavalerie Aben-Abu vint frapper à la porte, apportant au général Rios une boîte de dattes qui avait été oubliée.

Cet Aben-Abu servait d'interprète aux envoyés, et la conversation devenait facile avec lui, il paraissait très-disposé à conter. Son frère, qui semblait avoir sur lui une si grande influence, n'était pas là pour le mater d'un regard. Nous n'eûmes qu'à le mettre sur la voie pour apprendre tout ce qui nous intéressait, les mille détails qui constituent la vie du cavalier maure, son caractère, l'organisation de l'armée. Avec une franchise et un abandon complets, et surtout dans un langage un peu *salé* et qui bravait l'honnêteté, Aben-Abu nous représenta toute la cavalerie maure comme composée d'un ramassis de brigands lâches et pillards, pleins de courage quand il y a espoir de butin, mais parfaitement incapables, malgré la spontanéité avec laquelle ils attaquent parfois, de se vouer à la défense de tel ou tel homme ou de telle ou telle idée. Les jours de paye on les voit accourir dans le camp; ils viennent de tous côtés, les tribus les plus lointaines y envoient leur contingent, et les jours de combat, malgré les émissaires envoyés pour prévenir les Kabyles, on a beaucoup de peine à réunir la moitié de l'effectif. Comme l'administration militaire n'existe en aucune façon, il n'y a pas de cadres, et l'état nominatif n'existe que pour le kaïd ou chef de cent hommes, qui connaît personnellement chacun de ses soldats. Par contre, on voit à tout moment accourir à l'odeur de la poudre une tribu tout entière qui prend parti contre l'ennemi commun. Il n'est pas rare que ce secours inespéré, que ces forces qui n'étaient pas attendues aient fait fléchir l'ennemi et qu'il soit obligé de battre en retraite. Celui qui, du côté des Arabes, a dirigé l'action, veut se rendre compte de ce qui s'est passé et féliciter la tribu qui a précipité le dénoûment; mais déjà, à la voix de son chef, elle a repris le chemin de ses montagnes.

Comme tactique générale, le chef qui a le commandement indique un mouvement et un but, mais chaque chef particulier, selon une stratégie immuable en usage depuis le Maroc jusqu'à l'Algérie, est maître d'agir comme il l'entend, revenant à la rescousse quand il en trouve l'occasion, battant en retraite quand il le croit nécessaire. La première loi de l'Arabe est celle-ci : diviser les forces, et conséquemment attirer l'attention de son ennemi sur plusieurs points à la fois.

Nous discutâmes longtemps sur la monture, sur les armes, sur le harnachement, et Aben-Abu nous donna tous ces détails avec une rare bienveillance.

Il nous parla avec la plus haute admiration de Muley-Abbas et nous fit de lui un portrait qui nous donna l'envie de le rencontrer. L'armée entière, au dire du général de cavalerie, avait pour le frère de l'empereur la plus grande sympathie, chacun comptait sur lui pour mener cette guerre à bonne fin, et malgré le peu de succès qu'il avait obtenu jusque-là, il n'avait encore rien perdu de sa popularité.

Nous apprîmes d'Aben-Abu qu'au passage du cap Négro, dans une des actions qui avaient eu lieu, l'armée espagnole avait failli faire prisonnier le frère de l'empereur, qui se trouvait à cent pas des forces ennemies, près d'être entouré ; son cheval avait été tué, et, séparé de son armée, il avait dû rentrer à pied à son campement.

Quand notre interlocuteur arriva à nous parler de Muley-Hamet, il eut un mot heureux qui fut le succès de la soirée : il voulait nous peindre un homme futile, vantard, un beau fils très-occupé de ses cheveux, de ses mains et des yeux des Mauresques, peu adonné aux travaux de l'esprit, manquant de décision dans les conseils et incapable de conduire à bien une entreprise sérieuse ; en un mot, dit-il, c'est un *Sevillano*, l'équivalent, selon lui, de notre Gascon français. Comme il y avait parmi les personnes présentes une dizaine d'Andalous, ce mot fut accueilli par des applaudissements et des éclats de rire.

Nous causions là comme de vrais amis, ne pensant nullement que dans quelques jours peut-être la plupart de nous se retrouveraient face à face avec Aben-Abu. Ce fut lui qui se chargea de nous le rappeler en nous disant que si jamais le sort des armes était contraire à l'un de nous, il le sauverait de la fureur de ses soldats et le traiterait comme les Européens traitent leurs prisonniers. Il est un détail sur lequel la conversation ne nous avait pas encore éclairés et qui se représentait naturellement à l'esprit au moment où le général marocain parlait de la manière de traiter les soldats qui tombaient dans leurs mains. Le général Rios lui représenta toute la lâcheté qu'il y avait à frapper un ennemi à terre et la cruauté infernale dont faisaient preuve ceux qui s'élançaient sur les prisonniers pour leur trancher la tête. Aben-Abu ne niait pas le fait, puisque vingt fois depuis le commencement de la guerre nous avions vu des cadavres espagnols décapités, mais il rejeta toutes ces horreurs sur la tribu d'Anghéra, qui est, nous dit-il, la plus féroce du Maroc ; jamais les soldats de troupe régulière n'arrivaient à ces excès. Pourtant il finit par nous avouer que tous ses soldats, en général, étaient très-brutes et très-fanatiques, et que malgré les ordres formels de leurs chefs ils se livraient à leurs cruels instincts et rapportaient les têtes coupées jusque dans les camps, où elles servaient parfois de cibles.

Le dernier détail qui suit doit être vrai, il est au moins

vraisemblable de la part d'un homme aussi civilisé que Muley-Abbas. Après les journées du bosquet d'Anghéra, apprenant que les premiers prisonniers qu'avaient faits les Espagnols étaient bien traités, il fit publier dans son camp que tous ceux qui amèneraient un prisonnier vivant toucheraient une certaine quantité de piastres, tous ceux qui trouvant un ennemi blessé le respecteraient, auraient telle ou telle récompense. Aben-Abu ajoutait que, malgré ces prescriptions, beaucoup de fanatiques préféraient se donner la cruelle satisfaction de trancher la tête de leurs ennemis.

Ce fut vers cette époque que, fatigués de la vie du camp, où il était matériellement impossible de travailler d'une manière un peu suivie, nous abandonnâmes la tente pour venir nous installer à Tétuan, dans une maison que le général Rios avait mise à la disposition de quelques officiers supérieurs. Alarcon et moi choisîmes un appartement très-reculé, et nous commençâmes là une vie de cénobites qui n'était interrompue que par quelque événement, comme une attaque, une conférence ou l'arrivée d'un haut personnage.

Alarcon avait noué des relations avec une espèce de renégat nommé Ramon, qui vivait depuis longtemps à Tétuan, s'était acquis la confiance des Maures, et allait et venait de Gibraltar à Tanger, de Tanger à Tétuan et dans les ports de l'empire sans être jamais inquiété par qui que ce fût. Quand éclata la guerre, quelques envieux, quelques ennemis particuliers du pauvre Ramon le présentèrent comme un traître et un espion, et voyant le moment où les Maures fanatisés allaient lui faire un mauvais parti, il abandonna la ville; mais il dut le faire si précipitamment, qu'il laissa sa maison toute meublée, et ne put emporter avec lui que ses espèces et quelques menus objets. Quand l'armée espagnole était venue camper sous les murs de Tétuan, Ramon était venu la rejoindre, afin de recueillir les épaves de sa fortune, vendre sa propriété et dire adieu pour la vie à un sol aussi inhospitalier.

Alarcon, cherchant à ce moment un homme bien au fait des coutumes mauresques, un interprète qui tînt le milieu entre le soldat et le commerçant, avait compris immédiatement que Ramon ferait son affaire mieux que personne et se l'était attaché, le faisant bénéficier de ses grandes relations. C'est ainsi qu'il était arrivé à faire concéder gratuitement à son protégé tout le rez-de-chaussée de la maison d'Ashah, où il avait établi un restaurant à l'usage des officiers. Du reste, Ramon, en entrant dans Tétuan, avait trouvé sa propre maison en cendres.

Ramon, son père, vieux matelot rusé, sa femme, Andalouse qui portait assez bien ses trente-cinq printemps, et enfin sa fille, étaient venus s'établir auprès de nous et se chargeaient de nous faire oublier les rigueurs de la vie du camp en nous entourant de tout le confortable possible.

J'ai dit sa fille, d'un air nonchalant, mais il faut que je confesse qu'après six mois de la vie que nous venions de mener, nous ne pûmes jamais regarder la belle Pépita sans être pris d'une espèce de vertige. Vous savez tous ce qu'est une belle Espagnole, mais ce que quelques-uns d'entre vous peuvent ignorer, c'est l'étrange caractère que prend la physionomie d'une jeune fille née dans ce milieu exceptionnel. Elle était venue au monde à Tétuan même, c'est vous dire qu'elle avait la verve de l'Andalouse jointe au charme de la Mauresque, le teint rose-thé des Africaines et les grands yeux de feu des filles de Cadix et du littoral espagnol, l'impassibilité mahométane et la vivacité des filles de la Péninsule. Avec tout cela, dix-huit ans, et une de ces innocences invraisemblables qui devraient être une anomalie dans le pays du feu. Pépita nous servait à table, elle vaquait aux soins de notre ménage, et comme une simple mortelle elle nous apportait la nationale omelette aux pommes de terre et nous versait de sa main de fée le mançanilla et le xérès. Combien de fois, assis en face de mon poëte qui la dévorait des yeux, avons nous été tentés de jeter la serviette et de tomber à ses pieds en lui chantant cette hymne à deux voix :

« Blanche fille de Tet-Taguen, fleur de pêcher que la brise a transportée des huertas de l'Andalousie aux jardins ombreux des Maures, houri chrétienne qui mêles aux grâces voluptueuses des filles du Prophète la chasteté des vierges d'Europe, les palmiers élancés qui s'élèvent auprès des sources où tu vas puiser cette eau limpide sont moins sveltes et moins gracieux que toi. Ta Sierra Berméja, dont la neige devient rose à l'heure où le soleil se couche, n'a pas de plus douces couleurs que celles dont s'empourprent tes joues quand tu m'écoutes. Si j'étais calife, je renverrais pour toi mes trois cents sultanes, et je ne tournerais plus la tête pour voir les odalisques demi-nues, les cheveux déroulés, trempant leurs pieds nonchalants dans les bassins diaphanes. Ferme tes yeux nacrés, fille aux cheveux d'ébène, ferme ta bouche qui semble un œillet en fleur ou une grenade entr'ouverte, et ne souris jamais ainsi, ou viens avec nous dans le pays des mantilles, tu serreras sur ta hanche un corset pailleté, tu planteras dans tes cheveux noirs un haut peigne d'écaille, découpé comme un plafond de l'Alhambra, tu danseras le soir aux cris des aficionados ivres de tes bonds lascifs, et le dimanche, dans un cirque où vingt mille spectateurs battront des mains et crieront *Olà*, tu verras les entrailles des chevaux traîner sur le sable de l'arène et les banderilleros rouler sur le sol au milieu des éclats de rire de la foule. Peut-être auras-tu quelquefois, fleur de pêcher, le bonheur de voir une vaillante spada lancée dans les airs par un taureau furieux et retomber sanglante aux applaudissements d'un peuple en délire. »

Tout cela et bien d'autres choses encore, nous l'eussions dit à la Pépita, car elle était faite pour servir à un sultan des sorbets parfumés sur un plateau d'or, pendant que trente almées vêtues de gaze, les chevilles emprisonnées dans des bracelets de filigrane, auraient fait résonner les rondelles de cuivre. Mais Pépita ne nous aurait pas compris, et entr'ouvrant une fois de plus sa bouche en fleur avec un sourire divin, elle serait allée rejoindre le valet de chambre de notre voisin, qui était son sultan à elle, et qui sans l'appeler fleur du pêcher avait su trouver le chemin de son cœur.

Ce fut pendant notre séjour à la maison d'Ashah que Alarcon mit à exécution une assez singulière idée, qui eut un succès prodigieux et qui eût été un coup de fortune pour des hommes un peu doués de l'esprit d'industrialisme si nécessaire dans toutes les entreprises. Mues par je ne sais quel enthousiasme, et se trompant un peu sur le but de la guerre et sur les véritables intentions de la nation ou plutôt du gouvernement, les autorités de Tétuan voulaient *espagnoliser* la ville : on avait baptisé les rues, les places, les monuments, les mosquées, on était allé plus loin, on avait voulu importer les usages nationaux et c'était chaque jour de nouvelles impossibilités, des contradictions flagrantes, résultant du climat, des coutumes, de la religion, du langage.

On avait donc bouleversé la ville, démoli les maisons, élargi les voies, créé de nouveaux établissements. Il est certain qu'au fond de tout cela il y avait une arrière-pensée de conserver Tétuan à l'Espagne; une population fixe commençait à s'y constituer : Alarcon conçut l'idée de créer un journal qu'il appela l'*Écho de Tétuan*. Cette manifestation de la pensée écrite dans le foyer de l'islamisme, cette prise de possession au nom de l'idée et des lumières, ne manquaient certes pas de quelque grandeur; c'était peut-être jeter le gouvernement dans un certain embarras, puisque c'était une affirmation de plus en faveur de la conservation de Tétuan; mais, comme Alarcon ne voyait là-dedans qu'un symbole et qu'une idée poétique, la grande figure allégorique de la guerre civilisatrice portant dans un pli de sa robe une presse de Guttemberg et une pile de Volta, et appuyée sur une croix, personne ne chercha dans cet essai une pensée officielle ni même un service officieux rendu au gouvernement. L'*Écho de Tétuan* tiré à quelques centaines d'exemplaires, envoyé à tous les journaux d'Espagne, lu par l'armée tout entière, acquit en peu de jours une célébrité immense, et dans notre pauvre bureau de rédaction, avec un administrateur qui était à la fois chroniqueur de la guerre, correspondant des journaux, soldat, rédacteur en chef, metteur en pages, prote et correcteur, il fut impossible de répondre aux abonnés d'Espagne qui se faisaient inscrire en masse. On aura une idée du ton de lyrisme du premier-Tétuan par la traduction qui suit :

« En prenant aujourd'hui la plume pour rédiger les premières lignes de cet humble journal, la plus douce émotion s'empare de notre âme et un ineffable sentiment d'orgueil et d'allégresse nous arrache des larmes d'enthousiasme et de joie.

« Au nom de Dieu et en celui de notre chère Espagne; dans notre belle langue castillane, sous la bannière triomphante de Jésus-Christ : que le premier journal de l'empire du Maroc sorte aujourd'hui à la lumière, et que l'immortel Guttemberg tressaille dans sa tombe en voyant la parole imprimée traverser ces horizons, pâle étoile aujourd'hui, puisque c'est ma pauvre intelligence qui lui donne la lumière, mais qui un jour arrivera à être un brillant foyer de vérité qui répandra des splendides rayons d'amour et de justice dans l'esprit ténébreux des Africains.

« Mais ce n'est pas nous, agents aveugles et instruments de fatalité du sublime esprit qui anime aujourd'hui notre mère patrie ; ce n'est pas nous qui devons nous enorgueillir de la nouvelle conquête que réalise la civilisation de l'Europe, en plantant sa chaire sur le territoire qui, hier encore, appartenait au Maroc : c'est l'Espagne dont le front doit ceindre un si noble laurier, l'Espagne, qui, en peu de temps, avançant de campement en campement, traînant toujours la victoire avec elle, a fait passer le détroit de Gibraltar aux grandes merveilles du dix-neuvième siècle, aux plus sublimes conquêtes du progrès, aux œuvres les plus prodigieuses de la liberté, le télégraphe électrique, la vapeur et le chemin de fer, et qui aujourd'hui dresse une presse sur les vieux manuscrits des bibliothèques de Tétuan. L'Espagne qui au milieu de lacs de sang, de nuages de poudre, de monceaux de cadavres amoncelés par la peste, de tourmentes et de naufrages, a donné au peuple marocain l'exemple de la charité et de la noblesse, de la générosité et de la largesse, de la tolérance pour tous les rites et toutes les religions, de respect pour la propriété et les usages de piété à l'égard du vaincu, d'amour pour celui qui souffre, d'admiration pour le courage malheureux, et qui, profitant des courts intervalles où se taisait la voix du canon, a fait entendre les paroles persuasives de la presse, et passant l'épée d'une main à l'autre, combat avec les armes de la raison sous la bannière de parlementaire qui couvre de ses plis les Islamites vaincus.

« Du reste, cette feuille peut mourir demain ou être suspendue, car le clairon de la guerre peut résonner et nous appeler à de nouvelles luttes ; peut-être aussi son second numéro se publiera-t-il loin de Tétuan, sous une tente de laine, dans le douar d'un pasteur maure ou dans quelque ville du Maroc, mais de toute façon, le fait reste consigné ; le but est tracé, la presse renaîtra de ses cendres sur ces plages, et poëtes, publicistes, savants et philosophes peuvent faire honneur à Tétuan dans un temps plus ou moins reculé. Que leur souvenir et leur estime soient l'unique récompense à laquelle nous aspirons en offrant au public cet humble témoignage de notre amour pour l'Espagne. »

Le journal tout entier n'était pas écrit dans un ordre d'idées aussi élevées, la gazetilla ou colonne des faits divers contenait des nouvelles telles que celle-ci :

« On vient de découvrir dans le barrio juif une femme qui trouve le moyen de blanchir les chemises ; quand le linge est arrivé, grâce à un procédé aussi simple qu'ingénieux, à un état de blancheur satisfaisant, au moyen d'un instrument de fer soumis quelque temps à l'action du feu, elle arrive à donner à la toile une roideur et un poli extraordinaires. Nous compléterons notre renseignement en annonçant qu'elle n'exige qu'un salaire bien modique et qu'elle se contente d'un réal pour chaque chemise. »

Ce fait divers asez badin avait son éloquence, car

depuis notre départ de Ceuta une chemise blanche était un événement et une chemise empesée un mythe. L'eau était beaucoup trop précieuse pour l'employer au lavage.

Comme notre ami l'avait prévu, le journal en resta à son premier numéro; le temps lui manquait pour le rédiger, ensuite les presses portatives de l'État étaient employées pour le service de l'état-major général; il est regrettable que toutes les souscriptions qui arrivaient en masse n'aient pas pu être recueillies, c'eût été une affaire sérieuse pour celui qui aurait entrepris la publication permanente de l'*Écho de Tétuan*. Des lettres arrivaient de toute part; l'un voulait être courtier sans rétribution, uniquement pour coopérer à l'œuvre; celui-ci offrait le papier; celui-là voulait envoyer une presse.

La maison d'Ashah se peuplait de jour en jour. L'auditeur général de l'armée était venu y habiter, et M. François Merry el Colon, officier du ministère d'État, qui venait à Tétuan pour rédiger le traité de paix, y avait établi aussi son domicile. Le jeune diplomate, qui connaissait à fond la question marocaine, nous fut cent fois de la plus grande utilité ; nous passions de longues heures enfermés ensemble, et bien souvent, après une conférence importante avec le maréchal, nous tentâmes de lui faire commettre une de ces bonnes grosses indiscrétions si précieuses pour un journal comme l'*Indépendance belge* ou la *Patrie*. Je dois dire que jamais nous ne parvînmes, dans ces conditions, à desserrer les dents de notre nouvel hôte.

La maison d'Ashah avait sa légende, et notre hôte Ramon était poursuivi par une idée fixe qui s'y rattachait et qui éveilla longtemps notre attention. Chaque jour, à l'heure où nous quittions le harem où nous habitions (car nous avions choisi le harem en gens avides de pittoresque), nous remarquions que notre hôte, quoiqu'il fît grand jour, s'accotait à chaque mur, s'asseyait sur chaque tabouret pour ébaucher un somme. Nous savions le Ramon très-actif, et nous avions lieu de nous étonner de cette singulière apathie ; aux quelques questions que nous avions adressées à la femme, à la fille ou au père, chacun avait toujours répondu avec une gêne visible. Alarcon, qui aimait à se rendre compte de tout et qui voyait là-dedans un mystère à pénétrer, épia l'hôtelier pendant toute une nuit ; et guidé par un bruit bizarre qui ne cessait pas depuis l'heure où chacun se reposait jusqu'au moment où la salle du restaurant commençait à s'emplir, il finit par découvrir que notre renégat sondait scrupuleusement toute la maison, depuis le rez-de-chaussée jusqu'à la terrasse, afin de s'assurer si quelque trésor n'était pas caché.

Juste à l'entrée de notre chambre, une magnifique mosaïque avait été détruite pour enfouir sous le sol une certaine quantité d'or qu'Ashah voulait soustraire aux investigations des émissaires de l'empereur. Quelle est la part de l'histoire, quelle est celle de la légende ? Ce qui paraît vraisemblable, c'est qu'Ashah, étant gouverneur de Tétuan pour l'empereur du Maroc, après être arrivé à une immense fortune qui peut-être avait une source peu honorable, fut mandé à Fez pour comparaître devant le souverain qui le retint en prison, parce qu'il nia avoir les richesses dont ses administrés de Tétuan l'avaient déclaré possesseur. Un Maure qui consent à se dépouiller de sa fortune est chose fort rare, aussi prétendait-on que l'ex-gouverneur, avant d'abandonner Tétuan, avait enterré tout ce qu'il possédait dans sa propre maison. Était-ce un mandataire d'Ashah qui s'était introduit dans l'habitation à la faveur du désordre qui avait suivi l'entrée à Tétuan, ou le secret avait-il été mal gardé? toujours est-il que, sans aucune espèce de nécessité, on avait pratiqué dans le couloir qui conduisait au harem une fouille qui n'avait pu avoir d'autre objet que de servir de cachette.

Ramon, qui en sa qualité d'habitant de la ville connaissait tous les bruits qui couraient, avait son idée fixe et en poursuivait la réalisation avec un acharnement et une persistance dignes d'un meilleur sort; et ce qui faisait notre joie, en dépit de la morale, c'est que pendant ce temps-là, il se jouait dans sa propre maison l'acte le plus intéressant de cette éternelle comédie à trois personnages qui s'appelle : *la Femme, le Mari et l'Amant.*

Il est inutile d'ajouter que la seule chose que Ramon ne rencontra pas dans ses recherches fut l'argent caché par le gouverneur : c'était peut-être bien aussi la mise en scène d'un apologue de la Fontaine, celle du chien lâchant sa proie pour l'ombre, car Ramon avait sa fortune dans les mains s'il eût su administrer sa maison au lieu d'y chercher des trésors. Nous lui fîmes souvent la morale à ce sujet, mais cela ne l'empêcha pas de tourner au fantastique, et chaque nuit au milieu des cris des sentinelles et des coups de feu qui partaient on ne sait d'où, nous entendions distinctement les coups de sonde contre les parois des murs ou les plafonds des appartements.

ENTREVUE DE O'DONNELL ET DE MULEY-ABBAS.

Muley-Abbas, frère de l'empereur du Maroc et général en chef des armées, avait reçu pleins pouvoirs pour conclure la paix; mais en présence de conditions aussi dures que celles faites par le gouvernement espagnol, il avait refusé de conclure un traité et avait jugé à propos d'envoyer des émissaires à son frère afin de ne pas accepter tout seul la responsabilité d'un acte aussi sérieux que la cession de Tétuan.

Le 20 février, Aben-Abu, le général de cavalerie qui nous avait tant intéressés le soir de la tertulia du général Rios, se présenta aux avant-postes du général Prim accompagné d'une escorte de quatre cavaliers de la garde noire. Il venait demander au général en chef de prolonger de huit jours le délai accordé, alléguant qu'il fallait le temps nécessaire pour aller et revenir de Fez.

Le maréchal était pressé de conclure, il craignait que toutes ces lenteurs fussent de la part des Maures un prétexte pour former une autre armée, renouveler le matériel et recommencer la guerre de plus belle : il refusa de faire durer davantage une situation aussi fausse et congédia le général en lui disant que ce serait faire acte de peu de prudence que de laisser à son ennemi le temps d'augmenter ses forces.

Nos anxiétés recommencèrent ; chacun eût préféré qu'il n'eût jamais été question d'armistice ; les troupes étaient un peu découragées, car rien n'énerve le soldat comme l'inaction : mais les préparatifs de départ se faisant avec un redoublement d'activité, personne ne douta plus que la marche ne dût commencer bientôt.

Le 23 au matin nous attendions avec impatience le courrier de France, ce pain bénit des voyageurs, quand nous vîmes un état-major très-nombreux traverser la grande place de Tétuan ; presque tous les généraux accompagnaient le maréchal, et le bruit se répandit bientôt que Muley-Abbas en personne attendait le général en chef à une lieue et demie de la ville, au pont de Bu-Séja, et qu'il sollicitait une entrevue. C'était un fait d'une immense importance, et cette démarche du Khalife dénotait un violent désir d'arriver à une prompte solution.

Quelle que fut l'activité que nous déployâmes, nous ne pûmes parvenir à rejoindre le maréchal et nous dûmes traverser tout seul la plaine de Bu-Séja. C'est encore une assez singulière impression que de se voir tout seul dans un pays ennemi ; il est vrai que nous n'étions pas très-éloigné du camp, mais le chemin était si accidenté, et présentait tant de difficultés, qu'il eût été bien simple de nous barrer le passage en plaçant quelques tirailleurs derrière les lentisques qui croissaient à chaque pas. Tout en nous livrant à une course échevelée, risquant cent fois de nous rompre le cou, nous réfléchissions aux difficultés qui attendait l'armée espagnole si elle devait un jour s'engager dans ces terribles chemins ; enfin nous avions rejoint l'état-major. Le maréchal avait pris en passant à travers le camp du général Prim un escadron de cuirassiers destiné à lui servir d'escorte, puis il s'était avancé accompagné seulement des généraux et laissant tous ceux qui l'accompagnaient à un kilomètre de la tente que Muley-Abbas avait fait dresser pour la conférence. Heureusement le maréchal avait donné l'ordre de nous laisser passer, et nous pûmes nous avancer jusqu'à quelque pas du prince.

Le paysage, les costumes, le soleil, c'est-à-dire des lignes de la lumière et de la couleur, tous les éléments nécessaires pour constituer un magnifique tableau étaient concentrés là sous nos yeux, dans ce coin où allait se résoudre la destinée de deux peuples.

La plaine de Bu-Séja est immense, c'est un gigantesque cirque tapissé de verdure, fermé de tous côtés par des collines et des montagnes ; vers notre droite un passage étroit conduisait à un pont qui donne son nom à la plaine, et qui, construit selon le procédé des Maures avec de grands arcs très-nobles, étincelait au soleil et attirait les yeux comme le point lumineux d'un tableau.

Muley-Abbas avait fait dresser la tente dans un lieu découvert, afin que les deux états-majors pussent s'avancer l'un vers l'autre sans crainte d'embuscade. Le cérémonial adopté dans cette importante entrevue a assez de caractère pour que je puisse le décrire un peu minutieusement ; mais avant je dois confesser que nous avions tous l'air bien mesquins, généraux, artistes ou soldats, à côté de ces superbes cavaliers aux grandes lignes, qui s'avançaient montés sur des coursiers magnifiques tenus par des esclaves, et nos pauvres uniformes étriqués donnaient mal la réplique aux larges haïks flottants et aux grandes silhouettes des cavaliers noirs.

Muley-Abbas avait amené avec lui mille cavaliers de Bokaris, mille hommes choisis parmi les plus beaux et les plus élégants, presque tous les grands dignitaires de son armée l'accompagnaient, et une vingtaine de caïds venaient immédiatement après le groupe que composaient l'émir, Mohammed-el-Jétib, le premier ministre de l'empereur, un conseiller privé nommé Erzebi, un lieutenant de Muley-Abbas qui avait été chargé de négocier la paix, et enfin d'Aben-Abu, le général de cavalerie, qui servait d'interprète. Quand nous arrivâmes au lieu de la conférence, l'escorte de Muley-Abbas avait fait halte et s'était groupée sur une petite colline à cinq cents mètres de la tente ; les bannières étaient déployées et portées par six cavaliers qui se tenaient en avant des troupes, le prince était à deux cents pas en avant entouré de son état-major.

Dès que le maréchal O'Donnell eut fait halte, six cavaliers maures partis de l'escorte s'avancèrent vers nous à fond de train. Le général Ustariz, secrétaire du maréchal, détacha à son tour six cavaliers espagnols parmi lesquels venait l'interprète ; on arrêta en peu de mots le cérémonial à adopter et chacun revint à sa place. Il avait été convenu que les deux généraux en chef viendraient au-devant l'un de l'autre, mettraient pied à terre en même temps et traiteraient d'égal à égal.

En effet, Muley-Abbas, seul à trente pas en avant de son escorte composée des caïds et des grands dignitaires, mit son cheval au galop, le maréchal en fit autant, mais sept personnes seulement l'accompagnèrent : les généraux de division commandant les corps d'armée et deux généraux de brigade, l'interprète, et notre ami Alarcon qui devait voir tout ceci de près comme historiographe.

Mettant pied à terre en même temps, les deux chefs se donnèrent la main. Muley-Abbas éleva celle du maréchal jusqu'à la hauteur de son turban, puis la reporta vivement sur son cœur, et, la laissant libre, baisa à plusieurs reprises la sienne propre. On se dirigea vers la tente où le maréchal entra le premier comme chez son hôte, puis vinrent Muley-Abbas, Mahommed-el-Jétib, Erzebi, Aben-Abu. Annibal Rinaldy, l'interprète du maréchal, entra le dernier.

Celui que nous appelions le lieutenant de Muley-Abbas, qui était peut-être tout simplement un secrétaire intime, se tint à la porte de la tente, ne perdant pas un mot de ce qui s'y disait.

Les caïds s'étaient assis sur les talons, à l'orientale, et formaient un rond à cinquante pas de la tente : un peu en arrière, les esclaves et les serviteurs tenaient les chevaux en main. Les montures de Muley-Abbas (car l'émir, quoique le trajet fût court, avait deux chevaux qu'il montait alternativement) étaient tenues par un Riffein d'un si grand caractère comme type et comme costume, que je jugeai à propos d'en faire un grand croquis, que la plupart des journaux illustrés de France, d'Angleterre et d'Allemagne reproduisirent. Si j'étais tant soit peu gentleman-rider ou membre du Jockey-Club, je m'étendrais sur les beautés de ces deux chevaux de l'émir; mais j'admire avec effusion la race chevaline sans bien apprécier les nuances qui constituent la perfection des formes : et tout ce que je puis dire, c'est que jamais je n'ai vu dans une écurie impériale, royale ou princière, deux aussi nobles bêtes : les naseaux, rosés comme ceux des bœufs blancs, aspiraient l'air bruyamment; et quand les deux esclaves chargés d'écarter les mouches avec leurs éventails de plume d'autruche caressaient légèrement leur robe, tout le corps frémissait et un hennissement cuivré se faisait entendre. En Orient, tout a sa légende, et depuis Constantinople jusqu'à Fez, le chef des croyants et tous les membres de la famille du sultan ne peuvent monter que des chevaux issus de la jument du Prophète : généalogie menteuse et apocryphe sans nul doute, mais à laquelle le peuple croit fermement.

Pour compléter cette mise en scène qui eût tenté le pinceau de Fromentin, ajoutez les généraux espagnols assis en avant de la tente, un peu à l'écart, et quatre ou cinq jeunes gens dessinant et prenant des notes. L'escadron de cuirassiers et l'état-major très-nombreux du maréchal O'Donnel étaient restés très en arrière. Quelques mules chargées d'instruments photographiques arrivèrent un instant après nous; mais les opérateurs perdirent un temps considérable à faire leurs préparatifs, et la conférence était terminée avant que la plaque fût prête.

Placés comme nous l'étions, nous ne perdions pas une parole de la conférence; le maréchal, assez bouillant et assez emporté, avait rencontré dans Mohammed-el-Jétib un contradicteur acharné; le prince se taisait, et c'était au ministre seul que le général en chef s'adressait. Je suis certain que la traduction de l'interprète était presque superflue, tellement était vive la pantomime du maréchal. A un certain moment, quand on eut posé en principe la conservation de Tétuan pour les Espagnols, Mohammed-el-Jétib répondit que les Maures, avant de céder la ville, se feraient tuer jusqu'au dernier. Le maréchal, voyant que la première condition, la plus sérieuse, était rejetée, voulut mettre fin immédiatement à une entrevue qui n'avait désormais plus de but, puisque lui, général en chef, ne faisait qu'exécuter les ordres du palais; il s'emporta contre El-Jétib, et lui dit que ce n'était pas à celui qui restait au milieu des villes, à l'abri du danger, de discuter les conditions de la paix, mais bien au prince qui avait vaillamment combattu et que nous avions vu exciter ses troupes à la résistance et ramener les fuyards aux tranchées; puis, résolu à mettre fin à tous ces débats, O'Donnell se leva violemment, tendit la main au prince en lui disant qu'il lui inspirait la plus haute sympathie et qu'il était heureux de l'avoir connu. Muley-Abbas voulait la paix; il sentit qu'il se briserait contre cette volonté de fer, et, saisissant O'Donnell par sa tunique, lui fit signe de s'asseoir, l'engageant à continuer la conférence.

El-Jétib était humilié, mais il invoquait toutes les ressources qui existaient en faveur de la cause marocaine, et, jetant le masque, il parla de notes diplomatiques par lesquelles on s'était engagé à ne pas conquérir, il parla de puissances de premier ordre intéressées à ce que Tétuan ne devînt pas espagnol, d'interventions armées. Les conseils de l'Angleterre, par l'organe de Drummund-Hay, le consul de Tanger, avaient dicté toute la politique du ministre marocain : Muley-Abbas lui imposa silence, et donna la dernière preuve de l'immense désir qu'il avait de tout concilier, en demandant un dernier délai qui permît d'arriver jusqu'à l'empereur, de lui expliquer clairement la situation et de lui ouvrir les yeux sur l'état réel de ses forces et des ressources des Espagnols.

Sans rapporter ici tout ce que nous entendîmes, et toujours plus préoccupé du côté pittoresque que du côté politique, nous nous bornerons à arriver à la conclusion de cette entrevue. Le maréchal refusa tout délai, se déclarant maître de commencer le lendemain la marche sur Tétuan ; mais néanmoins, s'il regardait comme un devoir pour lui de ne pas permettre à l'ennemi d'augmenter ses ressources, il se faisait aussi un scrupule de paraître agir en vainqueur peu généreux, et déclara à Muley-Abbas que dès que les hostilités auraient recommencé, en quelque lieu que l'on fût, à Tanger ou plus loin, aussitôt qu'une bannière de parlementaire s'élèverait au milieu de la mêlée, il ferait cesser le feu et entamerait de nouvelles négociations de paix.

Muley-Abbas était profondément ému, sa physionomie respirait la tristesse la plus profonde, El-Jétib me parut irrité et plein de ressentiment ; quant à Aben-

Abu, il assistait à la scène avec l'impassibilité de subalterne, auquel il est interdit de s'étonner.

Les deux chefs se séparèrent en se donnant les marques du plus grand respect; mais, avant de se quitter, on fit une présentation rapide des généraux espagnols. Le maréchal les nommait au prince, et chacun d'eux s'avançait vers Muley-Abbas, qui lui tendait la main.

Cinq minutes après, il ne restait plus un seul Espagnol sur le terrain où s'était passée l'entrevue, et nous nous mettions tous en marche vers Tétuan. L'escorte nous attendait avec anxiété, tout l'état-major brûlait de savoir le résultat de l'entrevue; tous ceux qui avaient assisté d'un peu près à la conférence étaient entourés, et leur discrétion était mise à une épreuve terrible.

Le soir même nous fîmes, à l'aide des notes et des croquis que nous avions pris, un dessin de cette solennelle conférence, afin de donner aux ministres une idée de la manière dont elle s'était passée, et nous passâmes une partie de la nuit à faire ce portrait de Muley-Abbas que publia le *Museo universal*, et qui a soulevé contre notre humble personne tant et de si terribles orages. Quelques envieux se sont imaginé d'appeler en témoignage ceux qui assistaient à l'entrevue, pour affirmer que, dans la position où était Muley-Abbas, il était impossible que je le visse, et que, par conséquent, j'avais fait une figure de fantaisie. Or, pour l'édification des abonnés des journaux illustrés, je leur confesse ici que jamais, dans une expédition aussi dangereuse que celle du Maroc, il n'est possible de faire un croquis d'une action d'après nature, et que tous ces épisodes, ces combats, ces engagements partiels sont tous composés au camp à l'aide de renseignements excessivement vagues, une espèce de sténographie qui est tout pour ceux qui ont vu comme voient les artistes, c'est-à-dire avec toutes leurs facultés tendues vers la scène qui se déroule.

En fait de peinture historique, *avoir vu* est la garantie de l'authenticité la plus complète. On serait bien fou de croire qu'au moment où le canon gronde, quand les balles sifflent aux oreilles, au milieu des cris de commandement et des plaintes des blessés, on peut s'installer froidement et faire son croquis d'après nature. Il est déjà très-dangereux d'employer le mode de travail que nous employions dans notre premier enthousiasme de jeunesse, alors que nous avions cette foi et cette verdeur que je redemande à deux genoux, mais qui ne me reviendra, je le crains, que le jour où j'entreprendrai un de ces voyages insensés dans un pays où l'Européen n'aura pas encore posé le pied.

Le jour de l'action, nous y assistions sérieusement, c'est-à-dire que, poussé par une horrible curiosité, nous nous portions partout où il y avait quelque chose à voir, écrivant un mot énergique entendu, un commandement décisif, enregistrant tout ce qui nous frappait et qui avait un caractère bien tranché ; puis, quand par hasard l'engagement devenait un peu moins grave et que l'état-major général se trouvait en un endroit moins périlleux que celui où le général en chef avait habitude de le mener, au moment où mes souvenirs étaient enncore très-frais, je fixais un peu mieux les vagues indications faites sur le terrain même. Enfin, le soir, nous avions l'habitude d'aller puiser à la vraie source, c'est-à-dire que nous consultions ceux-là mêmes qui avaient été les acteurs du drame.

Quand le paysage jouait un grand rôle dans le tableau et qu'une description minutieuse était nécessaire, si le lendemain matin nous ne nous trouvions pas trop éloigné du lieu du combat, assisté d'une très-faible escorte, des ordonnances de nos amis, les officiers de l'état-major, ou deux ou trois cavaliers qu'un général mettait à notre disposition, nous retournions sur l'emplacement même du combat et faisions une étude sérieuse.

Ce dernier mode, le meilleur de tous évidemment, est très-dangereux en Afrique ; car il n'est pas rare de rencontrer des Arabes qui errent sur les champs de bataille abandonnés, recueillant du plomb ou des armes. Le jour où nous voulûmes revenir à la tranchée du camp marocain pour compléter nos renseignements, les hussards que nous avions avec nous, ayant découvert derrière des haies d'aloès quelques Maures embusqués, voulaient fondre sur eux et se donner le plaisir de les poursuivre à coups de sabre ; moins familiarisé qu'eux avec le danger qu'il y a à s'éloigner des camps dans des terrains accidentés comme celui où nous étions, je dus faire des efforts inouïs pour les retenir, et je trouve que ce serait une fort sotte façon de mourir après s'être laissé attirer dans un guet-apens et, devenu prisonnier, de servir de cible dans les fantasias marocaines.

Depuis que les Maures ont appris que la conférence qui a eu lieu entre O'Donnell et Muley-Abbas n'a pas abouti, il règne une certaine agitation dans Tétuan ; les rues ne sont pas sûres, à chaque moment c'est une sentinelle qu'on assassine ou un soldat qui disparaît, et depuis la mer jusqu'à Tétuan, c'est-à-dire une lieue et demie de terrain constamment sillonné de convois et de détachements, il est très-imprudent de s'engager sans une escorte sérieuse. Hier au soir, après l'heure du repas, tout l'état-major, divisé par groupes, se promenait dans cette place que limitent les tentes du quartier général, et nous-même, quittant Tétuan, étions venu recueillir quelques détails sur l'expédition maritime qui a été résolue, et qui aura pour but, nous a-t-on dit, le bombardement de Larrache d'Ercilla et de quelques autres ports de l'Océan. Nous regardions tous du côté du rivage que les bâtiments abandonnaient lentement les uns après les autres, car le levant commençait à souffler et la baie n'était plus tenable, quand l'un de nous, baissant un peu les yeux, vit sortir d'un bosquet qui s'élève dans la plaine une poignée de Maures qui se dirigèrent vers le chemin de la Douane, où passaient constamment quelques muletiers ou quelque malade se rendant à bord. A ce moment un convoi de vivres, composé d'une demi-douzaine de mules et d'autant d'hommes, venait de traverser le pont Alcantara : les Maures, rossant les muletiers, les frappant à coup de gumia, mais se gardant bien de tirer un seul coup de feu, poussèrent les mules devant eux, traversèrent à gué le Guad-el-Gélu et se perdirent dans des bosquets de verdure qui bordent la rive. La scène se passait à une lieue de nous ; mais nous dominions la plaine de telle façon que les burnous gris et les silhouettes noires des mules se détachaient admirablement, et nous ne perdions pas un détail de cette petite *razzia*. Le maréchal fit retentir un formidable cri de *La escolta*[1] ! et en quelques instants, sans attendre leurs soldats, deux officiers, l'un de la garde civile, l'autre des carabiniers, s'élancèrent dans la direction en éperonnant leurs montures avec une rare énergie. Camino, le chef de l'escorte du maréchal, avait certainement un bon quart de lieue d'avance sur ses compagnons, qui, à mesure qu'ils étaient prêts, disparaissaient du même train dans la même direction. Nous les vîmes tous s'engager dans le bois, et là dut commencer une battue, une vraie chasse à l'homme ; les coups de feu se faisaient entendre, quelques Maures, habitants de gourbis situés à quelque distance du bosquet, se joignirent à leurs compatriotes et firent résistance opiniâtre. Une heure et demie après, l'escorte rentrait au camp avec six prisonniers, mais les mules étaient déjà cachées et probablement mises en sûreté, grâce aux laboureurs qui s'étaient joints aux Maures et les avaient aidés dans leur rapt.

Une autre fois, et personne ne s'en vanta, tellement c'était acte d'imprudence et d'incurie, le troupeau destiné à l'alimentation de l'armée fut enlevé tout entier par les rôdeurs, qui se débarrassèrent des pasteurs en faisant siffler quelques balles à leurs oreilles. Le trou-

1. L'escorte !

peau comptait plus de cent têtes, et, au lieu d'envoyer pour le protéger quelques soldats d'escorte, on l'avait laissé paître à l'aventure, à plus d'une lieue du camp, sous la garde de deux hommes. On ne saurait rapporter les mille épisodes qui peuvent prouver la ruse, le courage et l'avidité d'un tel ennemi. De tels faits isolés étaient bien difficiles à réprimer. La seule tentative sérieuse qui fut faite donna lieu à une petite expédition d'un grand intérêt; nous fûmes prévenus à temps qu'elle allait avoir lieu et nous la suivîmes.

Si, étant placé sur quelque point élevé de Tétuan, on regarde du côté de la mer, on a à sa droite une montagne très-élevée, séparée de la ville par une rivière qui donne aux premiers contre-forts une fertilité et une richesse qui rendent cette partie du pays la plus pittoresque en même temps que la plus précieuse pour les agriculteurs. Aussi, dans chaque anfractuosité de la montagne, sur chaque plateau naturel s'établit un village ou un douar : les chemins qui les relient sont escarpés, presque infranchissables pour des pieds européens; mais les Maures, chaussés de babouches qui ne tiennent pas au pied, ou même la jambe nue, les gravissent avec une rapidité étonnante. Quant aux chevaux, les seuls qu'on y emploie sont d'une race petite et nerveuse, et s'accommodent de cette nature abrupte.

Confiante dans la force de sa position, protégée par la difficulté que rencontrerait l'armée espagnole si elle attaquait ses douars, la tribu de Buséméler ne cesse d'inquiéter les troupes campées au pied de sa montagne, de l'autre côté de la rivière. Si quelque cavalier commet l'imprudence de mener boire les chevaux sans se faire accompagner, il est aussitôt assailli par une bande de pillards qui s'emparent des montures, et la plupart du temps il devient victime de sa témérité. Depuis le moment où a eu lieu la conférence, ces hostilités ont redoublé, et il ne s'est pas écoulé un jour sans qu'on ait constaté la disparition d'un ou de plusieurs soldats. Le 27, vers le soir, trois hommes lavaient leur linge à la rivière; deux ont été tués, et le troisième, assailli par quatre Maures, a été emmené prisonnier.

Enfin le général Prim résolut de mettre un terme à cet ordre de choses, et, à la suite d'une conférence avec le général en chef, on envoya un bataillon qui gravit avec peine ces chemins ardus et arriva jusqu'à l'entrée du douar sans rencontrer un seul habitant. L'interprète s'avançait entouré d'une escorte et prêt à s'adresser au premier montagnard venu, pour l'envoyer dire à ses compagnons qu'on mettrait le feu au village au premier meurtre ou à la première hostilité, quand les coups de feu se firent entendre; ce fut le signal d'une résistance assez faible, mais qui dura près de deux heures; on poursuivit tous les montagnards par des chemins accessibles seulement aux chèvres et aux Arabes. Une fois ceux-ci hors de portée, les forces espagnoles n'eurent qu'à se retirer; il eût été de bonne guerre de ravager le village et forcer les habitants à se disperser, mais dans toute cette campagne les généraux ont évité de prendre des résolutions qui auraient pu faire accuser les Espagnols de brutalité ou de barbarie.

Cependant plusieurs prisonniers étaient tombés entre les mains des chasseurs. L'officier supérieur, faisant comparaître l'un d'eux, le somma d'aller annoncer aux montagnards qu'on exigeait leur soumission immédiate ou que le village allait être livré aux flammes et les arbres fruitiers coupés par le pied.

Les Maures perchés sur les cimes des différents pics de montagnes, les uns étendus sur des plateaux où il y avait juste la place de leur corps, les autres sortant la tête d'une touffe de verdure, se dressèrent en voyant arriver l'envoyé ; et quand celui-ci leur eut répété les paroles de l'officier supérieur, un rugissement sauvage, composé d'éclats de rire et d'imprécations, s'éleva de toutes parts ; quelques-uns abandonnèrent leurs positions, redescendirent à portée de nos soldats et recommencèrent leur feu de tirailleurs.

C'est alors que, perdant toute patience et voyant qu'il fallait frapper ces sauvages jusque dans leur existence, on détacha une quarantaine d'hommes, qui en un instant mirent le feu aux premières cabanes couvertes de roseaux ; nous entrâmes dans quelques-unes ; elles étaient tapissées de nattes, on y voyait pour tout ameublement des bucaros d'une terre grossière, le sol était jonché de paille et d'épis de maïs, çà et là un meuble de forme bizarre, quelques paquets de corde végétale, des instruments aratoires. Dans l'une de ces cabanes nous trouvâmes une pandorette assez grossière, différant peu du tambour de basque espagnol ; un petit âne de race presque lilliputienne, harnaché d'une manière très-pittoresque avec des pompons rouges. Les jardins étaient aussi pauvres que les habitations, et les légumes n'y montraient que des feuilles chétives et malingres; toute la force de végétation était absorbée par les arbres fruitiers. Il est plus que probable que ces Kabyles de Bucéméler doivent vivre de l'échange de leurs fruits, qu'ils portent aux bazars de Tétuan. Comme tout bon Parisien, nous sommes profondément ignare en horticulture, et la flore marocaine nous est inconnue. Les seuls arbres que nous ayons pu reconnaître sont l'olivier, le figuier, et un chêne qui donne un gland très-doux et dont on peut se nourrir; l'oranger y abonde, l'espèce la plus commune est ce fruit délicieux qu'on appelle la mandarine.

Quand les cabanes furent en flammes et que la fumée monta jusqu'au haut de la montagne où les Kabyles s'étaient réfugiés, l'officier qui commandait le bataillon rassembla ses hommes, et, disposant une arrière-garde pour le cas où il serait inquiété dans sa retraite, redescendit la montagne, traversa la rivière et rentra au camp.

Deux jours après, un soldat qui allait puiser de l'eau fut tué; le lendemain, un assistant, qui lavait le linge de son officier, fut enlevé et décapité, et quelques vaches furent enlevées.

Cette fois on fit partir un bataillon et un détachement du génie, avec l'ordre de brûler le village, de détruire les conduites d'eau et de couper tous les arbres fruitiers. Après l'incendie qui avait marqué le passage des premières troupes, les montagnards comprirent que ce nouvel envoi de forces annonçait une vengeance terrible. S'élançant donc au-devant des Espagnols, sans armes et avec des paroles de paix, ils demandèrent grâce, alléguant que les derniers meurtres venaient de quelques Kabyles qui ne reconnaissaient aucune autorité, et que les chefs de Bucemeler avaient tout fait pour punir les auteurs de ces assassinats. On exigea d'eux qu'ils vinssent faire leur soumission entre les mains du général en chef. Effectivement, le lendemain on vit venir au quartier général le chef de la tribu, accompagné de quatre des anciens. Le maréchal les accueillit avec bienveillance, mais leur représenta énergiquement quelle différence il y avait entre leur manière de faire la guerre et celle des Espagnols. Cette soumission ne fut que de courte durée, car il reste prouvé qu'au premier combat qui eut lieu, la tribu descendit se mêler aux Riffeins et aux Kabyles venus de tous les points du Maroc pour essayer de reprendre Tétuan aux Espagnols.

La nuit est venue, et nous nous enfermons, bien seul et bien triste, dans ce harem abandonné qui nous sert de chambre; et pourtant à cette heure, de l'autre côté de la Méditerranée, s'accomplit un grand événement artistique, une solennité pour laquelle nous eussions sacrifié les ardentes émotions d'une journée de bataille.

Ce soir, (mais je n'ai personne ici pour comprendre tout ce qu'il y a de regrets au fond de ce souvenir) on donne *Orphée* au Théâtre-Lyrique : on exhume pour les Parisiens cette partition monumentale, ce chef-d'œuvre coulé en bronze. Ce soir, les délicats se demanderont de quel signe sacré était marqué le front de ce grand vieillard qu'on appelait le chevalier, ce grand prêtre du sombre et du terrible qui n'essaya jamais de charmer, et qui voulait qu'on tressaillît ou qu'on tremblât toujours. Cet homme, parent de Sophocle, d'Eschyle et d'Euripide, qui notait si bien la douleur et le désespoir. Malheur à ceux qui boiront à cette source sacrée; ils ne voudront plus jamais offrir leurs lèvres au clairet frelaté des flonflons, ni tendre une oreille complaisante aux mièvres et indécentes symphonies de Favart !

Mais les Philistins qui se tordent au passage Choiseul et qui murmurent en se pâmant : « Je suis ivre de mélodie ! » trouveront qu'à tout prendre, cette innovation et cette mise en lumière du prétendu chef-d'œuvre ne fait nullement oublier : « Quand j'étais roi de Béotie, et « Point ne viendra mon Actéon....., ton ton, tontaine, ton ton !!! » Ils trouveront qu'Orphée pleure trop longtemps son Eurydice, et qu'il n'y a pas assez de *trucs* dans le tableau des Enfers; puis ils s'éloigneront en regrettant le temps où le Lyrique n'était pas un temple auguste où l'on brûlait l'encens à l'autel de Gluck, de Weber, de Mozart et de Beethoven, mais un mauvais lieu où on fredonnait : « Ah ! qu'il fait donc bon cueillir la fraise ! » ou bien : « C'est ma veste, c'est ma veste. » Un lupanar musical où on sacrifiait à la Muse égrillarde, et où il était commode d'aller digérer les écrevisses bordelaises de chez Deffieux et finir sa soirée en entendant couler la musique grivoise.

Jusque-là, cinq cents fanatiques à peine avaient pu

uelquefois, au milieu d'un silence religieux, la tête
ue, la poitrine haletante, les mains tremblantes et le
isage sillonné de larmes, entendre, à la *Société des
oncerts*, ce long cri de douleur, cette plainte inces-
ante, tantôt concentrée et douce comme la mélancolie,
antôt désordonnée, fiévreuse et terrible comme la co-
ère des Euménides.

A cette heure, les compagnes d'Eurydice entourent
son bûcher et mêlent leurs plaintes à celles d'Orphée
qui, pâle, abattu, égaré, entend à peine l'hymne funè-
bre, la lyre échappe de ses mains.

> Vos plaintes, vos regrets augmentent mon supplice.
> Aux mânes sacrés d'Eurydice
> Rendez les suprêmes honneurs
> Et couvrez son tombeau de fleurs.

Et le chœur, aussi solennel, aussi inspiré que les
chœurs des tragédies antiques, laisse le divin Orphée
tout entier à son désespoir.

Ces *bois*, ces *rochers*, ces *vallons*, tout devient le
confident de cette immense douleur ; il redemande Eurydice à la nature entière, et la nature reste muette.

> Eurydice n'est plus, et je respire encore ;
> Dieu, rendez-lui la vie ou donnez-moi la mort.

Que la poésie est pâle à côté de ces accents qui vous
arrachent le cœur !

Ce n'est pas assez d'invoquer la sombre déesse. Dans
son égarement, Orphée appelle les *divinités de l'Aché-
ron et les ministres redoutés de l'empire des Ombres.*

ivre de douleur, il blasphème et menace ceux qui exécutent les arrêts de Pluton, et que n'attendrit pas la pitié, la jeunesse.

L'enfer reste sourd à ses plaintes, et ses imprécations vont frapper les échos de la sombre forêt : mais pendant que l'orchestre rugit sourdement et que l'anathème qu'Orphée lance aux divinités infernales s'exhale en sublimes accords, un chant léger, frais comme l'amour, se fait entendre. C'est le grand consolateur, celui par qui tout s'oublie, qui vient au secours de l'*amant le plus tendre.*

Si les doux accords de ta lyre,
Si tes accents mélodieux
Apaisent la fureur
Des tyrans de ces lieux,
Tu la ramèneras
Du ténébreux empire.

Et Orphée, que l'amour inspire et que transporte l'espoir de revoir Eurydice, descend jusque dans les profondeurs du Tartare.

Spectres, larves, ombres terribles, laissez-vous toucher par ses pleurs ! Et ces monstres, qui ont à la place du cœur un morceau du roc de Prométhée, et qui entendent sans cesse le lugubre concert des plaintes et les terribles symphonies des hurlements des damnés, des parricides et des parjures, attirés par les accords de la lyre du chantre divin, courbent la tête comme sous un pouvoir magique auquel il faut obéir. La fournaise rugit, les larves essayent de lutter contre cette irrésistible

harmonie. Orphée triomphe, Cerbère, l'implacable Cerbère, vient en hurlant se coucher à ses pieds...
. . . .

Et la grande Viardot sera sublime, et l'orchestre, qui a prostitué si longtemps son archet aux plates mélodies et aux refrains vulgaires, se laissera enthousiasmer aux larges accents de cette création épique. . . . .
. . . .

Et le lendemain, par tempérament, par dépravation du goût ou par niaise habitude, les deux tiers des spectateurs de la veille iront entendre *Bata-Clan* ou l'*Orphée aux enfers;* et pendant que le passage Choiseul gardera près d'une année stéréotypés sur son affiche les noms des mêmes histrions, trois mois suffiront et au delà pour épuiser le succès de l'œuvre gigantesque du vieux Gluck; et Viardot l'inspirée, la grande prêtresse du beau, sera forcée de révéler à vingt élus qui frémiront d'enthousiasme les sublimes beautés de l'Alceste et les plaintes de la touchante Iphigénie. . . .
. . . . Philistins!!!

ARRIVÉE DE LA DIVISION ÉCHAGUE, — LES RIFFEINS. COMBAT DE SAMSA.

On se rappelle que quatorze bataillons étaient restés campés autour du Sérallo, sous le commandement du général Échagüe; et que ce corps d'armée, qui avait supporté le premier les fatigues de la guerre et soutenu les premiers chocs des Maures, était resté dans l'inaction depuis notre départ définitif pour Tétuan, et depuis l'interception des communications entre Ceuta et l'armée. Quand l'issue de la conférence entre le khalife et le maréchal eut rendu improbable toute chance de réconciliation, le général Échagüe reçut l'ordre de détacher huit bataillons et de venir se joindre aux forces qui s'apprêtaient à marcher sur Tanger.

J'avais eu occasion de quitter l'armée pour quelques jours, à l'époque où nous étions campés à la porte de Tétuan, et j'étais venu demander l'hospitalité au Sérallo, au brigadier Caballero de Rhoda, afin de me renseigner sur toute la première partie de la campagne, à laquelle je n'avais pas assisté. C'est dans cette circonstance que je me suis rendu compte pour la première fois de ce sentiment de jalousie bien louable, qui anime ceux qui restent dans l'inaction, pendant que leurs compagnons se couvrent de gloire.

Le corps d'armée du général Échagüe avait été le plus éprouvé de tous. Arrivés les premiers sur les côtes d'Afrique, jetés là en nombre insuffisant, ces soldats, sans expérience de la guerre, et surtout de la guerre africaine, avaient dû, jour et nuit, soutenir une lutte sanglante contre un ennemi si acharné, que jamais, depuis, dans aucun combat, le terrain ne fut disputé avec autant de rage et de fureur. Le choléra avait fait plus de ravages dans cette partie du camp où s'élevait le Sérallo que dans toute autre, et la gloire sérieuse et réelle de la campagne revenait pourtant à ceux qui, à la bataille de Tétuan, s'étaient emparés du camp marocain et avaient décidé la reddition de la ville.

Le maréchal O'Donnell, en général habile, avait compris que ces hommes, qui connaissaient le bosquet d'Anghéra pour y avoir vingt fois combattu, qui connaissaient les redoutes pour les avoir élevées eux-mêmes, et les bois de chênes-liéges pour avoir taché de leur sang chaque tronc et chaque touffe d'herbe, défendraient mieux que personne tous les environs de Ceuta des attaques de l'ennemi. Le Sérallo est un point stratégique d'une immense importance, et il fallait que le mouvement sur Tétuan ne se fît qu'après en avoir assuré la défense. Mais à partir de Castillejos, à chaque combat, à chaque attaque, à chaque victoire, tout le corps d'armée du général Échaguë, qui ne voyait jamais l'ennemi venir lui disputer ses positions, se portait sur les hauteurs pour entendre le canon, ou pour voir à l'aide des lorgnettes la tournure que prenait l'action, et c'étaient des murmures, et mieux que cela, contre ceux qui les laissaient là inactifs, pendant que depuis le cap Négro, le Monte-Négron jusqu'au Guad-el-Gélu et à Tétuan, leurs frères d'armes faisaient tant de glorieuses étapes.

Enfin cet ordre de départ arriva; et ce fut encore pour ceux qui restèrent un dernier coup plus cruel que le premier, puisqu'il leur faisait perdre jusqu'à l'espérance de jamais rejoindre le gros de l'armée.

Le général Échaguë traversa, pour venir jusqu'à Tétuan, ce chemin que l'armée espagnole venait d'arroser de son sang; à chaque pas on rencontrait des traces du premier passage : l'emplacement circulaire où s'élevait la tente, le fourneau improvisé, les arbres mutilés pour les besoins de la cuisine, çà et là quelque cadavre abandonné ou quelques membres épars. Quand les soldats rencontraient ces tristes restes, ces épaves de la guerre, on les inhumait pieusement, et ces pauvres troupiers coupaient au premier arbre venu deux branches dont ils faisaient une croix et la plantaient sur la fosse. Depuis ce temps-là, les Maures auront souillé les sépultures, ou les chacals auront déterré ces cadavres, et la croix de bois, devant laquelle on s'agenouille de l'autre côté de l'Océan, aura attiré sur ces dépouilles mortelles la colère des fils du Prophète.

L'armée avait mis trente jours à longer la plage depuis Sérallo jusqu'au fort Martyn. La division Échaguë, un jour et demi après son départ, se présenta à nos avant-postes après avoir rencontré sur sa route quelques pasteurs sans armes qui conduisaient des troupeaux assez considérables, quelques laboureurs qui ensemençaient ces champs fécondés par le sang et les cadavres, et huit rôdeurs armés jusqu'aux dents, qui eurent l'audace de se défendre contre une avant-garde de plus de trente cavaliers.

Le maréchal était venu au-devant du général Échaguë, assez anxieux de savoir comment s'était effectué le trajet. Les soldats d'avant-garde lui racontèrent en peu de mots les différentes rencontres qu'ils avaient faites; et quand on eut commandé la halte et qu'une assez grande quantité de soldats eurent aperçu les nouveaux venus, ce fut de part et d'autre une joie sincère et expansive : les uns se sentaient heureux de ce renfort, qui leur donnait plus d'assurance pour les nouveaux combats à soutenir ; les autres entrevoyaient une nouvelle série de succès et de dangers à partager.

Depuis la dernière entrevue des deux généraux en chef, plusieurs Maures de la garde Noire ont parcouru les environs de Tétuan en défendant, sous peine de mort, à tout sujet de l'empire d'entretenir avec les Espagnols aucune espèce de relation ; ceux de Bucemeler, d'Amsa, de Féradj, qui venaient chaque jour apporter sur le marché de Tétuan les œufs, les volailles, le maïs, le blé, les fruits, ne se hasardent plus à continuer un commerce aussi dangereux. Il est devenu impossible de se nourrir autrement qu'en se soumettant au régime des rations. La nourriture du soldat ne saurait lui manquer, malgré l'horrible tempête qui s'est élevée depuis cinq jours, et qui force les bâtiments servant de magasins flottants à regagner le mouillage d'Algésiras ou de Ceuta ; mais les dépôts établis à la Douane et dans l'intérieur de la ville ne peuvent suffire qu'aux besoins de l'armée, et non à ceux des habitants de Tétuan qui sont enveloppés dans la même proscription par le fait seul de ne pas avoir abandonné la ville.

Ce n'est pas la seule mesure prise pour harceler l'armée et pour nous rendre insupportable le séjour de Tétuan : les tribus éparses du Riff, les montagnards, les habitants du versant du petit Atlas, tout ce qui reconnaît ou déteste le pouvoir de l'Empereur, se réunit aujourd'hui dans une même haine contre les Espagnols, et, malgré les ordres formels du khalife qui veut rester maître suprême d'attaquer quand et où il lui plaira, ils se réunissent pour reprendre Tétuan et s'emparer de nos campements. Quelques chefs de tribus jugent que Muley-Abbas a fait preuve de peu d'habileté dans la conduite de cette guerre, et veulent tenter à leur tour la chance des armes ; d'autres proposent des plans de bataille irréalisables, parce qu'ils ignorent entièrement la tactique des armées européennes ; enfin la plupart, après avoir envoyé des délégués au prince, qui les a détournés de leurs projets d'attaque en leur conseillant de s'en rapporter à la bravoure et au patriotisme de l'armée régulière, persistent plus que jamais dans leurs intentions et réunissent des forces. Avec cette promptitude singulière chez un peuple qui ne communique que par des routes mal tracées et par des chemins difficiles et très-accidentés, cet ordre d'inquiéter les Espagnols sur tout le territoire s'était transmis depuis Ceuta jusqu'à Tanger, depuis Tétuan jusqu'à Melilla, où l'Espagne possède encore un territoire qui est souvent un objet de contestations avec les Maures. Les habitants des environs de Melilla ne reconnaissent aucune autorité, et ne cherchent que des occasions de causer un dommage quelconque à la place ; ils voulurent donc venger autant que possible leurs compatriotes, et, profitant de la nuit, attirèrent une partie de la garnison dans un piége où succombèrent plus de deux cents hommes. Ce mouvement, qui fit assez de bruit en Espagne, nous arriva au Maroc avec les exagérations habituelles ; mais il faut certainement le rattacher à cette attitude agressive des Kabyles et des Riffeins qui se manifestait partout où l'Espagne avait un pied posé sur le territoire africain.

Le 11 mars nous entendions la messe sur la place de Tétuan, quand on vint prévenir le général en chef que le général Échagüe observait à l'extrémité de la plaine Bu-Séja la présence d'un groupe de cinq cents cavaliers qui semblaient se diriger vers les campements, disposant des éclaireurs, et adoptant pour leur marche toutes les précautions qu'emploient les Maures lorsqu'ils veulent attaquer.

Le maréchal donna ordre d'observer et de renforcer les grand'gardes du camp du général Échagüe, et attendit que le service divin fût terminé ; puis, au lieu de prolonger le défilé, il monta immédiatement à cheval et se rendit aux tranchées. Quoiqu'il fût déjà près de midi, le mouvement ne se dessinait pas franchement ; le maréchal se borna à porter quelques bataillons sur la gauche, et le général La Saussaye, ayant disposé sa brigade, se tint prêt à tout événement. Enfin le groupe des ennemis arrêtés à l'extrémité de la plaine s'était singulièrement accru ; on vit s'en détacher un nombre considérable de Maures, fantassins et cavaliers, qui, prenant trois positions stratégiques, les uns venant de face, les autres inclinant vers la gauche et s'emparant des hauteurs, les derniers traversant la rivière vers la droite pour se ménager une retraite, s'avancèrent assez résolûment.

Le général Échagüe disposa toutes ses forces, et le général Prim détacha de son corps d'armée deux escadrons du régiment d'artillerie à cheval ; le général Galiano dut faire avancer la cavalerie (le maréchal prévoyant le cas où l'ennemi trouverait un gué et viendrait en plaine). A peine ce mouvement était-il effectué, qu'on vit surgir une foule de fantassins cachés dans les herbes qui croissent au bord de la rivière, et une assez vive fusillade s'engagea entre ces forces et l'infanterie qui était chargée de défendre la gauche du campement. L'ennemi s'avançant assez résolûment dans un terrain propice à la cavalerie, l'escadron d'Albuera reçut l'ordre de charger, et le poursuivit jusqu'à l'entrée de la rivière, l'obligeant à la repasser précipitamment. Cette charge, que nous suivions des yeux à peu de distance, donna lieu à un triste épisode dont nous ne nous rendîmes pas bien compte. Le commandant de l'escadron, qui avait courageusement chargé plus de dix mètres en avant de ses hommes, arriva le premier sur la rive assez escarpée du fleuve, et disparut sans que ses compagnons pussent essayer de le suivre. Ceux qui s'étaient tenus de l'autre côté de la rivière, abrités derrière des tranchées de sable et cachés par les touffes de verdure, tiraient à coup sûr, et chaque cavalier qui s'avançait était un homme mort. Les officiers de l'Albuera supposèrent que leur commandant était blessé, et que, ne pouvant plus diriger son cheval, il avait été entraîné malgré lui ; toujours est-il que son cadavre resta aux mains de l'ennemi.

Dans la lutte de cette journée, le mouvement stratégique des Maures était mieux *écrit* que dans toutes les luttes qu'ils avaient soutenues jusque-là. En effet, l'objet de ce combat était bel et bien la prise de nos campements. Notre gauche était occupée par une quantité considérable de fantassins qui se faisaient une défense de cette rivière, qui tourne Tétuan ; le front était tenu par la cavalerie, qui n'aurait donné qu'en cas de réussite ; et sur la droite, où s'élevaient des collines et les premiers mamelons de la Sierra Berméja, l'ennemi était déjà maître des pitons.

Le maréchal, voyant que la nuit venait et qu'il fallait précipiter le dénoûment, donna immédiatement les ordres suivants, afin de repousser l'attaque sur toute la ligne.

Le général Prim, avec cinq bataillons et deux escadrons de cuirassiers, occupa le front ; le général Rios, avec cinq bataillons de la réserve, devait gravir les mamelons de la droite, et le général Orozco était préposé à la défense de la rive, avec l'instruction formelle de se porter au point où l'ennemi tenterait de passer.

Les généraux Mackenna et Galiano devaient se tenir prêts avec la réserve et toute la division de cavalerie à balayer la plaine, dans le cas où de la droite ou de la gauche l'ennemi tenterait de s'y jeter.

Le mouvement indiqué par le maréchal s'effectua sur toute la ligne, et eut pour résultat de repousser l'ennemi jusque sur les cimes les plus élevées de la Sierra Berméja. L'artillerie de montagne établissait immédiatement ses batteries à mesure qu'on s'emparait d'une position, et de mamelon en mamelon, les chasseurs parvinrent jusqu'à des hauteurs qu'on aurait cru inaccessibles. Quant aux Maures, ils n'abandonnaient un mamelon que pour se retrancher sur le versant opposé; il fallut des attaques vigoureuses et successives pour les déloger, et malgré l'obscurité, on les poursuivit à une lieue et demie de Tétuan. Lorsque le maréchal ordonna la retraite, on fut obligé d'allumer de distance en distance de grands feux, destinés à indiquer aux troupes la direction à suivre.

Ce combat, que je rapporte d'une manière assez peu détaillée et assez incomplète, parce que l'état-major n'assista de très-près qu'aux premiers mouvements, et parce que les troupes furent débordées et se laissèrent entraîner un peu loin, est un des plus *africains* de toute la campagne. Une charge que je vis exécuter par le régiment de Bourbon sur un versant très-escarpé me donna l'occasion d'un grand dessin que le *London-News* et le *Monde illustré* reproduisirent, et qui fut traité de dessin de *fantaisie*, tellement les Espagnols eurent à combattre sur un champ de bataille *invraisemblable*. Vingt fois dans cette journée nous vîmes des ennemis, chassés de hauteur en hauteur, s'asseoir tranquillement, hors de portée, sur des pierres qui surplombaient et décharger et recharger leurs armes. C'est aussi ce jour-là que nous vîmes pour la première fois certain mode de combat qui nous révéla que l'ennemi n'était plus le même, et que c'étaient les habitants du Riff qui étaient venus nous attaquer.

Le sol, dans la partie du Maroc où s'est passée la guerre des Espagnols, est semé de touffes assez épaisses de lentisques qui peuvent parfaitement cacher un homme : séparé de l'état-major, je suivais à pied un bataillon du régiment de Bourbon qui était posté sur une hauteur, attendant l'ordre d'agir. Nous avions devant nous, à portée de carabine, des forces imposantes engagées, et sur notre gauche, la cavalerie ennemie : sans prendre une part directe au combat, elle s'agitait au milieu de la fumée, décrivant des courbes incessantes. Le brigadier Cavaliero de Rhoda suivait des yeux un porte-bannière qui passait devant le front de la cavalerie en brandissant son étendard ; sa gandourah incarnat et son kaïk flottant attiraient les yeux ; le brigadier saisit une carabine et démonta le cavalier, qui fut immédiatement entouré et entraîné hors de vue. Soit que ce coup de feu isolé dans une partie du champ de bataille où tout était tranquille eût attiré l'attention de quelques choaffas en embuscade, soit que nous n'ayons nous-mêmes pas pris garde aux coups de feu qui se tiraient derrière nous sur un terrain que les chasseurs venaient d'enlever à l'ennemi, cinq ou six coups de feu successifs, partant de la même direction, se firent entendre, et les balles sifflant à nos oreilles blessèrent quelques soldats. On détacha immédiatement une dizaine d'hommes, qui s'avancèrent la baïonnette en avant et le fusil en arrêt, exactement comme un chasseur dont le chien vient de flairer le gibier. Un nouveau coup de feu se fit entendre sans que le moindre mouvement pût déceler la présence d'un ennemi, et sous les pieds mêmes des chasseurs se leva d'une touffe de verdure un Riffein vêtu d'un burnous très-court, la tête rasée et les jambes nues, brandissant son espingarde d'une main et tenant une gumia de l'autre. Malgré toutes les précautions que prirent les soldats pour le faire prisonnier sans le blesser, ce furieux se démena tellement, blessant trois hommes les uns après les autres, qu'il fallut le mettre hors de combat. Un chasseur appuya sans cérémonie le canon de son fusil sur sa poitrine, et lâcha la détente pendant qu'il tenait encore son arme levée pour frapper.

Quelques Maures m'ont dit depuis qu'il existe toute une tribu dans le Maroc dont la stratégie consiste à se cacher ainsi et à tuer les uns après les autres les officiers supérieurs jusqu'à ce qu'on les tue eux-mêmes, se tenant pelotonnés sous les feuilles, respirant à peine, et appuyant le canon de leur arme sur une pierre afin de tirer à coup sûr.

La retraite de cette journée du 11 est une des scènes les plus artistiques de cette guerre. La nuit était venue, et ce n'était plus une de ces nuits crépusculaires d'Afrique où la clarté de la lune supplée à l'absence de la lumière, c'était de tous côtés d'épaisses ténèbres, et plus de dix mille hommes se trouvaient à une lieue et demie du camp. Les chemins infernaux qu'il fallait traverser, les ravins, les mares grossies par les cinq jours de mauvais temps, tout contribuait à rendre le mouvement plus lent et plus difficile, et, malgré l'extrême prudence conseillée par les généraux, soldats et officiers s'occupaient plus d'eux-mêmes que de l'ennemi. Quand on passait devant un de ces immenses foyers qu'on avait allumés de distance en distance, il s'improvisait en un instant des tableaux dignes de Charlet ou de Raffet, où se trouvaient réunis tous les éléments nécessaires à une

A. BAUDIT

Les Défilés de Fendouck (route de Tanger).

bonne composition : l'intérêt, le pittoresque, l'émotion, l'agencement et l'effet.

Un chasseur se précipitait pour allumer son cigare; un autre, qui portait sur son dos un blessé qui sans lui serait mort loin du camp, profitait de cette lueur pour faire une pause et ranimer un peu son compagnon d'armes. Assis sur un tronc d'arbre ou couché sur son manteau, un général, entouré de son état-major, attendait impassiblement que les troupes se fussent retirées pour fermer la marche; et à deux pas de lui, à la lueur de ces branches sèches, un chirurgien, le genou en terre, pansait un officier dont le visage pâle prenait aux reflets du foyer une expression lugubre.

Le hasard, ou plutôt cette loi immuable qui fait de toute scène vue sur nature un tableau auquel l'artiste le mieux doué ne peut rien changer sans danger, amena à côté d'un de ces groupes d'humoristes pleins de gaieté et d'insouciance, un épisode qu'à coup sûr les deux grands noms que nous avons cités plus haut n'eussent pas négligé de placer dans leur tableau : un chapelain de régiment, le crucifix à la main, préparait à la mort un pauvre soldat que les chirurgiens venaient d'abandonner. La civière posée sur le sol et recouverte d'une mante grise, le blessé, la tête couverte d'un mouchoir ensanglanté, le visage déjà sillonné par ces méplats et ces modelés inquiétants qui prouvent que la mort a choisi sa victime; et à genoux au chevet du mourant, l'oreille collée à sa bouche pour entendre son dernier vœu ou épier une parole de repentir, un homme vêtu de noir, aux longs cheveux, à la face sereine. A quelques pas de ce groupe, les soldats l'arme au bras, à moitié enveloppés dans leurs mantes grises, appuyés les uns sur les autres, ceux-ci tristes et émus de cette scène, ceux-là indifférents et impassibles. Et sur tout ce tableau, cette lueur factice d'un feu de bivouac détachant un côté des silhouettes par une ligne nette et brillante, et laissant dans une ombre presque transparente tout un côté de la scène. Comme fond, des ténèbres, un ciel sans étoiles et quelque grand profil de colline qui rompt sur un côté du tableau la ligne monotone de la plaine de Bu-Séja, et s'enlève, teinte opaque, sur le fond uni du ciel, qu'il fait paraître moins sombre.

A onze heures du soir, le corps d'armée du général Échagüe rentrait dans ses tranchées, fermant la marche, qui n'avait pas été inquiétée un seul instant.

Cette journée avait coûté beaucoup de monde à l'ennemi, si nous en jugeons par la quantité de cadavres trouvés sur le champ de bataille : les Espagnols y laissèrent une centaine d'hommes à peine; cent soixante blessés entrèrent dans les hôpitaux.

Deux des officiers étrangers attachés à l'état-major du maréchal O'Donnell, un Russe et un Prussien, furent au nombre des blessés; le capitaine O'Donnell, aide de camp du général don Henrique O'Donnell, reçut une blessure assez grave en portant un ordre.

Nous apprîmes le lendemain que le général riffein, qui avait dirigé l'attaque, était mort des suites d'une blessure qu'il avait reçue dans cette journée, qu'on appela dans les rapports officiels journée de Samsa, nom d'un village situé sur les hauteurs où le combat fut le plus sérieux, et dont la prise décida le succès des Espagnols.

———

Le résultat de ce combat de Samsa ne se fit pas longtemps attendre. Le lendemain, vers le milieu de la journée, les parlementaires se présentèrent encore aux avant-postes, sollicitant une conférence du général en chef.

Après avoir réuni en conseil tous les dignitaires de l'empire attachés à l'armée, après avoir pesé mûrement tous les résultats que pourrait entraîner la continuation de la lutte, un peu désillusionnés peut-être sur la participation active de l'Angleterre à la solution de la question marocaine, les délégués de Muley-Abbas venaient non plus traiter la question de la paix, mais supplier le maréchal d'employer toute son influence de président du conseil des ministres pour faire modifier les conditions dictées par le gouvernement espagnol.

La cession de Tétuan était une clause impossible à réaliser, le danger qu'entraînerait ce démembrement de l'empire était de nature à compromettre la dynastie régnante au Maroc, et le lendemain du jour où le souverain aurait ratifié la cession de la ville, une révolution eût ensanglanté le pays depuis Ceuta jusqu'à Draha. Un prétendant était tout prêt à se mettre à la tête des mécontents ; et qui sait si dans une crise aussi grave ne se fût pas abîmée la dynastie d'Ab-del-Rahman !

Cette fois donc, avec un ardent désir de la paix, les

envoyés venaient demander la modification du traité ; ils le firent avec une sincérité dont le maréchal douta si peu, qu'il dut immédiatement user de toute son influence pour obtenir du conseil des ministres une décision favorable aux vaincus.

Il était au moins singulier qu'après l'état d'armistice *moral* où nous étions, les Maures fussent venus nous attaquer la veille. Puisqu'ils étaient venus demander la paix et qu'ils avaient sollicité un délai de quelques jours pour communiquer avec leur souverain, il était naturel qu'ils ne rompissent pas eux-mêmes les hostilités et attendissent un mouvement agressif des Espagnols. A cette objection qui leur fut faite, on les entendit protester de la manière la plus énergique contre l'attaque de la veille, alléguant que l'armée régulière, que Muley-Abbas ni aucun de ses généraux n'étaient solidaires de cette attitude offensive ; qu'il fallait l'attribuer à des tribus qui ne reconnaissent pas l'autorité de l'empereur, et qui avaient voulu tenter un coup de main sur les camps espagnols.

Muley-Abbas avait reçu communication d'un des chefs les plus puissants de ces tribus du Riff qu'il avait réunies sous son drapeau une quantité de forces assez sérieuses pour livrer bataille aux Espagnols, et qu'il était décidé à tenter le sort des armes, ajoutant que jusque-là les troupes n'avaient pas déployé toute la valeur qu'on pouvait attendre d'elles. El Cérid-el-Hach proposait au khalife de combiner une attaque simultanée des troupes régulières et des Riffeins. L'armée de Muley-Abbas se montait à quarante-cinq mille hommes ; les

Riffeins étaient au nombre de douze mille : c'était un ensemble assez imposant pour s'emparer des camps espagnols et poursuivre l'ennemi jusque dans Tétuan, qui rentrerait ainsi dans les mains des Maures.

Malgré toutes les raisons les plus sérieuses, les arguments les plus décisifs de Muley-Abbas, Cérid-el-Hach, qui en sa qualité de Riffein s'inquiétait fort peu de la diplomatie, ne voulut pas se rendre aux prières du prince, qui sentait que cette attaque partielle n'amènerait pas un résultat et ne ferait qu'exaspérer le général en chef.

Au dire du général de la cavalerie qui accompagnait les envoyés, la discussion avait été si vive entre Cérid-el-Hach et Muley-Abbas, que ce dernier, sachant qu'il devait ménager un homme qui pouvait, dans un moment donné, réunir douze mille cavaliers, avait dû le congédier en lui disant : « Je ne doute ni de ta valeur ni de celle de tes Riffeins ; mais tu ne sais pas quelle masse inébranlable présentent les bataillons espagnols. Quand une balle vient renverser un fantassin, les rangs se resserrent, et cette muraille vivante est toujours aussi compacte. As-tu des canons pour lutter contre eux ? as-tu, suivant la nature du terrain où tu combats, des cavaliers pesants pour charger les fantassins, ou des cavaliers rapides comme le vent pour poursuivre les fuyards ? Tu es brave, je le sais, et le Riff tout entier n'a pas oublié comment tu fis rentrer dans l'ordre une tribu beaucoup plus nombreuse que la tienne, qui voulait s'imposer aux autres tribus. Mais rappelle-toi que ce soir tu rentreras honteusement sous ta tente, et que tu auras perdu dans une lutte inutile la fleur de la jeunesse de ton armée, et compromis par une folle témérité le sort de tout l'empire. Si tu persistes dans tes projets, que retombe sur toi tout le sang qui coulera demain ! »

Cérid-el-Hach était parti du camp du khalife en disant à haute voix à tous les soldats qui, assis à la porte des tentes, le regardaient passer : « Muley-Abbas est un lâche! il tremble devant les Espagnols; que ceux qui haïssent les chrétiens viennent à ma suite, nous camperons demain sur la grande place de Tétuan. » Le khalife était aimé de tous ses soldats, qui n'attribuaient ni à son manque d'habileté, ni à son peu de courage les revers qu'ils avaient éprouvés; personne ne suivit Cérid-el-Hach.

Le lendemain, Cérid, entraînant avec lui tous les Kabyles qu'il rencontrait sur son passage, arriva en face des camps espagnols avec une armée bizarre, composée d'éléments hétérogènes, sans aucune tactique, attaquant sans unité, mais montrant pourtant assez par ses mouvements que son but était de s'emparer des campements.

On a vu plus haut quel triste résultat avait obtenu le général riffein, lui même expia cruellement sa témérité; il reçut dans le bas-ventre une balle qui détermina la mort, et ce fut sous les yeux mêmes de Muley-Abbas qu'il expira.

Mais avec les Maures il faut toujours douter, et personne ne me fera modifier l'opinion que je me formai ce jour-là de la participation de l'armée régulière à l'attaque de Samsa. Évidemment Muley-Abbas se fût singulièrement compromis en venant se mêler aux combattants, et le discours qu'il avait tenu à Cérid-el-Hach prouvait bien que telle n'était pas son intention; mais quand, le lendemain, il vit des forces sérieuses se mettre en marche sur Tétuan, il est probable qu'il se tint prêt à tout événement, disposa ses troupes afin d'appuyer le mouvement, s'il se dessinait d'une manière favorable pour les Riffeins, et resta dans l'expectative jusqu'au moment où, voyant la division Prim poursuivre l'ennemi jusqu'à une lieue et demie du camp espagnol, il se replia et regagna son campement.

Cette opinion, que partagèrent beaucoup d'officiers, et surtout ceux qui étaient attachés aux états-majors et observaient attentivement les allées et venues de l'ennemi, est basée sur un fait qui resterait inexplicable sans la participation de l'armée régulière. Nous arrivâmes sur le champ de bataille à midi, à l'heure où de toute part les Riffeins débouchaient dans la plaine de Bu-Séja, s'établissant dans leurs positions, flanquant les hauteurs, tournant le Guad-el-Gélu afin de se retrancher : et depuis ce moment jusqu'à sept heures du soir, une force considérable de cavaliers rangés en bataille se tint à gauche de la plaine, au pied des hauteurs, au débouché du pont de la Bu-Séja. Nous les observions constamment, nous attendant d'un moment à l'autre à les voir prendre part à la lutte, et se porter au point le plus faible ou tenter un mouvement stratégique : rien de tout cela. Ce ne fut que lorsque la fuite des Riffeins attira les Espagnols dans leur direction, qu'ils tournèrent bride, sans que la confusion se mît dans leurs rangs, avec la régularité et la précision d'une troupe qui exécute une retraite au commandement de son chef.

———

Les ambassadeurs avaient emporté la promesse du maréchal de présenter au gouvernement quelques objections sur les conditions imposées, et le 17, la réponse du ministre d'État devait être entre les mains d'O'Donnell, qui invitait les envoyés à venir la chercher.

Ces allées et venues de la commission marocaine, ces tergiversations du gouvernement espagnol ébranlaient la confiance des soldats : les uns, qui avaient déjà arrêté leur pensée sur la conclusion de la guerre, devaient voir avec peine une solution en faveur des hostilités ; les autres eussent préféré cent fois ne pas rester dans cet état d'indécision et marcher résolûment sur Tanger, sans s'arrêter en d'inutiles conférences, qui donnaient toujours à l'ennemi le temps de reformer une armée et de se pourvoir d'un nouveau matériel. Enfin, le 17, on communiqua aux envoyés de Muley-Abbas les conditions auxquelles le gouvernement espagnol ferait avec le Maroc un traité de paix et une alliance :

« Les Maures payeraient les frais de la guerre, c'est-à-dire une indemnité de 500 millions de réaux. Les Espagnols devaient garder Tétuan en garantie jusqu'à parfait acquittement de la somme.

« Les redoutes élevées autour de Ceuta, le Sérallo et la maison du Renégat devenaient les nouvelles limites des possessions espagnoles autour de Ceuta.

« On rétablissait en faveur de l'Espagne une pêcherie sur l'un des points du littoral ; ce point serait déterminé ultérieurement.

« Le représentant de Sa Majesté Catholique pourrait résider dans la capitale de l'empire du Maroc, et les missionnaires auraient faculté d'exercer leur culte dans quelques-uns des points désignés. »

Les envoyés n'étaient chargés que de transmettre les conditions à Muley-Abbas, et comme tous les diplomates, ils devaient écouter ces nouvelles conditions sans exprimer la moindre surprise, s'en remettant entièrement à la décision de l'empereur ou de son frère qui avait plein pouvoir pour traiter : pourtant, lorsqu'il fut question de Tétuan comme garantie, le gouverneur du Riff ne put s'empêcher de prononcer quelques paroles de découragement et d'exprimer son opinion particulière sur l'issue de cette dernière négociation.

Depuis le 17 mars jusqu'au 21 nous vécûmes tous dans une espèce de marasme, qui est le propre des situations provisoires : c'était à la maison d'Ashah plus que partout ailleurs qu'on venait deviser sur la possibilité de la paix ou de la guerre, car le diplomate chargé d'arrêter les bases de la négociation avait établi son domicile auprès de nous, et Alarcon, par sa situation à l'armée, était un des mieux informés. Ni l'un ni l'autre nous n'eûmes l'esprit assez tranquille pour travailler sérieusement pendant ces quelques jours. Pour lui, il préparait déjà le coup d'État qu'il mit à exécution le lendemain même ; pour moi, c'était franchement et sans arrière-pensée une idée bien triste qui me poursuivait. La campagne s'était présentée d'une manière favorable aux Espagnols : le soldat, sur lequel on n'avait pas le droit de compter à cause de sa jeunesse et de son inexpérience, s'était montré l'égal des régiments les plus aguerris. Dans aucune circonstance l'armée n'avait cédé à l'ennemi un pouce de terrain ; le maréchal, de victoire en victoire, était arrivé jusque sous les murs de Tétuan, et les éléments qui nous avaient été funestes auraient pu nous l'être beaucoup plus. Je craignais qu'une journée de bataille compromît inutilement de si brillants débuts ; je dis inutilement, puisque l'Espagne était arrivée à ses fins, et que l'armée, s'engageant dans l'intérieur de l'empire, pouvait, diplomatiquement parlant, sortir du cercle vicieux où l'enfermaient ces fameuses notes par lesquelles l'Espagne s'était engagée vis-à-vis de l'Angleterre à ne pas faire de conquêtes dans le Maroc.

Je suis d'avis qu'il faut monter avec la marée si on ne veut pas se voir submergé. Les événements se faisaient graves, la mauvaise foi et l'ignorance aggravaient la situation, et la presse étrangère était, selon nous, dans une voie aussi fausse que déplorable. Alarcon se mit à guerroyer en faveur de la paix avec une telle énergie que les journaux nous arrivaient avec des invectives qui nous prouvèrent que les lutteurs politiques ne sont pas plus courtois en deçà des Pyrénées qu'ils ne le sont au delà. Personnellement, je n'avais rien à perdre (et je jure qu'il en eût été autrement, j'eusse suivi la même ligne de conduite); j'étais Français, c'est-à-dire placé sur un terrain neutre : je commençai donc, avec une énergie que je ne me connaissais pas, une polémique que voulut bien accueillir un des organes politiques les plus sérieux de l'Espagne. Huit jours après, j'étais vendu au gouvernement espagnol, et je conserve religieusement le journal d'une grande ville de province qui citait la somme au prix de laquelle nous nous étions laissé soudoyer.

Cela relève un peu l'homme à ses propres yeux, de voir qu'on estime sa conscience la somme d'un demi-million. Je confesse que mes amis de la presse espagnole étaient cotés plus cher que moi, l'amour-propre national y trouvait son compte.

Aujourd'hui que ce rêve de fées est fini, je mets parfois la main sur mon cœur pour me demander bien sérieusement si je n'aurais pas dû tuer le mandarin. On eût pu m'accuser en France, mais j'avais la ressource de dire : Le monde est si méchant! Mais, tout bien considéré, je me serais ruiné en potiches et en tableaux, et ma conscience aurait la gangrène, c'est tout bénéfice.

Tout comme un autre, je réglais donc le matin avant de déjeuner les destinées d'une nation, et sérieusement, consciencieusement avec cette gravité inséparable des hautes missions et des préoccupations élevées, la tête dans les deux mains, je cherchais une solution en faveur de la paix, moi qui jusque-là n'avais demandé que des sujets de croquis ou des rimes pour un sonnet. Aujourd'hui j'ai la collection de ces articles, et franchement, la main sur la conscience, ce n'est ni meilleur ni plus mauvais que les milliers de grands mots sonores qui s'impriment tous les soirs à Paris, à Naples et à Vienne; ce qui vous prouve qu'on peut s'improviser journaliste sérieux, et que beaucoup de ceux qui descendent dans l'arène politique et qui méprisent tant messieurs de la chronique en agissent parfois ainsi à peu de frais.

Le 21 au matin, Muley-Abbas transmit sa réponse au maréchal; il ne voulait pas entendre parler de la cession de Tétuan : c'était désormais une guerre interminable, et la situation devenait de plus en plus difficile, puisque toutes ces négociations avaient permis aux Maures de former une nouvelle armée et de se pourvoir d'un nouveau matériel.

Les envoyés du khalife nous parurent sincèrement affligés de n'apporter qu'un message de guerre; ils regrettèrent avec beaucoup de courtoisie d'avoir servi d'intermédiaires dans des négociations inutiles, et on se sépara après s'être juré mutuellement de se traiter en amis le jour où le sort des armes serait funeste à ceux qui s'étaient serré les mains sous les tentes espagnoles.

Une heure après, la marche sur Tanger était résolue, et l'armée entière ne pensait pas plus à la paix que si elle n'eût jamais dû se faire; on s'agitait dans les camps, chacun faisait ses préparatifs, les uns achetant ou échangeant leurs chevaux, réunissant des vivres, renouvelant leurs provisions. Cette fois, la flotte n'était plus là pour nous ravitailler, nous ne devions revoir cette plage que nous côtoyions depuis si longtemps, que le jour où nous camperions au cap Spartel, après avoir traversé ces terribles Thermopyles, cette énigme dangereuse qu'on appelait *le Fondouck*.

Mon compagnon d'expédition, jugeant la situation politique très-compromise, réunit un matin sous la tente du correspondant de la *Epoca* tous les journalistes qui se trouvaient au camp, et proposa une coalition en faveur de la paix ; chacun de nous devait rentrer dans ses foyers et lutter avec énergie contre cet enthousiasme qui, selon l'opinion d'Alarcon, devait être si préjudiciable à l'Espagne.

Après un discours abondant et énergique, trois correspondants furent d'avis de quitter le camp et de se rendre en Espagne.

Les Français étaient hors de cause, et les autres Espagnols envoyés par la presse avaient déjà dû abandonner l'expédition, les uns attaqués du choléra qui sévissait cruellement, les autres rentrés temporairement dans leur pays jusqu'à solution parfaite de la question.

A midi nous sortîmes de la tente, à deux heures notre maison était vide. Alarcon avait vendu son cheval, se fermant ainsi toute tentative de variation. Don Navarro et Nunez de Arce (de la Iberia) prirent leurs passe-ports et firent leurs adieux au maréchal, qui leur dit d'un ton moitié sérieux, moitié badin : « Messieurs, dites à Madrid que si nous nous perdons mon armée et moi, on devra nous chercher dans le désert de Sahara. » Il y avait au fond de cette phrase une sanglante critique de la situation politique, en même temps qu'une abnégation admirable et une immense soumission à la volonté de la Reine.

Quant à nous, plût à Dieu que le général en chef eût dit vrai! nous eussions voulu suivre les Espagnols jusqu'au désert de Sahara ; nous avions soif de la grande vie, nous étions avides de voir, de sentir, et depuis le jour où les négociations de paix s'étaient entamées, autant nous désirions qu'elles eussent pour l'Espagne une solution favorable, autant pour nous-mêmes nous souhaitions qu'elles n'aboutissent pas. Mais les journalistes espagnols avaient charge d'âmes; ils partirent et agirent en cela en vrais patriotes. Abandonnés à nous-mêmes, le séjour de Tétuan ne nous suffisait plus, nous rentrâmes au camp et dressâmes une autre fois notre tente : nous allions recommencer à vivre.

BATAILLE DE VAD-RAS.

Le 22 au soir, un ordre général avertit l'armée tout entière d'avoir à se tenir prête pour le départ, le lendemain avant le lever du soleil. Le 23, à deux heures du matin, ceux qui dormirent cette nuit-là furent réveillés par un coup de canon tiré de l'Alcasabah; les clairons sonnèrent la diane, et immédiatement après on donna l'ordre d'abattre les tentes. Cette manœuvre s'exécuta au milieu d'un brouillard épais, le temps était froid, et tous ces préparatifs se faisaient avec un silence et un sang-froid sinistres. Deux heures après, les mules étaient chargées, les hommes équipés et formés pour le départ. Comme le matin de la prise du camp des Maures, le maréchal observait le ciel ; le soleil s'était levé depuis longtemps, et l'obscurité restait aussi profonde ; nous attendîmes quatre heures l'ordre de nous mettre en marche.

Nous traversâmes Tétuan, et nous trouvâmes réunies sur la place les compagnies du génie de la division Rios et toutes les forces casernées dans la ville, à l'exception d'un petit nombre d'hommes destinés à sa défense. Nous les incorporâmes et sortîmes par la porte de Fez, où se trouvaient sous les armes toute la division de cavalerie, le corps du général Prim et celui du général Échagüe.

Tous les Juifs étaient sortis de la ville et faisaient la haie sur notre passage ; la plupart d'entre eux, attendant à peine le départ des troupes, erraient sur l'emplacement où s'étaient élevées les tentes, pour recueillir les débris de toute sorte qu'y laissaient les soldats. Quant aux Maures, je crois que pas un de nous n'en vit un seul ce jour-là ; ils restaient enfermés dans leurs maisons, méditant des projets de vengeance ; nous leur étions devenus plus odieux encore, et ce départ leur présageait une nouvelle conquête sur leur territoire. Ils attendaient que la ville fût abandonnée et confiée à un millier de soldats pour commencer cette guerre de rues, cette série d'assassinats nocturnes auxquels ils se livrèrent plus tard.

Le général don Diégo de los Rios, gouverneur de Tétuan et chargé de sa défense, devait accompagner l'armée jusqu'au pont de Bu-Séja, afin de ramener les blessés si l'on était attaqué ce jour-là. La ville devait donc se trouver dégarnie de ses forces pour peu de temps, puisque, après s'être acquitté de cette mission, le général se détachait définitivement et résidait à Tétuan avec son corps d'armée, réparti entre le fort Martyn, la Douane et la ville.

Voici comment le maréchal O'Donnell disposa ses troupes pour la marche. Le combat de Samsa et la conférence avec Muley-Abbas avaient servi de reconnaissance, et le terrain sur lequel l'armée allait opérer était très-familier au général, qui prit ses dispositions en conséquence.

Le général Rios ouvrait la marche; cinq bataillons de la seconde division de réserve, deux escadrons de lanciers et trois bataillons de la division basque s'avancèrent par la droite, s'emparant des hauteurs de Samsa et arrivant jusqu'à dominer entièrement, d'abord la plaine de Bu-Séja, plus tard la vallée de Vad-Ras.

Le général Rios était pour ainsi dire détaché du reste de l'armée et n'avait d'autre mission que de *flanquer* sa marche.

Le général Échagüe, avec le premier corps d'armée, deux batteries de montagne, les compagnies de génie et un escadron de l'Albuera, se maintint en plaine, formant la tête de l'armée, et dirigeant sa marche sur le pont de Bu-Séja.

Le général Prim, avec le second corps d'armée, emmenait avec lui une batterie de montagne, le second régiment d'artillerie à cheval et la batterie de couleuvrines.

Puis venait la brigade de cuirassiers, un escadron de hussards et deux escadrons de lanciers commandés par don Alcala Galiano, le général de la cavalerie.

Entre ceux-ci et le corps d'armée du général Ros de Olano venaient le bagage du quartier général et tout le matériel des deux corps d'armée qui précédaient.

Le général Ros, avec ses troupes respectives, commandait une batterie de montagne et un escadron de l'Albuera; son bagage le suivait.

Enfin le général Mackenna fermait la marche avec la première division du corps de réserve, une batterie de montagne et un escadron de cuirassiers.

Le flanc droit et l'arrière-garde étaient, comme on le voit, protégés de manière à rendre impossible pour l'ennemi toute tentative faite sur ces différents points. Notre gauche n'était pas couverte, mais la disposition du terrain était telle, que ce soin était inutile. En effet, la plaine de Bu-Séja s'étend de ce côté à plus d'une lieue, traversée par deux rivières qui forment une défense naturelle, et empêchent l'ennemi de masser des forces capables d'arrêter une marche.

Le maréchal avait calculé que les Maures, prévenus de notre marche sur Tanger, nous attendraient dans les terribles défilés du Fondouch, à moitié chemin, et que là, fortifiés et retranchés d'une manière formidable, nous aurions à soutenir un combat très-meurtrier, après lequel la route serait libre jusqu'à Tanger par la dispersion de l'armée marocaine. Cette prévision fut déçue, car nous étions à peine à une demi-lieue du campement que nous quittions, que sur la gauche, et par conséquent de l'autre côté de la rivière, se montrèrent des fantassins isolés les uns des autres, mais en très-grand nombre, et préludant à l'attaque par des décharges de mousqueterie.

C'était un signal, et ces agresseurs, qui sortaient on ne sait d'où, sans ordre, sans régularité n'étaient autres que les habitants des douars cachés dans les hauteurs qui bornaient l'horizon sur notre gauche ; ils s'appelaient les uns les autres au combat, prévenus sans doute par les envoyés de Muley-Abbas, qui savaient que nous commencerions la marche ce soir-là.

L'ordre fut donné de se déployer en tirailleurs sur la gauche ; mais l'audace des Maures était telle, que, malgré la présence des Espagnols sur la rive opposée, ils traversèrent le Jelu et attaquèrent assez sérieusement pour qu'on fût obligé de les charger à la baïonnette. Le général Ros de Olano se vit aussi inquiété sur le point où il était, et vit son bagage menacé par les Kabyles, qui passaient la rivière sur tous les points où elle était guéable.

Pendant ce temps-là, la droite restant libre, le gros de l'armée s'était avancé jusqu'au confluent du Guad-el-Gélu et du Bu-Séja ; des forces sérieuses l'y attendaient, et le maréchal jugea nécessaire de faire passer la rivière au second bataillon du régiment de Grenade et à un escadron de l'Albuera. L'ennemi n'essaya pas de disputer le passage du gué ; mais immédiatement, sur l'autre rive, l'Albuera chargea à fond de train, et il y eut une mêlée sanglante. En même temps que l'Albuera chargeait, le général Échagüe prenait ses dispositions pour s'emparer d'une hauteur qui s'élevait de ce côté et qui, dans un moment donné, devait être d'une grande importance.

Les Maures comprirent en même temps que les Espagnols la nécessité d'occuper cette position qui était neutre, et pendant que les chasseurs de Catalogne montaient le versant qui regardait Tétuan, la cavalerie marocaine, mêlée aux fantassins, gravissait le versant opposé, de façon que les ennemis se rencontrèrent sur le plateau. Les forces des Maures étaient bien supérieures en nombre; heureusement le général la Saussaye envoya les chasseurs de Madrid pour soutenir ceux de Catalogne, et une charge vigoureuse laissa les Espagnols maîtres du terrain.

Mais il était important pour les Maures de ne pas laisser l'ennemi s'engager dans ce vallonnement qui mène au pont de Bu-Séja. Ils se replièrent donc, et, ramenant des renforts, tentèrent sur le même point de barrer le passage. Le corps du général Échagüe se chargea de le repousser. Une partie du second corps d'armée s'avançait pour le soutenir, mais déjà le chemin était libre.

L'armée s'avança sans rencontrer d'obstacles pendant quelques instants. Il paraît que le plan des Maures était de n'abandonner à aucun prix les positions dont le corps d'armée du général Échagüe était maître; car, revenant à la rescousse avec des forces considérables, s'abritant derrière tous les obstacles naturels, profitant de tous les plis de terrain, l'ennemi força la première brigade du corps d'armée du général Prim à passer la rivière. Bientôt ces forces furent insuffisantes pour contenir l'ennemi, et les Catalans vinrent renforcer le deuxième corps.

L'arrivée des Catalans sur le lieu du combat fut signalée par une mêlée horrible. Depuis la bataille de Tétuan, ce bataillon avait acquis une réputation de bravoure qu'il s'était promis de ne pas perdre, et devançant les ordres de leurs chefs, les volontaires s'élancèrent au delà de la ligne des tirailleurs et se prirent corps à corps avec l'ennemi. Cette mêlée fut terrible, et les cadavres s'amoncelaient les uns sur les autres. Quand les Catalans rentrèrent dans les lignes espagnoles, ils avaient perdu la moitié de leurs forces.

Mais les mouvements que je viens de décrire étaient spéciaux à la gauche. Le général Prim avait reçu l'ordre du général en chef de s'engager à tout prix sur le pont de Bu-Séja et de passer la rivière sur tous les points.

Le comte de Reuss, pour assurer le succès de son opération, se fit renforcer par la première brigade de sa division, soutenue d'une batterie d'artillerie de montagne et de la batterie de coulevrines. Le bataillon de Navarre se couvrit de gloire à ce passage; mais l'artillerie aidait singulièrement le mouvement, et la cavalerie elle-même, qui pouvait à peine avancer dans ces terrains abruptes, appuya cette opération, guidée par son chef, le général Galiano.

Le pont fut franchi, la cavalerie passa à gué, et presque toute l'infanterie en fit autant, escaladant les rives escarpées; l'artillerie seule profita réellement du pont, qui lui était indispensable.

Le chemin qui mène au passage de Bu-Séja forme une vallée, mais immédiatement après la sortie du pont s'étend une plaine où l'ennemi tenta de se réorganiser. En effet, les forces des Maures semblaient prendre un ordre de formation et prêtes à tenter un nouveau mouvement; mais les troupes du général Prim étaient encore pleines de l'enthousiasme de la lutte; elles avaient trouvé tant de cadavres sur leur passage, qu'elles se regardaient presque comme maîtresses du terrain. Le général n'eut donc qu'à les lancer sur la cavalerie échelonnée dans la plaine; elle n'attendit pas l'ennemi, et se retira sur des hauteurs inaccessibles qui s'élevaient à gauche du pont de Bu-Séja.

On a depuis reproché au général Prim de s'être laissé emporter par son ardeur et d'avoir engagé ses soldats sur ces hauteurs infranchissables, entraînant avec lui la cavalerie, qui n'avait que faire de charger sur un terrain à pic, semé de broussailles et planté d'arbres qui servaient d'abri aux tirailleurs. Mais dans la guerre, il est de ces nécessités terribles qui forcent un général à se servir des troupes qu'il a sous la main; et en Afrique personne ne peut prévoir ce que fera l'ennemi et disposer ses troupes comme dans les guerres européennes. Les hauteurs de Vad-Ras étaient telles, que si le général Prim eût laissé à l'ennemi le temps de se reconnaître et de s'établir solidement, aucune force humaine n'eût pu le déloger de là, et notre marche était arrêtée. Le comte de Reuss, après avoir défait la cavalerie en plaine, voulut donc occuper immédiatement le premier étrier de la montagne.

La lutte qui s'engagea sur ces hauteurs entre ces ennemis, qui se trouvaient n'avoir plus d'autre refuge que les bosquets sur la montagne et les Espagnols, qui sentaient qu'ils n'avaient rien fait, tant qu'il leur restait ces positions à prendre, ne saurait se raconter. Plusieurs bataillons s'avancèrent jusqu'à cinq fois, et cinq fois durent se retirer devant l'acharnement des Maures, qui se battirent comme des lions, montrant partout un courage fanatique, s'élançant sur l'ennemi les deux mains armées de gumias et luttant corps à corps. Les pertes furent horribles de part et d'autre ; et c'est à peine si, sur un champ de bataille aussi accidenté, on pouvait juger de l'avantage que chacun remportait. Enfin le général Prim profita du premier bosquet qui se trouvait sur la hauteur pour s'y remettre un peu, rallier ses troupes, se mêler aux soldats, les encourager et leur adresser quelques chaleureuses paroles. Un douar s'élevait à quelques pas de là, et l'ennemi s'y retirait, profitant du peu de temps que lui laissait le général pour s'y établir. Le comte de Reuss laissa à l'entrée du bosquet le brigadier comte de la Cimera avec deux escadrons de cuirassiers. Il se défit aussi de son artillerie, qui de là commandait la plaine, et gravit la hauteur à la tête du bataillon de Navarre et d'une compagnie de sapeurs ; il chargea trois fois l'ennemi, pénétra dans le douar, s'empara des maisons les unes après les autres et les incendia.

Ce qu'il y a d'héroïsme sous ces quelques lignes

froides et sèches, dans lesquelles j'essaye, sans le pouvoir, de faire passer le feu qui me monte au visage en écrivant, est chose inouïe ; les épisodes auxquels ces attaques donnèrent lieu sont nombreux, et les drames les plus noirs font sourire de pitié après ce que nous vîmes ce jour-là.

C'était un combat sans cesse renaissant. Dès qu'un douar était pris et livré aux flammes, les Maures se retranchaient dans un autre. Le général dut faire avancer la cavalerie, qui s'était retirée dans le premier bosquet, et aidé de Chiclana, de Navarra, de Léon et de Toledo, tellement démantelés, tellement décimés par les luttes horribles qu'ils avaient soutenues, qu'ils n'avaient plus que la moitié de leur effectif, il arriva, après des attaques et des retraites successives, à rester maître du dernier douar et du sommet le plus élevé. Les Maures, renonçant à le défendre, mirent eux-mêmes le feu à leurs gourbis et redescendirent précipitamment l'autre versant.

On vient de voir, par ce qui précède, avec quelle âpreté les Maures occupaient depuis près de quatre heures la droite, défendue par le général Prim, dont les troupes étaient brisées de fatigue autant par l'acharnement des luttes successives qu'elles avaient à soutenir que par la difficulté du terrain, d'où il fallait continuellement déloger l'ennemi.

En avant-garde, le général Échagüe, avec le premier corps d'armée, avançait en combattant plus faiblement, attendant d'un moment à l'autre le signal d'une attaque générale. Ros de Olano, avec le troisième corps, était toujours occupé sur la gauche, contenant l'ennemi de l'autre côté de la rivière, le forçant à la repasser lorsqu'il se présentait en nombre sur notre rive. Sa position était difficile, en cela qu'il avait mission de s'avancer et de passer à son tour le pont de Bu-Séja. Or, il ne voulait pas laisser l'ennemi derrière lui, et forcer le général Mackenna à étendre sa ligne de bataille depuis Tétuan jusqu'au pont, puisque ce général avait mission de nous servir d'arrière-garde.

Nous avons laissé sur les hauteurs de la droite le général don Diégo de los Rios; il s'était avancé assez loin sans rencontrer d'ennemis. Mais toutes ces hauteurs sont semées de douars peu importants et assez rapprochés les uns des autres; il se voyait inquiété par les montagnards, qui attaquaient sa droite, pendant que le flanc gauche de l'ennemi le harcelait de telle façon, qu'il dut maintes et maintes fois lui faire face e ordonner de vigoureuses charges à la baïonnette.

On voit donc que les troupes étaient engagées sur tous les points. Le général Mackenna lui-même, qui n'avait d'autre mission que de protéger les convois de blessés et les munitions, se vit forcé d'employer son artillerie pour dissiper les Kabyles qui l'attaquèrent sur son extrême gauche; on les vit sortir en foule des hauteurs de Bucemeler, c'est-à-dire à la porte même de Tétuan. Le canon ne leur inspirait pas assez de terreur; on dut faire descendre sur la rive du Guad-el-Jelu un bataillon qui chargea vigoureusement ceux qui avaient passé la rivière, et jusqu'à la nuit l'arrière-garde, qui avait déjà fort à faire pour protéger les convois, dut s'occuper de repousser les tentatives d'une multitude de montagnards, de Kabyles et de Maures agriculteurs qui étaient attirés sur le champ de bataille par le bruit du canon.

Il est difficile d'apprécier la force numérique des Maures à cette journée de Vad-Ras; mais, en quelque point que l'on jetât les yeux, on ne voyait que cavaliers et fantassins aux burnous gris. C'était peu de quarante mille hommes pour faire face à ces attaques acharnées, et malgré la fureur avec laquelle les Espagnols résistaient sur tous les points, malgré la supériorité évidente des manœuvres, et surtout malgré l'artillerie rayée, ce puissant auxiliaire des Européens, il faut avouer que ce n'est qu'au prix d'efforts héroïques qu'on était arrivé jusqu'au pont de Bu-Séja.

Mais la journée n'était pas finie. Les troupes situées sur les hauteurs de droite distinguaient à une lieue de là le camp des Maures; et le général Prim, sur la montagne boisée où nous l'avons laissé, le voyait aussi : c'était une proie à conquérir, et l'ennemi oubliait sa fatigue et ses rudes travaux en pensant que lorsque l'armée tout entière aurait franchi le pont, une attaque générale, poussée avec cette furie dont on avait fait preuve à la bataille de Tétuan, pouvait une seconde fois la rendre maîtresse des tentes marocaines.

Profitant d'un moment où il venait de mettre l'ennemi en fuite, le repoussant bien au delà des deux rivières, le général Ros de Olano s'empressa de se rallier au mouvement général, et entraîna ses troupes au passage du pont; trois bataillons de la première division, une brigade de la seconde, une batterie de montagne et une batterie d'artillerie montée le suivaient. Il avait à peine franchi le passage, qu'une masse de cavaliers maures, qui semblaient être des troupes fraîches, sortit des bosquets qui s'élèvent à l'extrémité de la plaine sur la droite, et s'élança sur la hauteur de Vad-Ras afin d'attaquer les derrières du général Prim, qui poursuivait toujours sa périlleuse ascension.

Mais le général Ros, avant même que l'ennemi eût gravi le premier mamelon, avait barré le passage en déployant ses bataillons en colonne et massant son artillerie, qui cette fois pouvait agir avec efficacité contre une masse serrée ; il commença un feu bien nourri, et échelonna à droite et à gauche une longue ligne de tirailleurs. Le général voulait, à tout prix, porter du renfort au comte de Reuss, qui soutenait depuis trop longtemps une lutte inégale ; il prenait ses dispositions pour surprendre les Maures qui étaient engagés sur les hauteurs de Vad-Ras, quand le général en chef lui envoya l'ordre de détacher trois bataillons et de renforcer le second corps d'armée.

C'était le moment où le général Prim attaquait le second douar. Ses troupes, je l'ai déjà dit, étaient exténuées, et ne faiblissaient pourtant pas ; le général Corvino, avec les trois bataillons de Baza, Albuera et Ciudad-Rodrigo, partit au pas de course pour le soutenir. A peine arrivé sur le lieu du combat, l'ennemi, voyant un renfort sérieux qui venait prendre part à la lutte, se jeta résolûment sur les nouveaux-venus. Ciudad-Rodrigo s'engagea avec tant d'impétuosité, qu'il y eut pendant un quart d'heure une mêlée dans laquelle il ne se tira pas un seul coup de feu, à l'exception des quelques révolvers que les officiers déchargeaient à bout portant sur l'ennemi. Les Maures se battirent comme des lions, se servant de leurs espingardes comme de massues, faisant pleuvoir sur l'ennemi une grêle de pierres et de projectiles de toute sorte. Il était évident qu'on leur avait présenté la mort sur le champ de bataille comme un bien suprême, car nous vîmes ce jour-là des groupes de dix soldats attaqués par un seul homme qui s'avançait la poitrine découverte, déchargeant son arme à bout portant, et cherchant dans une agression insensée une mort volontaire. Quelques Arabes même se jetaient jusque sur les batteries d'artillerie, et les servants les tuaient sur la pièce encore chaude, qu'ils embrassaient avec frénésie.

Baza et Albuera se comportèrent aussi bien que Ciudad-Rodrigo ; mais la position de ce dernier bataillon était plus difficile, et l'on se fera une idée de la lutte qu'il dut soutenir en apprenant le nombre des hommes qui restèrent sur le champ de bataille. Le colonel, dix-sept officiers et près de la moitié de l'effectif du bataillon furent mis hors de combat; un officier d'état-major prit le commandement, et, malgré la fureur croissante de l'ennemi, ce glorieux bataillon, serré en masse compacte autour d'un drapeau déchiré, ne céda pas aux Maures un pouce de terrain.

L'ennemi se replia, mais il semblait que de toute part sortissent de nouveaux renforts. A peine le général Corvino, voyant quelles pertes venait de subir Ciudad-Rodrigo, eut-il amené à son secours les chasseurs de Baza, que les Maures revinrent en plus grand nombre. Il n'attendit pas que ces derniers vinssent à lui, courut à eux en commandant feu à volonté, et, quand il fut à portée, comme un simple lieutenant, se mit à la tête de ses forces, et chargea avec une telle impétuosité, qu'on vit les mahométans fuir de tous côtés.

La montagne de Vad-Ras est semée de bosquets et de douars; désormais la résistance sur ce point devenait facile pour l'ennemi, car il pouvait entraîner les Espagnols à des prises successives de toutes ces cabanes où il se retirait. Le général Corvino continua son ascension et s'empara néanmoins des huttes les plus proches, pendant qu'un des trois bataillons d'Albuera, ayant fait un mouvement tournant, s'établissait sur la cime la plus élevée.

Le campement des Maures devait être sans défense, puisque près de quarante mille hommes se trouvaient engagés sur le champ de bataille; il est probable qu'à partir de ce moment une bonne partie des forces se retrancha pour le défendre, dans le cas où les troupes qui restaient ne pourraient pas intercepter le passage.

Nous avons vu la lutte concentrée depuis la plaine, que nous nommerons plaine de Vad-Ras (puisqu'elle est de l'autre côté du pont de Bu-Séja), jusqu'au sommet le plus élevé des hauteurs du même nom : mais sur aucun point du champ de bataille ne se trouvait un bataillon qui ne fût pas engagé; et le général Rios, dont nous avons un peu négligé la marche, et qui, on se le rappellera, s'était dès le principe emparé de toutes les hauteurs de la droite, avait beaucoup à faire pour empêcher l'ennemi de tourner ses positions et de venir attaquer notre arrière-garde. Le général la Torre, de la division basque, et le brigadier Lesca, furent chargés d'empêcher ce mouvement, et trois fois de suite, avec un nouveau renfort de quelques milliers d'hommes, à chaque attaque successive, ces deux officiers généraux repoussèrent l'ennemi et revinrent occuper leurs positions, qui ne pouvaient pas un seul instant rester dégarnies, puisque le général en chef avait ordonné que depuis le pont de Bu-Séja jusqu'à Tétuan, le général Rios donnant la main au général Mackenna, il n'y eût pas de solution de continuité.

Rios devait donc se tenir en deçà du pont, toutes les troupes qui devaient franchir cette ligne avaient exécuté leur mouvement. Le général Prim et le général Ros de Olano étaient les maîtres d'une position qui était la clef de ce terrible passage du *Fondouch;* le camp ennemi était là sous les yeux de l'armée : le maréchal se disposa à l'attaque générale.

Le général en chef, depuis longtemps déjà, se tenait avec son état-major en deçà du pont de Bu-Séja, sur une hauteur, près des forces du général Rios; il dominait tous les mouvements, et c'est de là que partaient les aides de camp et les officiers d'ordonnance chargés de transmettre les ordres sur tous les points. Quelquefois l'état-major avançait un peu, mais la disposition du champ de bataille était telle, qu'il était utile d'occuper le même mamelon. A un certain moment, dési-

17.

reux d'observer l'état du terrain sur l'extrême droite, O'Donnell gravit une côte au petit trot, et, la lorgnette à la main, il interrogeait l'horizon, quand un cri s'éleva de l'état-major. A quelques pas à peine, une centaine de Maures étaient en embuscade, et rien n'était plus facile que de faire un mauvais parti au maréchal et de le cerner. Avec ce merveilleux sang-froid de l'homme qui *n'entend pas les balles,* O'Donnell demanda son escorte, qui prêtait main-forte sur je ne sais quel point ; et quand on lui eut dit que depuis plusieurs heures déjà on en avait disposé comme renfort, il ajouta doucement : *Les escortes, on ne les a que quand elles ne servent à rien;* puis, descendant la colline comme si l'ennemi n'était pas à quelque cent mètres de lui, il revint observer les mouvements.

Cependant les ordres avaient été communiqués aux différents généraux commandant les corps d'armée, chacun connaissait le mouvement qu'il devait effectuer et le point de concentration où toute l'armée devait arriver ; il restait encore quelques heures de soleil, et le général en chef avait résolu de dresser les tentes au *Fondouch*, profitant de l'avantage de ses positions et comptant beaucoup sur la stupeur dont avait été frappée l'armée marocaine, qui avait déployé une si grande valeur sans arriver à conserver une seule de ses positions.

Le général en chef, pour un moment aussi décisif, voulut marcher à la tête des troupes, et se réserva le commandement du centre ; l'armée tout entière s'ébranla et s'engagea dans la direction du *Fondouch*. L'ensemble de ce mouvement ne pouvait avoir ni la précision, ni la régularité d'une attaque comme celle que les troupes avaient exécutée lors de la prise du campement marocain. Il est difficile de se faire une idée de la nature du terrain sur lequel on opérait; sans doute ce n'étaient ni les sombres défilés des Portes de fer, ni les rochers à pic de Constantine; mais des vallonnements successifs semés de bosquets, de broussailles et de quartiers de roches; des cours d'eau non guéables interrompant à chaque instant la marche; ici un douar, là un ravin, et l'artillerie et la cavalerie suivaient le mouvement, la première surtout était indispensable.

Néanmoins les Maures se souvenaient encore de la razzia faite le 4 février, et leurs tentes étaient à une demi-lieue de nous. Quand ils virent cette armée s'avançant tout entière au bruit des musiques militaires, au son de tous les clairons sonnant l'attaque, ils battirent en retraite avec précipitation, franchirent en désordre les tranchées de leur campement, et, obéissant peut-être à un ordre donné par les généraux, on les vit plier les tentes, les charger sur leurs chameaux et s'enfoncer dans les défilés du Fondouch. Ce fut une déception générale du côté des Espagnols, l'armée ne poussa qu'un seul cri; mais il y eut un second mouvement qui donna à réfléchir : il paraît que l'ennemi avait voulu seulement mettre son matériel en sûreté; une fois que ceux qui étaient préposés à sa garde furent hors d'atteinte, il y eut de la part des Maures un suprême effort; ils n'étaient pas encore las de tant de luttes et n'avaient pas perdu tout espoir d'arrêter l'armée espagnole :

mais celle-ci ne ralentissait pas sa marche, et déjà elle couronnait une hauteur d'où elle n'avait plus qu'à fondre sur l'ennemi avec la même ardeur que celle qu'elle avait déployée jusque-là. Comme avant tout mouvement décisif, il y eut un instant d'arrêt, et généraux et soldats comprenaient que le sort de la journée dépendait du plus ou moins d'impétuosité avec laquelle cette attaque générale s'exécuterait.

Le mouvement de descente favorisant l'élan général, les Espagnols redoublèrent d'ardeur, et l'armée marocaine n'attendit pas le choc ; tous les cavaliers tournèrent bride et disparurent définitivement dans les défilés qui s'ouvraient entre deux collines qui bornaient l'horizon.

La victoire était complète, mais elle avait coûté cher. Quoique à peine entrés dans la saison du printemps, une chaleur horrible accablait le soldat, qui portait un lourd bagage composé de sa tente, de ses munitions et de cinq jours de vivres. Les ambulances étaient encombrées ; on avait évacué les blessés sur Tétuan, et pourtant, sur quelque partie du champ de bataille que l'on portât les yeux, on les arrêtait sur une scène de douleur.

Jamais je n'ai vu le soldat aussi sérieux que le soir de cette bataille de Vad-Ras. La valeur des Maures avait été au-dessus de tout éloge ; ce n'était plus du courage, c'était de la rage, du fanatisme, une folie furieuse qui s'était emparée d'eux. Nous les avions attaqués pendant le *Rhamadam*, et à cette époque de l'année ils sont exaltés par la pratique de leurs dévotions ; les *santons* avaient prêché la guerre sainte, le paradis du Prophète était la récompense infaillible de leur dévouement ; aussi venaient-ils au-devant de la mort, sans chercher à parer ses coups.

Le général Prim campa sur les hauteurs qu'il avait emportées au prix de tant d'efforts ; le quartier général et le corps du général Échagüe campaient un peu au-dessous de lui à mi-côte ; quant au général Ros de Olano, il était en avant-garde et presque en plaine.

La nuit me surprit à plus d'une lieue et demie du quartier général ; la ligne de bataille était tellement étendue, que je me décidai à rester auprès du général Mackenna à l'arrière-garde, le seul point du champ de bataille où s'entendait encore le canon.

Les mille épisodes dont nous fûmes témoin depuis le pont de Bu-Séja jusqu'à Tétuan sont indescriptibles. Nous nous transportâmes pendant cette journée de Vad-Ras sur tous les points, car nous savions par expérience que ce n'est pas en restant au milieu d'un état-major qu'on peut se rendre un compte exact de l'action.

Le régiment de cavalerie de Bourbon avait chargé à la gauche dans un terrain difficile et semé d'accidents ; un douar s'élevait entre des bouquets d'arbres ; et l'ennemi défendant ses cabanes à l'abri des pierres et des broussailles, avait décimé l'escadron dont les blessés, soutenus en selle par leurs assistants ou portés dans des civières, traversaient la plaine de Bu-Séja pour rentrer à Tétuan. La division d'arrière-garde, général Mackenna, comptait aussi un escadron de cavalerie du régiment nommé *El rey* (le roi), et les officiers, séparés par un champ de bataille d'une lieue et demie, venaient demander avec anxiété si ceux qui leur étaient le plus chers avaient échappé à cette charge meurtrière. A quelques-unes de ces questions ceux qui portaient les blessés répondaient : Un tel n'est que légèrement blessé, un tel est mort, un tel, saisi par l'ennemi, a eu la tête tranchée sous nos yeux ; et, selon la réponse, on voyait se peindre un sentiment différent sur le visage de celui qui questionnait. Au fond de tout cela, l'homme n'a que bien rarement le stoïcisme en partage ; et la réponse évangélique : *Dieu me l'a donné, Dieu me l'a ôté*, n'est pas de ce monde. Il y a dans Shakespeare quelques imprécations qui se trouvent bien en situation à l'annonce de la mort d'un ami ; et il se peut qu'il y ait quelque chose de froidement cruel à épier sur la face de ceux qui vous entourent comment tel ou tel trait se contracte, pour exprimer tel ou tel sentiment, comment l'œil s'allume ou s'éteint à la nouvelle de tel ou tel malheur. Mais le champ de bataille est la grande école de la vie, et je ne sais rien de plus émouvant et de plus sérieusement attachant que cette étude constante de la nature prise sur le fait, et détachée de tous les sentiments de respect humain auquel est toujours soumise toute action qui se passe au sein des sociétés.

Ce jour-là, vers deux heures de l'après-midi, je me trouvais très-éloigné du point où le général Prim opérait, quand j'aperçus un Catalan portant sur sa tête une magnifique selle anglaise recouverte de velours grenat ; le soldat, blessé légèrement à la jambe, s'en revenait assez insouciant, regardant, en homme qui sait à quoi s'en tenir, les chapelets de civière qui s'étendaient du pont de Bu-Séja jusqu'à Tétuan. Or, j'avais remarqué que le général Prim, ordinairement très-luxueux dans tous les détails de son équipement, avait une selle absolument semblable, et je me sentis très-ému à la pensée qu'il avait peut-être succombé ou qu'il était sérieusement blessé. Je m'approchai du volontaire et lui demandai des nouvelles de son général : « Le général va toujours bien, me répondit-il ; c'est le colonel qui va mal. Quant à la selle elle ne sert plus à rien, le cheval est mort. » — Et vous autres, vous avez beaucoup souffert, car je ne vois que des *boinas* rouges aux ambulances ? « Il en reste encore pour une fois, mon officier. Le jour de la prise du camp on nous a tué un tiers de l'effectif ; aujourd'hui le second tiers, et avant Tanger nous aurons encore une affaire, ce sera pour le reste, » et le pauvre diable s'en allait, venant de laisser tomber une parole aussi grande que le *qu'il mourût* de Corneille, sans seulement se douter qu'il était sublime.

La nuit de Vad-Ras est celle qui se représente à mon souvenir comme une des plus sombres et des plus tristes. Si la journée avait été chaude et pesante, cette nuit fut glaciale. Il était déjà trop tard pour rejoindre le quartier général qui était au pont de Bu-Séja, et je me vis surpris par l'heure avancée à l'arrière-garde de l'armée sans bagages et sans tente. Les officiers de l'escadron *del rey*, détachés de la division de cavalerie, avaient aussi laissé tout leur matériel avec celui du corps d'armée du général Prim ; et nous dûmes bivouaquer dans la plaine, à deux pas de la tente de l'ambulance, d'où s'échappaient de sourds gémissements et des cris de douleur. Il était dix heures quand on pensa à prendre quelque nourriture, un fragment de galette, un verre de rhum, et rien de plus. Nous grelottions sous nos manteaux, et un brouillard épais, glacial, nous enveloppait.

Le général Mackenna avait reçu avis qu'un convoi de blessés allait traverser la plaine pour rentrer de nuit à Tétuan, et devait le protéger contre toute attaque. Un de nos compagnons fut envoyé au-devant de lui avec son détachement et erra au milieu d'une obscurité profonde, s'embourbant dans des parties marécageuses ou dans des fondrières : au lieu du convoi annoncé, il ne rencontra qu'une cinquantaine de malheureux blessés, étendus sans aucune espèce de couverture sur l'herbe trempée par l'humide brouillard. Puis, c'étaient à tout moment des soldats égarés, des blessés qui essayaient de regagner Tétuan ; des chevaux en liberté dont les hennissements retentissaient au milieu de la nuit. Au milieu de tout cela les détonations d'espingardes des ennemis embusqués, qui, dès qu'ils voyaient la lueur d'un foyer ou une tente éclairée, les prenaient pour point de mire. La distance assez grande qui nous séparait de l'armée rendait la situation de l'arrière-garde extrêmement périlleuse. Amsa, Bucemeler, Fedjar et les autres douars situés dans les montagnes à un quart de lieue de nous, auraient certainement tenté de nous envelopper s'ils eussent pu prévoir que nous étions si peu nombreux. Le général Mackenna ne s'exagérait nullement sa situation, mais il avait fait preuve de prudence en disposant des grand'gardes. Dans la position où nous

EDMOND MORIN

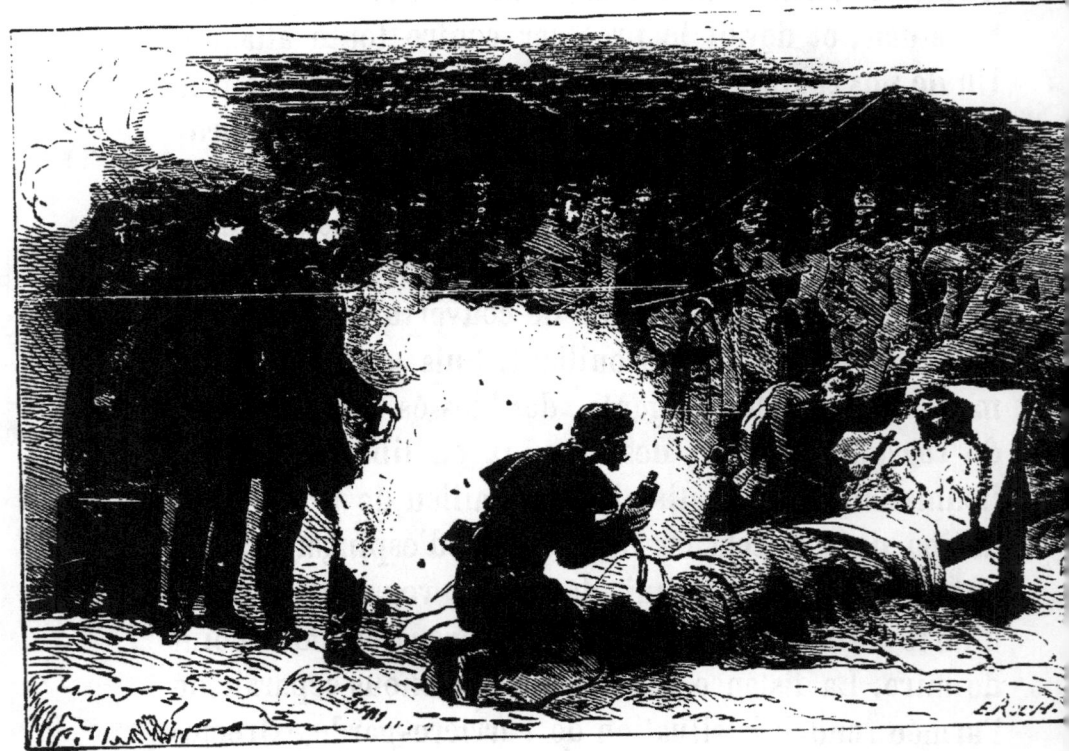

La dernière Prière.

nous trouvions, chaque sentinelle perdue devait essuyer le feu de quelque Maure vagabond travaillant pour son compte, et on ne devait pas laisser loin de la masse des forces une quantité d'hommes qui ne pût pas faire face pour un moment à une attaque.

La nuit s'écoula sans événements; nous dormions autour d'un triste feu de bois mouillé comme on peut dormir dans les circonstances où nous nous trouvions, l'estomac tiraillé par le besoin de nourriture, les membres engourdis par ce brouillard qui nous pénétrait, quoi que nous fissions pour nous en préserver, attristés par les cris des mourants. Les chapelains venaient de temps en temps prendre leur place autour du feu après avoir administré un moribond, et c'était à tout moment une nouvelle émotion, une nouvelle cause de tristesse.

Souvent déjà, réunis après une bataille sanglante, encore sous l'empire des impressions de la journée, nous avions assisté à des scènes de douleur, nous avions entendu déplorer la perte d'un ami, d'un frère ou d'un compagnon d'armes; mais sous la tente l'horizon est restreint, et on peut s'isoler des impressions extérieures; tandis que là, de quelque côté que nos yeux se tournassent, ce n'étaient que ténèbres et douleurs. A nos pieds, les pauvres troupiers brisés de fatigue dormaient bizarrement confondus entre eux; les médecins et les aides n'avaient cessé de prêter leurs secours, et c'étaient sous nos yeux mêmes des opérations terribles et des scènes dont la moindre eût suffi dans la vie réelle pour nous abattre ou nous anéantir.

Si la lumière du jour fût venue tout d'un coup éclairer ce tableau, il eût été tout différent ; car l'âme est ainsi faite, que la mise en scène est pour beaucoup dans les impressions qu'elle ressent. Les ténèbres autour de nous devenaient un vaste champ ouvert à l'imagination qui peuplait la plaine immense de scènes semblables à celle dont nous venions d'être témoins pendant que nous cherchions le convoi des blessés.

C'est la nuit, que le roi Lear, devenu fou, errant dans la forêt au bruit des vieux chênes agités par le vent, les cheveux et les vêtements ruisselant de pluie, battu par la tempête, se souvient des pauvres et des vagabonds sans asile. Dans quel livre a-t-il donc lu les plus profonds mystères que recèle le cœur de l'homme ? qui donc lui a révélé, à ce Shakespeare, les plus intimes secrets de la conscience ?

Le roi Lear est un roi, mais c'est un homme ; et si la leçon est plus grande quand elle s'adresse à un pasteur des peuples, la sublime pensée du poëte anglais est bien profondément vivante et est du domaine de l'humanité tout entière.

Je me souviens d'avoir, au milieu des ténèbres, sous ce ciel lourd et couvert, invoqué tout bas le ciel pour ceux qui erraient dispersés dans les sierras, vaincus et blessés, traînant par la main leurs femmes et leurs enfants, et n'ayant pas une pierre où reposer leur tête.

Le lendemain, à la pointe du jour, je traversai le champ de bataille et rejoignis le quartier général ; j'y trouvai tout le monde, depuis le général en chef jusqu'au dernier officier, sous l'impression de la rude bataille qui s'était livrée la veille. Mais le maréchal avait déjà fait connaître sa résolution de marcher en avant, et un convoi s'organisait pour emporter les derniers blessés et ramener une certaine quantité de vivres et de munitions. La bataille de Vad-Ras devait porter ses fruits, et la stupeur dont les Maures étaient frappés allait probablement nous ouvrir le passage jusqu'à Tanger.

Depuis le moment où l'armée marocaine avait levé son campement, craignant de le voir tomber aux mains des Espagnols, aucun indice n'avait pu révéler la marche de l'ennemi, et ce terrible mystère du Fondouch restait encore dans l'imagination de tous entouré de son formidable prestige. C'était peu d'un jour de répit pour se remettre d'une alerte comme celle de la veille, et néanmoins chacun comprenait que pour profiter de l'avantage obtenu, il fallait précipiter les mouvements, sans laisser aux Maures le temps de se remettre.

Les camps des trois corps d'armée étaient groupés à peu de distance les uns des autres : nous nous rendions à celui du général Prim, afin de savoir lesquels de nos amis avaient succombé dans la lutte de la veille, quand une rumeur s'éleva du corps d'armée du général Ros, et nous vîmes un cavalier ennemi se diriger à toute bride vers le quartier général d'O'Donnell.

Celui qui se présentait aussi hardiment aux avant-postes n'était autre que l'un des premiers ambassadeurs envoyés pour traiter de la paix, alors que Muley-

Abbas avait voulu savoir à quelles conditions l'armée espagnole évacuerait le territoire marocain. Cette fois le frère de l'empereur reconnaissait définitivement qu'il était impossible à son armée de lutter contre les Espagnols. Il avouait avoir mis sous les armes les soldats les plus aguerris et toutes les troupes dont il pouvait disposer. Il rendait justice à ses propres sujets, disant qu'ils avaient combattu comme des braves, mais qu'il y avait dans notre manière de présenter la bataille, dans l'exécution de nos mouvements et dans le jeu de notre artillerie une unité et une précision contre lesquelles tous ses efforts étaient impuissants.

Le khalife chargeait donc Hamed-el-Chabli de demander au général en chef une seconde entrevue, dans laquelle on arrêterait définitivement les bases de la paix, à quelque condition que ce fût. La réponse d'O'Donnell fut péremptoire. Il avertit l'envoyé qu'il donnait l'ordre d'abattre les tentes au moment où il passait les avant-postes, et le Chabli put se convaincre de ce fait, car la tente du général était seule debout. Il consentait à suspendre sa marche jusqu'au lendemain à six heures du matin, auquel moment l'armée se dirigerait sur Tanger, si Muley-Abbas n'était pas venu en personne traiter avec lui. Hamed-el-Chabli pria l'interprète de lui procurer les moyens d'écrire une dépêche au khalife, afin de le prévenir aussitôt que possible de la ferme résolution qu'avait prise le maréchal.

Comme presque tous les mulets étaient déjà chargés et que tout le mobilier des tentes était disposé pour la marche, le secrétaire de campagne se trouvait installé en plein air. Le Chabli s'assit sur les talons, rédigea la dépêche, qu'il remit à l'un des cavaliers de la garde noire qui l'avait accompagné. Après quelques paroles échangées avec le général, il se remit en selle, traversa le camp et disparut dans les défilés qui conduisaient au Fondouch.

Le lendemain, au moment où les mules chargées et les tentes abattues, comme si Muley-Abbas ne dût pas se rendre à l'invitation du maréchal, tout l'état-major général et même l'armée entière avaient les yeux tournés vers les avant-postes. Un cavalier arabe, gravissant à toute bride collines et vallons, s'arrêta à la porte de la tente du général en chef. C'était Hamed-el-Chabli qui venait avertir O'Donnell de l'impossibilité où se trouvait le frère de l'empereur de se rencontrer avec lui à l'heure dite, empêché qu'il en était par les prescriptions du Koran, qui ordonnent à tout musulman de rester en prières depuis le lever du soleil jusqu'à une certaine heure du jour, à l'époque du Rhamadam.

A neuf heures, Muley-el-Abbas devait se trouver dans la plaine de Vad-Ras avec toute sa suite, et était prêt à traiter de la paix avec le général en chef, qui fit immédiatement disposer une tente pour le recevoir.

Hamed-el-Chabli ne put s'empêcher de manifester un certain étonnement en voyant nos tentes abattues et toutes les troupes disposées pour la marche; le maréchal lui fit observer qu'il n'aurait donné l'ordre d'avancer que quelque temps après que l'heure fixée par lui aurait été écoulée; mais que, dans le cas où le khalife ne se serait pas rendu à son invitation, il était disposé à ne pas perdre un instant.

Quelques heures après, sans aucune espèce d'escorte, l'état-major général se dirigeait vers le lieu de la conférence. Nous avions pris les devants et nous trouvâmes tous les généraux chefs de corps d'armée réunis autour de la tente. M. Vallejo, artiste espagnol qui écrivait et dessinait une relation de la guerre, était déjà installé et esquissait la scène qui se passait sous ses yeux. Comme toujours, le tableau se composait admirablement, et, plus heureux qu'à la première entrevue, où l'émir avait absorbé toute notre attention, nous pûmes faire une étude très-poussée de cette entrevue.

Comme la première fois, les deux généraux en chef s'avancèrent à cheval l'un au-devant de l'autre, et ce ne fut qu'à la porte même de la tente qu'ils remirent leurs montures aux mains des esclaves. Le maréchal n'était pas accompagné de ses ordonnances, et le soldat de la garde noire qui tenait son cheval en main, examinait avec une singulière attention la forme de la selle et la race de la monture.

Muley-Abbas, le maréchal et ses interprètes entrèrent dans la tente, les généraux se réunirent à quelques pas de là, et les ambassadeurs, qui déjà s'étaient trouvés en relation avec eux pendant les premières conférences, vinrent les rejoindre et entrèrent en conversation. Le prince s'était fait accompagner d'une suite assez nombreuse. Le général en chef de la garde noire, entouré de tous ses caïds, se tenait à quelques pas de nous, et ce ne fut vraiment que ce jour-là que nous pûmes observer les types et nous rendre compte des costumes et de la manière d'être de ces ennemis que nous n'avions vus de près que les jours de combat, alors qu'au milieu de la mêlée chacun, préoccupé de sa sûreté personnelle, a tout autre chose à faire que de rechercher le caractère et d'observer la mise en scène.

L'entrevue fut courte. Muley-Abbas était décidé à accepter toutes les conditions qu'on allait lui imposer. Son kodja, accroupi à la porte de sa tente, tenant sur ses genoux le sceau du khalife, fut mandé par le prince, qui signa les préliminaires de la paix, et le général Ustaritz, secrétaire du maréchal, sortit de la tente en disant à ceux qui l'entouraient : « Messieurs, nous sommes devenus amis. » Désormais nous pouvions sans inconvénient nous mêler aux caïds, que nous dévorions des yeux. Ceux-ci, aussi avides que nous de fraterniser et d'entrer en conversation, s'y prêtèrent de bonne grâce, et nous passâmes là deux des heures les plus intéressantes de toute la campagne. Le général en chef de le garde noire, grand vieillard dont la physionomie revêtait un singulier caractère, grâce à l'opposition bizarre que produisait son teint noir et la blancheur de sa barbe, se prêta même assez volontiers au désir que nous avions de conserver un croquis de ses traits. D'autres généraux, tous d'une tournure aussi caractéristique, nous permirent aussi d'esquisser leurs portraits, et nous fîmes ce jour-là une ample moisson de notes et de croquis. On s'enhardissait des deux côtés ; nous nous mêlions les uns aux autres, examinant les armes, les costumes, les chevaux, et nous devons dire que généraux, officiers, artistes et soldats espagnols faisaient une figure très-mesquine devant ces grandes silhouettes fièrement drapées, aux étoffes éclatantes, aux armes richement ornées. Tous les généraux, à quelque arme qu'ils appartinssent, portaient une espingarde; et quelques-uns d'entre eux nous avouèrent qu'ils ne négligeaient jamais une occasion de faire le coup de feu tout comme le dernier de leurs soldats. Il paraît que l'armée tout entière avait observé un long jeûne, car les cavaliers de la garde noire, moins retenus que leurs chefs, exprimaient par une pantomime expressive qu'ils éprouvaient des tiraillements d'estomac, et montrant le soleil, ils parvinrent à nous faire comprendre qu'il ne leur était pas permis de prendre de nourriture avant qu'il eût disparu de l'horizon.

Pendant que nous conversions ainsi, une scène assez intéressante se passait sous la tente où venait de se signer le traité de paix. Le khalife, après quelques lieux communs échangés avec le maréchal, lui avait exprimé le désir de consulter le chirurgien en chef de l'armée espagnole au sujet d'une légère blessure qu'il avait reçue à la chasse quelques années auparavant. Le maréchal donna des ordres, et immédiatement les médecins de l'état-major général se réunirent en consultation et examinèrent la main du prince, qui avait attendu, dans son insouciance musulmane, qu'il ne fût plus temps de le guérir pour en appeler aux lumières d'un savant sérieux. Un grain de plomb perdu sous les chairs et roulant sous la main du praticien déterminait quelques douleurs à l'époque des changements de saison. Il va sans dire que la science fut impuissante, mais ce fut une occasion de conseiller au royal sujet une saison des eaux de Penticosa.

Quelques jeunes chirurgiens qui avaient accompagné le docteur Santuccio vinrent nous rejoindre, et chacun des caïds vint les consulter sur des blessures ou des infirmités qui toutes dataient de trop loin pour qu'on pût y apporter le moindre soulagement. Les uns montraient de larges et profondes cicatrices reçues dix ans auparavant et qu'on avait dû soigner par ces procédés barbares, en usage chez les Orientaux; d'autres se plaignaient de rhumatismes ou de douleurs, recourant à la science européenne comme à une panacée universelle qui devait agir avec une efficacité instantanée; et comme les interprètes étaient tous occupés et que, par conséquent, il était très-difficile de leur faire comprendre l'impuissance des docteurs, quelques-uns parurent avoir une fâcheuse idée de leur savoir. Enfin, un médecin marocain se présenta, et se précipita avec avidité sur une trousse qu'un chirurgien lui montra en lui expliquant l'usage de chacun des instruments qu'elle contenait ; cette fois, l'enthousiasme du *docteur noir* n'eut plus de bornes, et dans un accès de générosité bien explicable, il offrit son espingarde plaquée d'argent, sa gumia damasquinée, sa poudrière aux incrustations d'or et jusqu'à son chapelet d'ambre en échange des précieux instruments. Le chirurgien dut résister à des offres aussi généreuses en lui expliquant que la trousse appartenait à l'État, et que si le lendemain ou le soir même il était appelé à faire une opération, il serait répréhensible de s'être défait des instruments de son métier, tout comme le dernier des soldats encourrait une peine s'il abandonnait ses armes. Cette explication ne satisfit pas le médecin qui redoubla de prières, et force fut à l'aide-major de lui faire présent d'un des instruments les moins indispensables, une pince à balles qu'il pouvait facilement remplacer.

Enfin, la conférence terminée et les politesses échangées entre les généraux en chef, nous dûmes nous retirer à la suite du maréchal qui paraissait, malgré sa froideur habituelle, très-enthousiasmé du résultat de sa conférence. La chaleur était excessive; l'état-major général avait dû stationner deux heures de suite sous les rayons d'un soleil brûlant; plusieurs des officiers s'étaient trouvés indisposés et avaient dû se retirer. Nous rejoignîmes le camp, où, comme toujours, nous vîmes notre tente assiégée par tous les officiers avides de nouvelles et qui savaient que nous avions assisté d'aussi près que possible à l'entrevue. Tout le monde était dans la joie, et immédiatement notre voisin de tente, notre ami caballero del Sas qui voyageait avec un luxe princier et qui, en sa qualité de fournisseur général, était aussi bien approvisionné que Chevet ou Hardy, organisa un banquet splendide pour célébrer les bienfaits de la paix. Ce fut une fête que vint seulement attrister le souvenir de quelques amis morts la veille, et le regret de voir terminer cette vie de privations et de luttes qui n'est pas sans charmes, et à laquelle l'homme avide d'émotions s'accoutume beaucoup plus vite qu'à l'existence plate et uniforme qu'on se voit forcé de mener au sein des villes.

A trois heures de l'après-midi, après que chacun des correspondants français ou étrangers et les officiers en mission auprès de l'armée espagnole eurent adressé leurs félicitations au maréchal, on se remit en selle ; nous devions retraverser toute la plaine de Bu-Séja et le théâtre de la lutte de la veille pour aller camper sous les murs de Tétuan.

Il est une particularité dont personne ne peut se rendre compte : c'est la promptitude inconcevable avec laquelle se transmettent dans le Maroc, dans l'Afrique, et dans tout l'Orient, les nouvelles qui intéressent les populations. Dépourvues de routes, de voies quelconques de communication, manquant de services de courriers, et, il n'est pas besoin de le dire, ignorant même l'existence des télégraphes, ces peuplades s'avertissent les unes les autres avec une rapidité vraiment merveilleuse. Une heure après la signature de la paix, le camp était envahi par des Maures vagabonds qui descendaient des montagnes environnantes, les Kabyles, les Riffeins, ceux d'Anghéra, d'Amsa, de Fedjar, de Bucemeler, les voisins du Fondouch, venaient offrir des armes, des costumes et tout ce qui avait un certain caractère national et pouvait intéresser des étrangers. Avides comme nous l'étions de rapporter quelque souvenir de notre expédition, nous nous ruinâmes tous plus ou moins ce jour-là, et depuis le pont de Bu-Séja jusqu'à Tétuan ce n'était plus qu'un vaste champ de foire, un marché en plein vent. Comme nous marchions un peu à la débandade dans ces chemins d'une excentricité et d'un décousu rares, la variété des costumes, et la diversité que produisait ce mélange de couleurs, offrait un aspect des plus pittoresques; et cette marche est, au milieu des mille souvenirs de cette campagne, l'un des plus vraiment caractéristiques qui me soit resté dans l'esprit. Nous arrivâmes à une demi-lieue de Tétuan à la nuit close, et l'état-major général campa sur l'emplacement que la division du général Échaguë avait abandonné deux jours auparavant.

Huit jours après nous débarquions à Cadix, et tandis que nos compagnons, le cœur joyeux, couraient embrasser leurs mères, notre cœur se serrait à la pensée du retour.

Il fallait dire adieu aux grands horizons, aux sierras déchiquetées, aux sables sans fin. — Adieu les nuits crépusculaires et les aurores radieuses; adieu les enthousiasmes et les défaillances, et c'est avec une profonde mélancolie que nous laissions errer nos regards sur les côtes africaines qui n'apparaissaient plus que comme un point gris : les deux ailes d'un goeland suffisaient pour nous cacher tout entières les immenses solitudes où nous venions de vivre de la grande vie.

FIN.

www.ingramcontent.com/pod-product-compliance
Lightning Source LLC
Chambersburg PA
CBHW060506170426
43199CB00011B/1351